ロー・ダニエル

「地政心理」で語る
半島と列島

藤原書店

「地政心理」で語る半島と列島　目次

序論　「深層心理」で日韓関係を解き明かす　13

第一部　地理・風土・心理の織り成す関係性

第1章　対照的な地理と風土　39

第二部　「地政心理」でみる日韓関係

第4章　自然観、そして欲望と言動の相違　127

第5章 抵抗する半島・無関心な列島 187

第6章　対立する歴史認識――機能主義の日本・当為主義の韓国　239

第三部　北朝鮮の地政心理――二律背反の文明

第9章　対外関係の二律背反　344

①現在の朝鮮半島

中華人民共和国
ロシア連邦
白頭山
両江道
咸鏡北道
咸鏡山脈
鴨緑江
慈江道
平安北道
咸鏡南道
平安南道
朝鮮民主主義人民共和国
大同江
平壌直轄市
日本海／東海
江原道
黄海北道
黄海南道
太白山脈
京畿道
江原道
鬱陵島
延坪島
仁川
ソウル
竹島／独島
忠清北道
黄海
忠清南道
慶尚北道
隠岐諸島
大田
大韓民国
大邱
全羅北道
蔚山
慶尚南道
日本
光州
釜山
全羅南道
対馬
済州島

②朝鮮八道

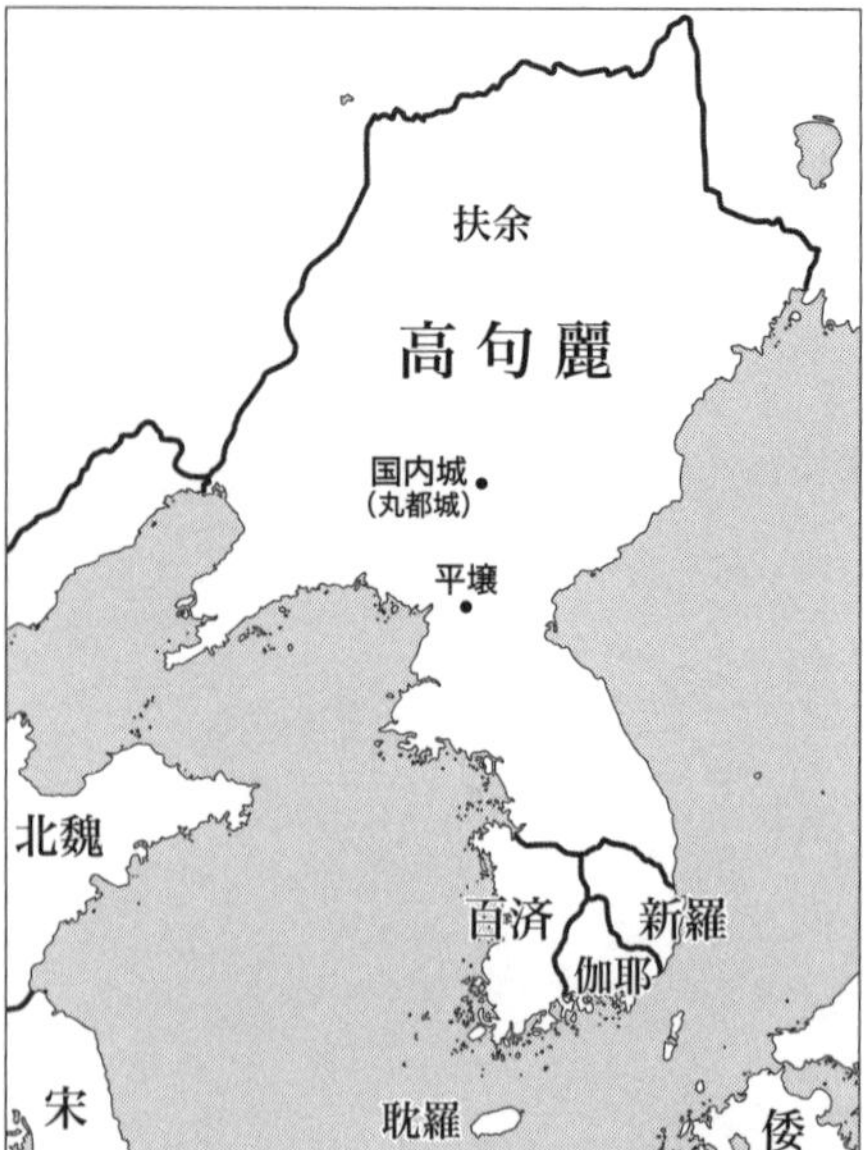

③高句麗が最大版図に達した5世紀の朝鮮とその周辺

「地政心理」で語る半島と列島

献辞

この本の基礎研究ができる環境を提供してくださった国際日本文化研究センター様にこの本を捧げます。大変お世話になりました。

基礎研究から執筆を終えるまでの過程で、戸部良一先生、小倉紀蔵先生、そして東郷和彦先生のご助言とご指導をいただきました。深く感謝いたします。藤原書店の藤原良雄社長の情熱と山﨑優子様の誠実なサポートに敬意と感謝を表します。

序論　「深層心理」で日韓関係を解き明かす

日韓の国交正常化が一九六五年になされてから、いつの間にか半世紀以上もの歳月が流れた。歴史問題をめぐっての軋轢は増幅するばかりで、危機的な状況は続いている。韓国人の心から日本が遠ざかり、日本人の韓国に対する親しみが冷めつつある。

振り返ってみると、近代に入って以降、両国が同等な隣人として行う真の意思疎通は乏しかった。七〇年以上前に終わった植民地統治に絡んだ「歴史認識問題」がいまだにつづく間柄である。これが、人口五千万人の韓国と一億二千万人の日本との間を、毎年五〇〇万人以上もの人々が行き来している日韓関係の、もう一つの驚くべき現実である。

現在ＯＥＣＤ（経済協力開発機構）に正規加盟国として参加している三四カ国の中には、過去の歴史的経験によって葛藤の要因を持っている国々は少なくない。先進国でもドイツとポーランド、ドイツとフランス、イギリスとフランスなどの例がある。しかし、これらの二国関係（dyadic relationship）のどの事例を見ても、現在の日韓関係のように葛藤が常に存在し、解決の糸口が見えず、市民の日常生活にまで影響を与えているケースはない。インターネットにより、地球の隅々で起きることが世界にまで広まり知られている今日、先進隊列に入った韓国と日本がいまだに互いに理解と尊重ができていないことは、一種の不可思議に思われる。

一体なぜだろうか？　竹島・独島、従軍慰安婦、徴用工賠償など、日韓の間で歴史をめぐる葛藤はすでに数十年間も続いてきたことである。同じことについて数十年にわたり押し問答をしている両国民は、ヨーロッパの先進国間で見られるような健全でハイ・レベルな関係を築く意志や能力が足りないのだろうか。

この疑問を解いて日韓が未来志向の関係を築いていくためには、今こそ、両国民の間に絡まる心理の複合を理解する必要性が切実である。本書はこの課題に挑戦する。日韓関係を「心理」という切り口から説明するという作業は、これまで試みられなかった「実験的」なことであるにちがいない。本書は、日韓関係を政策や出来事などの社会的「言説」のレベルではなく、日本人と韓国人の肉と骨、そしてその身体にこもっている魂と情緒という一番低い「分析のレベル」で日韓関係の再解釈を試みる。

一 〝心理的動物の共同体〟としての国家

国際関係を扱う代表的な学問分野である「国際政治学」における典型的な「分析の単位」(unit of analysis)とは、「国民国家」である。その国民国家同士の関係は、当然ながら「国家の行動」(national behavior)という概念を中心として語られる。現行の学問では、国家の行動は「国益の最大化」を図る合理的なものとし、その合理性は国民の総意が収斂されたものとして理解される。こうした基本的な発想の中で、国民国家の暗黙的イメージは、岩のように固く、外部の意思が浸透できないビリヤードボールのような存在である。こうしたビリヤードボール的発想に基づいた報道や評論が市民の思考を埋め、市民たちはそこから国際関係の理解と判断を得て生を営んでいく。

しかし、それがすべてだろうか。国際関係はビリヤード台の上のボールや将棋盤の上の駒のような存在で終わるのか。むろん、国家の対外行動を説明するアプローチや視点は多様である。学問の世界では国家の対外行動を国際体制の機能や国内政治の影響など多様なレベルで分析する。他方、普通の人々は国民性や時代の流れ(例えば、近くは「韓流」対「嫌韓流」の対立)などを語りあう。しかし、日本と韓国の関係には国益や国民性などで説明しきれないものが潜んでいると思われる。人間は心理を持つ動物である。したがって、人間同士が互いの関係を思索したり結んだりする時には、心理と感情が交差する。

国家とは、心理的動物である人間の共同体であり、そのため、国家間の関係にも心理が複合する。特に歴史的に形成された国民感情、偏見、パターン化された見方などが強く介在する場合もある。精神医学者カール・ユングにより使われ始めたコンプレックス（complex）という言葉は「複合心理」と翻訳されるが、ユングはこれを「感情により色づけされた思考の塊」（feeling-toned complex of ideas）と呼んだ。この思考の塊は、人間の「無意識層の結節点」（node in the unconscious）と同じものであり、考えや信念の結び目のようなものである。これは説明しがたい行動において間接的に表出されるとしている。

本書が提示する思考実験（thought experiment）の主な対象は、韓国人と日本人の「深層心理」である。深層心理とは、心理学や精神医学で使われる用語である。私たちがよく耳にするジークムント・フロイト（Sigmund Freud）やカール・ユング（Carl Jung）は、人間の精神（psyche）が意識と無意識で構成されているという考えから出発する。そして、人間の行動や思考の根底には深い心理層、つまり深層心理が横たわっているという。私は心理学や精神医学を勉強した人間ではない。したがって、本書で採用する深層心理という概念は専門的な用語としてではなく、理由や言動の基をなす根底の心理という程度の常識的な意味として使われるものである。人間の心の奥深くにある欲求、葛藤、動機、メカニズムなどを包括的に示す言葉で書くということである。

日韓関係をこのような深層心理を通じて説明しようとすることは、アリストテレスが提示した形相（form）と質料（matter）の区分と相通ずるところがある。宇宙を説明するにあたり、アリストテレスは、その構成物質、すなわち質料が全てではなく、それに性質と模様を付与する形相が合わさって完成するという見解であった。アリストテレスが形而上学を論じていた古代ギリシャ語で形相、すなわち「イデア」の原型は「エイドス」であった。この語彙は、「そう見る」という意味である。石と木という質料が形を成して家になることを提示する設計図は、まさに「見る絵」であり、触れられる物自体ではない。本書が論じようとするのも、韓国と日本が何を主張しているのかを繰り返し紹介するのではなく、両国民が同じイシューをどのように「見ているのか」を、深層心理のレベルで比較・分析してみようとするものである。

二　異なる地理に醸成される、違った心性

日本学を専攻した私は、平成元年（一九八九）に初めて日本を訪れて、旺盛な好奇心を持って日本のさまざまな姿を理解しようとした。私の目に珍しい、おかしい、分からないさまざまな物事について、一番簡単に説明を求めた相手は（互いに匿名的で利害関係のない）、タクシー運転手たちだった。自民党政治からテレビのお笑い番組までさまざまなことについて、彼らが下す解釈の一番大きな共通点は「日本は島国だから」ということだった。下手な「一般化」への警戒を耳にタコができるくらいに大学院で戒められた私にとって、最初は違和感があった。しかし、時間が経つにつれて、この発想が普通の日本人の平均的な認識なのかなと思えてきた。

他方、韓国はどうだろうか。生まれ故郷のソウルを離れるまで二十数年の間に、私が教育と生活を通じて理解した韓国人の自国に関する認識は「半島での生は厳しい」ということである。「うらみ」（恨み）という言葉が朝鮮半島の人々の情緒体系を要約するという見方が、韓国と日本の両側にあるのは、朝鮮半島の地政学的条件に第一に着目した結果であろう。

考えてみれば、列島と半島という対照的な地理的条件に属して代を継いで住む人々が、互いに異なる心性を形成することは当然である。そうした意味で、本書は地理条件を「温故知新」して、日韓関係の再解釈を試みる。人間は「生まれながらの地理学者」であるという言葉がある。肉の塊である人間という小さい生物的存在は、自分を囲む自然と気候のあらゆる条件によって、生のあり方が決められる。

自然条件への従属は個人にとどまらず、個人の集合体である国民にも当てはまる。「国は引っ越しができない」という素朴な考えを少し難しく言い換えると、「埋没性」（embedded-ness）と変換することができる。ベッドに埋もれて動けない人間の肉体的、精神的状態は、そのベッドが与える条件と周囲の環境により影響を受ける。同様に、特定の場所に定着し永遠に住む人々は、その場所が持つ地理、気候、風土など生物・物理的条件、そして隣接する共同体との関係という政治、経済、社会的環境の影響を受ける。そして、これらの影響が永遠に続いていくとき、そこに住む人々に共通の気質を作ってくれるだろう。

そうした観点から、私は本書で、異なる心理体系を持つ日本と韓国を異なる「文明」として位置づける。文明に関する一般的な理解の核心は、人間の自然状態からの脱皮である。「文」と「明」の二つの漢字の合成語になっているこの概念は、西洋語の civilization の東アジア的翻訳である。ラテン語の civis（市民）という語源に基づいたフランス語の civilisation から由来したこの言葉は、西洋の認識論の中では野蛮（barbarity）を脱した状態を指す。Oxford 英語辞書では、civilization を「Civilized condition or state; a developed or advanced state of human society; a particular stage or a particular type of this（文明化された状態、状況。発展し前進した人間社会の状態。またこの中でも特別な状態あるいは型）」と定義している。日本語でもこの解釈を採用している。たとえば『広辞苑』をみると、「宗教・道徳・学芸などの精神的所産としての狭義の文化に対し、人間の外的活動による技術的・物質的所産」と、文化とは区別して文明を定義している。

ここで注目する必要があるのは、物理的状態に着目した文明観が、人類共同体の物質的・制度的発展の「程度」による区別化・序列化につながるということである。概念語としての文明が価値判断を内包していることでその使用に躊躇する学者も多いが、昨今の学問世界でも通用する基本用語である。特に、民族国家という概念と距離のある人類学などでは関心が弱いのに比べて、国家の間の関係を議論する国際政治学において議論がもっと旺盛であることだ。その代表的な例が、サミュエル・P・ハンチントンの『文明の衝突』である。冷戦構造が崩壊するという世界秩序の大きな変化を背景として、この著作は国際関係論において「文明論」への関心を高潮させた。

ハンチントンは文明の興亡・盛衰を文化力に基づく競争の結果と解釈することによって、文明の

「先験的」(a priori) 序列性を否定する見方を披瀝した。しかし、彼は事後的、結果的 (a posteriori) 序列性を示唆することとなる。文化力の競争の結果として世界の権力構造は、超大国、地域大国、第二の地域大国、その他の国々という四つの階層を形成する。この発想は彼に多大な影響を与えたアーノルド・トインビー (Arnold Toynbee) が『歴史の研究』において既に持っていた発想である。『西洋の没落』を著したシュペングラー (Oswald Spengler) もトインビーも、西洋文明の永続性を信じることに警鐘を鳴らしたことにおいては、ハンチントンの思想の祖といえる。しかし、この三人の思想を貫くものは、文明の事後的選別による序列性である。それは結局のところ、現実の国際政治での事実上 (de facto) の覇権文明の研究と等しい。

日韓関係を文明の観点から論じる本書は、以上で説明した序列性を排除する。本書でも「衝突」という概念に言及するが、それは特定の文明が結果として勝利するような事後選別的な含意を持っていない。ここでの「衝突」とは根源的・本質的異質性を強調するにとどまる。こうした認識論的立場を取ることにおいて参考になったのは、歴史学界の巨匠フェルナン・ブローデル (Fernand Braudel) である。

歴史を地理経済的観点から編纂したブローデルは、二十一世紀の知性に多大な影響を及ぼした。その研究の中で、文明という脈絡において注目すべきものは、『文明の文法』(Grammaire des Civilisations) である。同書では多様な文明の歴史を語ることにおいて、「歴史」を「文法」という表現で表し、文明の定義が次のように四つの視点から可能であるといった。

①地理的単位としての文明
②社会としての文明
③経済圏としての文明
④心理体系としての文明

本書では、上の四つの文明の類型学の中で、文明を心理体系と捉えて議論を進めることとする。文明を心理の面からアプローチする試みは、今まで乏しい。そのことをブローデルは次のように指摘した。

地理学・心理学・経済学の後をうけて最後にわれわれに対決を迫ってくるのは、心理学である。ただし、これまで問題にしてきた人間科学の諸学問ほど集合心理は自信にみちた学問ではないし、またそれほどの成果を誇っているわけでもないという違いはある。また、この学問があえて危険を冒してまで歴史学の道に踏み込もうともほとんどしなかったということである。

(ブローデル p. 51)

ここでブローデルは「集合心理構造」(la mentalité collective) を心理現象や自覚などという概念と区別し、ある社会の態度や意識を決める要因として挙げている。この集合心理構造は、一時代の歴史的・社会的事件や状況ではなく、その社会に長期間に存在する無意識体系によって形成されるものである。ブローデルはこれを以下のように記述している。

はるか遠い昔からの遺産、つまり、多くの場合ほとんど意識されることのない昔からの信仰や恐怖や不安といったものが生みだした結果であり、言ってみれば、過去に滅ぼされた細菌が世代から世代へ脈々と伝えられて広がった壮大な感染の結果などである。一つの社会が、直面するもろもろの出来事に対して示す反応や、そうした出来事から圧力を受け、決断を迫られて示す反応は、論理や利己的な利益に従うというよりも、むしろ集合的無意識から噴出する命令、定式化されず、定式化し得ぬことも多い、あの命令に従っているのである。（前掲書 p. 52）

では、この集合的心理構造の中身をどういうふうに把握するのか。これに対してブローデルは、宗教を試論として提示することで終わった。彼は、集合的心理構造を決める「決定的例」として宗教を挙げることに留まった。

日韓関係を論じる本書で私は、分析のレベルを国際システムとか政府のようないわゆるハイ・レベルではなく、人間そのものという、一番低くて基層にあたるレベルで論じたい。言い換えれば、原始状態にある裸の人間を「分析の単位」とし、日本人と韓国人の肉と骨、そして、その身体にこもっている集団心理構造を語りたい。

三　自然観、社会観、歴史観における日韓の対照性

地理的条件は、国家の地政学的な基礎であり、国家の姿や国民の生活に大きな影響を与える。この点に着目して、私は日韓両国民の集団心理構造に対して「地政心理」という概念をもってアプローチしたい。本書でいう「地政心理」は、「ある政治的共同体が、特定の地理的条件に埋め込まれた(embedded)状態で、長い年月が経たことによって醸成された心理体系」と定義する。地政心理を形成する代表的な集団心理構造として、私は(1)自然観、(2)社会観、そして(3)歴史観を論じたい。この三つの体系は、次のように二分法的に対照しながら敷衍していく(**表1**参照)。

表1　三つの集団心理構造

	日本	韓国
人間と自然の関係(自然観)	消極主義	積極主義
人間と社会の関係(社会観)	順応主義	反抗主義
人間と歴史の関係(歴史観)	機能主義	当為主義

社会科学の方法論として、二分法(dichotomy)については論争がある。社会の多様な現象を説明することにおいて、二分法は概念的類別(categorization)の方法として古くから採択されてきた。人間の生活においても、概念的二分法は日常的に使われている。東洋対西洋、保守対進歩、具象対抽象など数えきれない。二分法は現象や物事を二つに類別して認識、理解、説明などを容易にする方法である。この方法は対比を中心的な関心事とする

が、それ以上の機能もある。たとえば、二分法での両極はマックス・ヴェーバー（Max Weber）が提示した「理念型」（idealtypus）としても捉えることもできる。ここで「理念」とは、複雑な社会現象を抽象化した論理的な典型を指す。

本書では日本列島と朝鮮半島の比較を行う。日本列島には日本国という唯一の国家が存在する。しかし、朝鮮半島には大韓民国（韓国）と朝鮮民主主義人民共和国（北朝鮮）という二つの国家がある。だが、日本との比較においては、韓国と北朝鮮の人々を同質的な民族として扱うこととする。半島を二分する両国家の人々が「単一民族」であるという思いは両国家の国民に共通するからである。ただし、北朝鮮が閉鎖された状態のまま長い年月が過ぎたので、現在の北朝鮮の人々の生活の模様、慣習、行動パターンなどについては、客観的な資料が足りない。したがって、日本との比較においては、主に韓国から見出せる資料や論点を使うことを記しておきたい。韓国人と北朝鮮人を総じて指す場合、朝鮮半島人もしくは、朝鮮人という表現を使う。

自然観は、本書で地政心理を論じることにおいて基礎的な関心事である。ここで「人間と自然との関係」は、生物的存在である人間が自分の本能と欲望を満たすために、宇宙の森羅万象とどのように向き合うのかに関する議論である。本書では、日本人の自然観を「消極主義」と性格づける。日本人にとって人生は自然の一部分であり、そこでの一時的な滞在であると思う傾向が強い。したがって、日本人は自然に畏敬を持つ。この発想は、欲望を発散するよりは節制するのが品位であり、追求すべき価値であるという認識につながる。こうした認識と態度は、自然を含む超越者には従うべきであるという思想につながる。

これに比べて、朝鮮半島人は自然に対して積極的な姿勢を持つ。半島人は人間の幸福のために自然を活用する権利があると考える。総じて、人生の価値は欲望を追求して成し遂げたことの総計と信じる傾向がある。日常の生活の面では、欲望を満たすために個人の出世を求める向上心が強いし、そうした個人の間の競争は激しい。朝鮮半島の文化では行動や言語が強烈な方が好まれ、「肉談」というジャンルがあるくらい語彙体系には人間の欲望が率直に表れる。このような積極的態度は政治にもつながり、政治権力や「天」も民が変えることが正義であると信じる。

本書での社会観としては、人間社会の運営、特に歴史をリードする政治権力や権威に対する民衆の態度や姿勢を論じる。これにおいて、日本列島と朝鮮半島の人々の傾向は「順応主義」と「反抗主義」として対照される。日本人にとって、歴史は国家の政治的機能の産物であり、それを認めて従うべきである。その認識は歴史の産物である条約などにも延長され、守るべきであるという認識が強い。「出るくぎは打たれる」ということわざに代表されるように、社会の規範に準本能的に合致する日本社会の風潮を、西洋の学界では「規範合致性」(norm conformity)と要約する。

これに対して朝鮮半島の反抗主義では、歴史を普遍的な政治機能で解釈する傾向が弱い。長い歴史の中で朝鮮半島の民衆は、政治的権威に代表される既得権を否定するのが正義への近道であるという経験則を得た。その既得権の歴史的具現である社会制度にも、人間は否定し、挑戦できると信じる。その信念体系は国際関係では、歴史の産物である条約も再解釈、変更可能であるという認識につながる。国内では、権威と現在状態（status quo）を否定する伝統の中で、朝鮮王朝では王を囲む士大夫たちの派閥の闘争である「士禍」と平民の反乱が連続して起きた。また、近代国家を樹立した後には、革命、クーデター、市民蜂起などの社会の変曲点が形成されたのである。

次に対照してみる地政心理は、歴史観である。ここで歴史観とは、日韓両国民の歴史に対する認識、解釈を指す。本書では、日本人と朝鮮人の歴史観は「機能主義」対「当為主義」として比較される。日本人の機能主義的発想では、世の中の物事がその機能によって説明され、正当化される。人間が集団的生活を営むために決めた規則や法律のようなものは、その機能に第一次的意義が付与され、それを決めた人々の精神や念願より恒常的で強いものとして認められる。そういう認識体系では、日本の竹島領有権は国際条約の機能によって確定されることである。さらに、従軍慰安婦問題は普遍的現象（機能）として認識されることでもある。

日本の機能主義では社会制度の機能が大事であることに比べ、韓国の当為主義では、物事はそのものの当為性、義務、規範と言った「こうあるべき」（what ought to be）が重要である。こうした発想では、法律も各条文の「道具性」より、その条文が求める「精神性」が重視される。国家間の問題を裁く国際法において、日本の機能主義では「条約は守るべき」（pacta sunt servanda）というのが原則であるが、韓国の当為主義では、人類が求める規範が優先される「強行規範」（jus cogens）への関心が高い。こうした発想では、独島は韓国領有であることが歴史的当為である。また、従軍慰安婦問題は、人類の道徳（当為）に反するもので、それ以外の理解はありえない。こうした発想から、歴史の一時期に朝鮮の人々が日本の人々に負けて、その結果として負の遺産を受け継いだという歴史の「機能」を否定し、もともとあるべき理想へのこだわりが強くなる。

四　本書の構成

さて、本書は次のような内容で構成される。

第1章「対照的な地理と風土」では、朝鮮半島と日本列島の地理と風土を比較する。半島と列島という、明白に異なる二つの国土には数多くの差異があるが、地政心理を理解する上で大事な要素として、山地の形態と、それが齎《もたら》した「律令国家」の在り方への影響を分析する。これは権力エリートと平民の関係、そして封建制度の有無にもかかわる。さらに、地形（主に山地の形態の違い）は人々の流動性に異なる影響を及ぼして、社会的風潮を決める大きな要因にもなった。また、半島と列島が西向きと東向きになっているという立地条件が、国内と国外に関する世界観の違いに及んだことを論じる。

風土の比較では、気候、季節風などの自然条件が、両国土に住んできた半島人と列島人の生の模様に与えた影響と、それが涵養した心性を語る。ここで浮彫りになる要因は、朝鮮半島の禍は「人災」であることに比べ、日本列島の禍は「自然災害」であることである。このことは両国民の自然観、社会観などに大きな影響を与えた。また、異なる風土環境の中での農耕の模様、食生活の差異、家族制度の形成などを通じて、政治共同体の性質を論じる。

第2章「地政学と、心理への影響」では、朝鮮半島と日本列島の地政学を新たな形で論じる。かつては覇権国家の学問だった地政学は、中国の台頭を背景に、東アジアで「地政学の復活」を呼んでいる。地政学的要因によって侵略や支配の不幸な歴史をもつ半島と、そうでない列島は、極めて対照的な条件をもっている。朝鮮半島が列強によって囲まれていることに比べ、日本列島は離れて開放的な環境に置かれている。こうした条件は、外部的には外交観、内部的には国民の政治意識に大きな影響をもたらした。特に、朝鮮半島では共同体の存立や安泰がおびやかされる「限界状況」が永遠に続く構造で、人々の心理と情緒に大きな影響を及ぼした。

第3章「地政心理で「国柄」を読み解く」では、前章で議論した地理、風土、そして地政学的条件が形成した地政心理を詳しく論じる。その議論に入るまでに、類似した概念である国民性との比較を行う。さらに、日本で注目を浴びてきた「うらみ」(恨み)という概念について議論する。日本では、韓国人を論じることにおいて、うらみが代表的な心性であるような見方が定着した。この議論では、うらみという概念を再解釈することによって、その意味と限界を確定する。その上で、朝鮮半島の人々の「民族同一性」(アイデンティティ)を分析する。こうした議論を踏まえて、地政心理の代表的な集団心理構造としての自然観、社会観、歴史観と、その中での半島と列島の相違や衝突を要約する。

第4章「自然観、そして欲望と言動の相違」では、半島人と列島人の自然に関する心理を議論する。

人間は生まれてから死ぬ時まで、自然の中で生を営む。したがって自然との関係においてさまざまな思いをもつ。これは個人にとどまらず、ある自然環境で暮らす一つの政治共同体も、固有な自然についての思い、そして心理・行動的属性を持つこととなる。半島人と列島人の自然観においての差異と自然とのかかわりから、さまざまな風景と現象が生じる。それを描写する事例として、以下の二つの事例を分析して概念化する。

〈事例研究①〉「「韓流」の流行と沈滞」

「韓流」という現象が世界に広がっている。その始まりは、韓国の大衆ドラマ文化が日本の人々の関心を引いたことだった。その直近の背景には、小渕恵三元総理と金大中《キムデジュン》元大統領が作った日韓和解という時代の変化があった。しかし、それより深いレベルでは、韓流現象は、普通の生活模様の中に現れる韓国の人々の欲望体系に対して、日本人が感じ取った衝撃があったと思う。外国の文化が日本社会で「市民権」を得る通常の文化同化を超えて、地理的に一番近い隣国の文化とそれが生み出すドラマ、映画、大衆音楽などへの驚異に近いカルチャー・ショックがあっただろう。しかし、韓流は中国や台湾の文化のように日本社会に漸進的に定着するのではなく、劇的な逆風を受ける場面を演出した。いわば「嫌韓流」である。こうした弁証法的なまでの矛盾には、本書でいう半島と列島の自然観の衝突があると解釈する。

〈事例研究②〉「言語と謝罪」

人間と動物を区別する要素の中でもっとも重要なものの一つが、言語の複雑性である。その言語は、個人の間でも差異があるが、個人の集合である集団の間にも差異がある。実験心理学者スティーブン・ピンカー（Steven Pinker）は「言語は本能である」と主張する。具体的に、言語は人間の脳の中で進化してきた固有な電気回路によって形成されるということである。人間は生存を含む基本的な本能を満たすために情報を脳で処理する。その処理のパターンが政治的共同体を形成して、その中に住む人々が共通性をもつのは当然である。したがって、一つの国民の言語がその国民固有の文化と文明を反映する。

私は、欲望を追求する人間と自然の関係によって、言語が大きく影響されると思う。例えば、人間の本能的感情を抑えて間接的に表現する婉曲語法（euphemism）は、その社会が規範として求める節度（social modesty）の程度によって異なる。朝鮮半島と日本列島の人々の自然観の差異は、言語の文化、語彙体系、語法などに鮮明に表れる。この差異は、いわゆる「歴史問題」をめぐる「謝罪」に大きな影響を及ぼす。

第5章「抵抗する半島・無関心な列島」は、政治に関する心理を論じる。原始的「自然状態」を抜けた人間は、政治共同体を作ってその中で集団的生活を営む。政治とはさまざまな定義があるが、「希少価値を権威的に配分する過程」と、それにかかわる諸現象といえる。そうした意味で政治に関する心理とは、政治的権威に関する心理であるといえる。

その心理体系の相異を説明するために、朝鮮半島で起きた二つの「反抗」を分析する。一つの反抗は、下層の平民による腐敗した権力層と、外部からの侵入者への反抗である。もう一つは、大統領という社会のトップまで昇った人が「検察の弾圧」に抵抗して自ら命を絶った異例な事件の心理分析である。こうした事例は日本との比較ではないが、その詳論を通じて日本との相異を浮き彫りにすることを目的とする。

日本が近代に入る分水嶺になった出来事を一つだけ挙げると、なんだろうか。私は日露戦争（一九〇四～〇五）を挙げたい。その戦争での勝利は、近代国家日本のあり方に大きな影響を及ぼしただけではなく、日本人の集団心理構造にも大きな影響をおよぼした。では、朝鮮半島において近代の入り口のような働きをした歴史的事件は何だったのか。私はそれを東学農民蜂起であると思う。

この事件は、一八九四年に「東学」とよばれた朝鮮独自の思想体系を信じる教徒や農民たちが起こした蜂起である。当時朝鮮の王だった高宗はその乱を鎮圧する力がなく、清と日本の支援を要請して鎮圧には成功したが、これによって日清戦争が勃発した。

この事件で注目を要することは全琫準《ジョンボンジュン》という乱の指導者の姿と、彼を偲ぶ韓国の人々の心理である。全羅北道で生まれた全は、暴政を行う役人に対する憤りから、農民を統率して郡庁を襲撃した。これを契機として甲午農民戦争が勃発した。その後日本と清朝が出兵したこともあり、一旦は政府と和解が成立した。しかし、親日的な開化派政権が成立すると、再び蜂起して抵抗を続けた。

彼は、最終的には日本軍によって捕らえられ処刑された。全は死んだが、彼は韓国人の心の中で国家権力の抑圧と外国の侵奪への抵抗の象徴として生きている。

〈事例研究③〉「盧武鉉元大統領の自殺の心理分析」

韓国の第十六代大統領をつとめた盧《ノ》武《ム》鉉《ヒョン》は、二〇〇九年に六十二歳という若い年齢で自ら命を断った。彼は釜山の貧しい家庭で生まれ、商業高校を卒業し、肉体労働をしながら独学で司法試験に合格し、「人権弁護士」となった。彼の人生は成功物語に留まらず、正義と清貧を象徴する「時代の良心」として賛美する人が多い。しかし、彼は大統領職を成功裏につとめた後に自ら世を去った。退任の後、家族と側近の人々がロビー疑惑で検察の捜査を受け、その矛先が自分に向かうことを察知し、自宅の裏山の岩から投身自殺をしたのである。死亡から一週間のうちに全国から四百万人が追悼の列を作った彼の異例な死の原因と意味は何なのか。

このミステリーが解ければ、彼の精神世界を覆っていた韓国人の心理、特に既得権への抵抗、ナルシシズムに近い道徳的優越感と感傷主義などの、朝鮮半島人に共通する「社会と個人の関係」をめぐる地政心理がわかってくる。

第6章「対立する歴史認識」は、政治共同体の営みの記録である歴史に関する心理を論じる。形式論では、歴史とは紙の上に綴られてある「死物」である。しかし、それに関する「認識」が生き物として、二つの民族の現在と未来に多大な影響を及ぼすという異例な事態が、日韓の間に進行している。その原因は、時の政権の外交政策のような可視的で物理的な次元ではなく、両国民が歴史というものについてどういう態度と心理を持つのかという深層にあると考える。

今日の日韓関係の基礎が作られたのは、一九六五年に成立した「日韓基本条約」である。一九五一年に始まった日韓交渉は、十四年という人類史で最も長い交渉プロセスを経て基本条約の締結に辿り着いた。日韓基本条約体制は両国民の自由意思によるものであるというより、国際政治が作り出した産物である側面が強い。国交回復交渉の「政治的運命」がもっとも色濃く反映されたのが、「二つの密約」ともいえる。日本国民の無関心と韓国国民の猛烈な反抗の中で行われた交渉で、最大の難関であった「カネの問題」と「領土の問題」は、それぞれ秘密交渉と取り決めによって「決着」が付いた。

現在の日韓関係の土台である正常化条約が二つの密約によって完成されたということは、多くのことを意味する。その中で本書にもっとも重要なことは、密約という「便宜主義」が働いた背景には、日本と韓国の相反する歴史観、すなわち、機能主義と当為主義が互いに譲り合う関係にあったということである。

〈事例研究④〉「戦後補償裁判の心理分析」

日本と北東アジアの国々、特に韓国との間には、一九四五年に終息した太平洋戦争の処理をめぐっていまだに葛藤が続くという、人類史にも稀な現象がある。戦争を処理した「平和条約体制」による「法的」(de jure) 平和はあるが、その戦争の中身と関連する「歴史問題」が残存し、「事実上」(de facto) の平和はいまだに定着していない。その揺らぎから派生する一番大きな現象が、日本政府や企業に対するアジアの市民の「戦後補償」訴訟である。

日韓のみならず、日中韓三カ国の重い課題として現れた徴用工賠償問題は、他の「歴史問題」とは異なる次元の挑戦になる。領土問題が過去の問題を扱うのに比べ、徴用工賠償問題は「経済立国」を国の中心的なあり方とする日本の企業の将来にかかわる側面がある。また、韓国国内では、この問題が市民と国家権力の間の争いにまで及んでいる。これは、国家と社会の関係、国内政治と国際政治の整合性、正義と実利の融和など、人類社会の根源的問いを改めて内包することとなる。

第7章「北朝鮮の人々、自然、風土」では、北朝鮮を一つの人間共同体として取り上げ、韓国と比較しながら議論する。朝鮮半島の人々を「単一民族」と呼ぶ「政治的修飾語」以前に、彼らは「朝鮮八道」という地理及び歴史的区分によって語られた。この章では、その八道の地理、風土そして歴史的経験をふまえて、その「属性」を比較する。その上で、現在の朝鮮半島の政治や地政学に多大な影響を及ぼしている「平安道エリート主義」を考察する。

第8章「北朝鮮の内政と二律背反」では、北朝鮮が一つの政治共同体としてどのように纏まっているのかを分析する。この知的作業では、相反する二つの原理が弁証法的に融合するプロセスを概念化する。政治を「権威による希少価値の配分」と定義するのであれば、目下の北朝鮮では、そのプロセスが金氏王朝の「父性愛」と、離反者を容赦なく処罰する「恐怖政治」の二輪によって運ばれている。経済においては、社会主義を標榜する一方、その根幹である計画経済と配給が機能不全に陥って、人民は闇市場に頼って生を営んでいくという矛盾が定着している。

第9章「対外関係の二律背反」では、北朝鮮と、韓国を含む外部との関わりの二律背反を分析する。目下、北朝鮮は世界の主要な地政学リスクの源泉として浮上した。「同胞」という語彙を機会あるたびに使う韓国と北朝鮮は、互いに互いを完全破滅できる火薬庫を維持している。北朝鮮の政治エリートの知られていない素顔が一番強烈に表れているのは、「血盟」とよぶ中国に対する不信と、「仇敵」と弾劾する米国への憧れだろう。さらに、歴史的葛藤が底に流れる日本との関係にも、建前的非難と本音においての親近感という二律背反が潜んでいる。

＊　＊　＊

本題に入る前に、比較の方法について、簡単に触れておきたい。本書は日本の読者のために、日本語で書かれている。そのような目的に鑑み、日本列島と朝鮮半島のさまざまなことを比較する上において、両側を均等に扱うのではなく、バランスの取れた形で比較が出来る範囲で、朝鮮半島をより詳細に議論したい。

第一部　地理・風土・心理の織り成す関係性

第1章　対照的な地理と風土

人間という行為主体は、社会の文脈から遊離して行動や意思決定を取ることはない。しかし、彼は自分が属する社会の特定の環境が作り出す脚本に奴隷の如く依存するわけでもない。人間の合目的的行為は社会関係の具体的で進行中の体制に埋め込まれるものである。

（マーク・グラノヴェター）

民主国家も専制国家も憲法では「人間の自由」を唱える。しかし、完璧な自由を享受した後に世を去っていく人間は一人もいない。人生はあらゆる形の不自由さに縛られる過程であって、その中には自由意思で同意したこともあるし、同意と無関係に決められてしまう不自由もある。そういう不自由の大部分は、生まれ付きで決まる「母国」との関係から発生する。

右の引用の中で社会学者グラノヴェターが言ったように、個人は国家という環境の中でめぐり会い、その中でさまざまな社会関係に囲い込まれて（embedded）生きていく。また、その国家も地球上の一定の場所で形成され、国際社会の中でめぐり会うさまざまな関係に囲い込まれて国家共同体を営んでいく。こうした意味で、人間を拘束する最も原初的な力は「地理」と言ってよい。

この章では、朝鮮半島と日本列島の地理と風土を簡略に比較してみることとする。

一　地理という原初的な条件の差異

日本国は、六、八五二個の島から成る島国である。その島々を列島と呼んでもいいし、群島と呼んでもいい。他方、韓国と北朝鮮が二分する半島は中国大陸に繋がる。伝統的に「朝鮮八道」という表現に縮約されるその半島には、北朝鮮の方に一、〇四五個、そして韓国の方に三、一五〇個の島がついていると、韓国の海洋水産部の公式統計が報告する。この基礎的な情報ですでに、日本と朝鮮の人々が異なる地理的条件の中で生を営んできたことはよくわかる。国際関係を心理的な観点から議論する本書で、この列島と半島の異なる多数の地理的条件を網羅的に論じることはない。ただ、この本の主旨に深く関連する部分を取り上げて論じようと思う。

朝鮮半島は面積が約二二万平米で、三八万平米の日本列島の約三分の二に満たない半島である。その半島は南北の長さが千百キロメートルで、東西幅は広い部分で三二〇キロメートル、狭い部分は二〇〇キロメートルほどの細長い半島である。朝鮮半島の人々が「白頭山から三千里（韓国の一里は約三九二メートル)」と歌うこの半島は、北側が大陸に接して、西側は「黄海」、そして東側は「東海」(日本海)に突出している。この二つの海は両側で中国大陸と日本列島に囲まれていて、比較的に浅くて静かな海である。その静かな海に囲まれた半島は延べ一七、五八〇キロメートルの海岸を持つ。

白頭山が下に走り半島三千里　　백두산 뻗어내려 반도 삼천리
無窮花《ムグンファ》のこの山川に歴史半万年　　무궁화 이 강산에 역사 반만년
代を継いで生きる我が三千万　　대대로 이어 사는 우리 삼천만
幸福なその国は大韓なのだ　　복 되도다 그의 이름 대한이로세

私が小学校に通った一九六〇年代に校庭で女の子たちが縄跳びをやりながら拍子を合わせて歌っていた歌である。耳にタコができるくらいに聞いたので、おのずと私の生まれた国のゲシュタルト的イメージになった。「朝鮮の歌」というタイトルのこの伝統的な童謡が日帝時代に「禁止歌謡」であったことを知ったのは、大人になってからである。

外国人としてこの歌にぴったり合う意味をもつ日本の唱歌があるのかは知りようがない。だが、明治時代に小学校で歌われた「日本の国」という童謡をみると、次のような詩になっている。

日本の国は松の国　見上げる峯の一つ松
はまべはつづく松原の　枝ぶりすべておもしろや
わけて名に負う松島の　大島小島
その中を通ふ　白帆の美しや

十歳前後の子供たちが歌ったこの二つの童謡を比べて、私がまず受け取る印象は、「朝鮮の歌」の歌詞に政治意識に満ちた世界観が描いてあることと、「日本の国」には美意識が豊かな自然観を歌っていることである。この対照は、後ほど議論する日韓両国民の「地政心理」を上手に縮約している気がする。

1　高山国 vs 低山国

日本人と半島人の一つの共通点は、「山」という自然物に対する深い関心であろう。両国民が見せる山への礼賛は「神格化」のレベルに達する。日本人の「自然崇拝」に登場するさまざまなオブジェの大半は山に存在するものである。一方、朝鮮半島に住む人々はその半島の「三千里錦繍江山」という認識を、子供の時から準本能的に持ち続ける。それだけ関心の高い山の事情は、列島と半島を比べてみると大きな差異があり、その差異は両国民の暮らしの模様や心理体系に大きな影響をもつ。

「半万年、三千里、無窮花」といった壮大華麗な言葉が動員された朝鮮半島は、実際にはどういう大地なのか。まず認識する必要があるのは、日本列島も朝鮮半島も山が多い地勢だが、その人間の生活環境としての意味には、相当差異があるということだ。一番大きな差異は、日本列島が朝鮮半島より山が多くて山脈が険しいということである。

まず朝鮮半島をみてみよう。朝鮮半島は、大陸と海に囲まれた半島の七割は山地である。この理由で韓国人は自分たちの国を「山岳国家」と呼び、東北の頂点になる「白頭山《ペクトウ》」から東南部の「智《チ》異《リ》山」までの山脈を「白頭大幹」と呼ぶ。こうした記述を見る他国人は、大変険しい山岳地帯を連想しがちである。しかし、朝鮮半島は同じく「七割山地」という表現が適用される日本列島に比べて、山が低くて平坦な地理条件を持つ。

全国平均標高をみると、はっきり区別ができる。日本の全国平均標高が三八二メートルであり、韓国の平均標高はその半分に達しない一八一メートルである。朝鮮半島にも標高二、〇〇〇メートルを超える山がいくつかあるが、全てが北東端の咸鏡道《ハムキョンド》地方に位置する。その頂点が中国との国境にある白頭山二、七四四メートルである。現在の韓国に当たる南半部には、二、〇〇〇メートルを超える山がない。半島から離れた済州島にある休火山の漢拏《ハルラ》山が一、九五〇メートルで、半島の中では智異山の一、九一五メートルの標高が最高峰になっている。

一三九二年に作られた朝鮮王朝（李氏朝鮮）は、中国と同様、「科挙」という中央国家試験をもって人材を登用した。その伝統の中で、今まで朝鮮・韓国社会の政治エリートを多く輩出した「嶺南」地方（現在の大邱と釜山という二大都市を中心とする慶尚道）から、中央政府がある漢陽

（現在のソウル）での出世を求める識者は、大挙して「科挙」に挑戦した。朝廷の官吏になるべく釜山から漢陽まで全長四〇〇キロの「嶺南大道」を歩く書生たちにとって、一番高いハードルは「秋風嶺」（忠清北道と慶尚北道の間にある峠）だった。栄養は足りず、疲れで足が震える書生たちの様子を、後の歌謡は次のように歌った。

雲も寝ていく、風も休んでいく　　구름도 자고 가는 바람도 쉬어 가는
秋風嶺の曲り曲りに恨み潜んだ事由　　추풍령 굽이마다 한 많은 사연

では、秋風嶺は一体どれほど険しい山なのか。一番高い峰の鶴舞山が六七八メートルである。東京の人々がピクニックを楽しむ高尾山（標高五九九メートル）よりは高いが、京都市北東部の貴船山（標高七〇〇メートル）より低い。

朝鮮半島が中低山型の山地となっていることに比べ、日本列島は高山型である。一般財団法人・国土技術研究センターの情報によると、日本の国土の七割が「山地」と「丘陵地」で構成され、標高五〇〇メートル以上の地域が国土全体の四分の一を占めている。また、森林が豊富で、その面積は約二五万平米であり、国土のおよそ三分の二が森林である。日本の山地のもうひとつの特徴は、まるで背骨のような山脈が連なっていて、太平洋側と日本海側とに分けているということである。東北地方のように、山脈や山地が隣り合う平野や盆地との間を隔てている地域では、都市と都市との距離が長くなる。だから、現代のような交通機関がなかった時代には、峠を越えて地域と地域を往来することが難しかった。

一見単純に見えるこの山地のような形態の比較は、近代化以前の人間生活の文脈に戻って考えると、大変大きな意味がある。山歩きが好きな私の経験からみると、標高一、〇〇〇メートル以下の山であれば、人間の力で越えることは十分可能である。こうした観点からみれば、朝鮮半島に住んでいた人々にとって、「山」とはそんなに険しくて怖い存在ではなかったはずである。汽車や飛行機がなかった時代にも、朝鮮人の認識の中で「山」とは「越えられる」ものであった。この認識は、長い歳月をへて引き継がれる中で、「越えなければならない」対象になっていく。

他方、日本の事情は異なる。日本には、三、〇〇〇メートル以上の山が二一座、二、〇〇〇メートル以上の山が六四〇座、そして一、〇〇〇メートル以上は数え切れないほどある。要するに、日本列島には、人間の体力で容易に超えることができない山岳が非常に多いということである。この地理的条件に、近代化以前に藩という国家単位に分けられていたという政治的な仕組みを重ねると、山とは自在に越えるものではなかっただろう。

2　平地の律令国家 vs 山地の律令国家

朝鮮半島は、北東の山岳地帯を除けば、細長くて平坦な土地である。それに比べて、日本列島は、全ての島に山がぎっしりと入っている。そして、まとまった平野があるのは、本州では関東と近畿、そして北海道くらいである。このような条件の差異は、両国民の政治体系を含む生活の全般に決定的な影響を及ぼしたと思われる。

統治しやすい、反乱の多い朝鮮半島

古代史までさかのぼって、朝鮮半島において「律令国家」として形を整えた政治的共同体が鼎立したのは、「三国時代」だった。高句麗、百済、そして新羅である。この三国は新羅によって統一され、その統一新羅が高麗を経て朝鮮王朝という統一王国に続いた。「朝鮮八道」と表現されたその統一王国が、現在では南北に分かれたのである。こうした政治史をたどるときの私の最大の関心は、朝鮮半島の中で形成された政治共同体は、明治維新以前の日本の前近代的政治共同体より物理的に大きかったことである。

簡単に言えば、面積二二万平米を三国が分けると、一国あたりの平均的面積は七万である。それに比べて、日本に律令国家が出現してから九世紀に定着した行政区画をみると、総計で七三の国があった。これは単純に考えてみると、総計三八万平米を七三個の政治共同体が分けて、一国平均〇・五万平米の面積をもったということである。その面積からみれば、朝鮮半島の「国」は日本列島の「国」の十四倍も広かったのである。

むろん、歴史上の朝鮮半島と日本列島での「国」を、このように地理的広さの面で単純化して比較することは無理がある。本書の脈絡での朝鮮半島と日本列島の「国」の差異は、程度にかかわらず「律令」にふさわしい現象が分権的にあったのか、という論点に関わる。そこにおいて決定的な差異は、封建制経験の有無であろう。朝鮮の歴史には、封建制度がなかった。人間が求める「価値」を中央的権威が「配分」する「政治」行為が、朝鮮半島において「分割的」に行われたのは、昔の「三国時代」と、現在の「南北分断」時代しかない。これに比べて、日本には封建制度が長く存在し、その影響はいまだに続いていると考えられる。日本の封建制度は、学問的には多様な分野を貫通する大きなテーマであり、専門家でない私が議論できるものではない。ただし、本書の脈絡の中で意味をもつのは、日本人の政治的意識のなかで、「国」という観念には封建制度の中心的要素だった荘園制の記憶が存在する、ということである。日本の封建制では、一つの「国」の封建領主が中央集権に従うことがあっても、独自の「知行」（レーエン、Lehen）で「百姓」階級を支配した部分があった。これは欧州の封建制とは程度において異なるものの、朝鮮半島ではなかった現象である。

朝鮮半島に現れた律令国家は、日本の律令国家より地理的に規模が大きいだけではなく、長く続いた。統治の対象になる国土が平坦であることは、武器と輸送体系が発達していなかった中世及び前近代では中央権力が形成されやすいし、一旦形成されると長く守れる可能性が高いということを意味した。「高山峻嶺」が比較的少ない朝鮮半島では、前近代的な武力でも統一しやすい土地だった。日本の武士のように組織された職業軍人層が存在しなくても、高麗の武将・李成桂は一三九二年に比較的簡単に朝鮮半島を制覇することができた。

その国は、国家機能をもって民をまとめる力があった。地理的に言って、朝鮮半島の律令国家は、制圧して統治するにはある意味で適当なサイズだったかもしれない。これは広大な中国大陸での統治と比べるとわかる。中国を制圧した前・後漢はそれぞれ二〇〇年程度、隋は三〇年程度、それから唐、宋、明、清がそれぞれ三〇〇年前後を治めたことに比べ、朝鮮半島では新羅が一千年、高麗が五〇〇年近く、そして朝鮮王朝が五〇〇年以上にわたって君臨したのである。

朝鮮半島で、統治する「政治的空間」が狭くて平坦であるという地理的条件は、政治権力を集中的に維持することを容易にした。韓国史で最も重要な部分である朝鮮王朝（一三九二―一九一〇）が五一九年間続くことができたのは、そういうわけである。韓国史を新しく解釈した歴史学者李《イ》基《キ》白《ベク》は『韓国史新論』で、朝鮮が中央集権的な社会だったので、エリート層がすべて中央に進出して官吏となることを生涯最高の目標と考えており、それらの間の政治的闘争が朝鮮の絶え間ない権力闘争を促した、と解釈した。近代社会への入口で朝鮮のエリートが行ったこれらの闘争は、理念や政治綱領の対立ではなく血族関係や師弟関係で接続され、これにより、派閥間の対立は結局普遍的な価値や政策をめぐる論争を抑制したというのだ。

その結果、長期にわたって既得権を保つことができた朝鮮半島では、政治が一元化、同質化、可視化した。要するに、三千里の「坊坊曲曲」（海に囲まれる日本列島では「津々浦々」になる）どこからでも中央政治が見えるし、その権力の働きが感じられたのである。こうした状況で、政治エリート層の腐敗がはびこり、それは民の生活の質に直接に繋がったからである。その結果、民の政治意識が高まった。民の目から中央政治が日常的に見えていたのである。その状況は地形の平坦さと結合して、民による反乱を誘った。平坦な地域に散らばって住んでいた民たちは、数時間歩けば政権を倒せる力を集めることができたのである。また、前近代の軍隊の武装は貧弱なもので、鎌や竹槍を一本くらい持った数百、数千の民が集まれば、官軍と対決することができた。韓国・朝鮮の近代の黎明といえる一八九四年の東学農民革命は、こういう地理的な条件の中で可能だったのである。

封建制度の有無

山がぎっしりと密集している列島という自然条件をもつ日本での封建制度の形成は、朝鮮半島との比較において重要な示唆を持つ。日本は多くの高い山が自然に分けた地域を単位として「国」と呼ばれる共同体を成して生きてきており、世界史でも独特な封建制度と空間の概念を形成した。日本で封建制度が形成されたことを地理的に説明する際にもう一つ重要な要因は、日本列島の地形が非常に多様であるということである。これを竹村公太郎は次のように描写した。

日本列島は細長く、北緯四五度から二五度まで三五〇〇キロメートルもある……日本列島の地形と気象の差は著しい。亜寒帯から亜熱帯まであり、さらに列島の中央には脊梁山脈が走っている。そのため、同じ緯度でも日本海側と太平洋側の気候はがらりと異なる……地形と気象が異なれば人々の産業、生活、文化、風俗は異なる。日本列島の生活様式は色で表せば、まるで

「パッチワーク」のようだ。

(2014b, p. 365)

細長い群島の中で山と川に区切られ数多く存在した日本の「国」は、まさに「政治的なパッチワーク」だったといえよう。

これに対して、朝鮮半島には封建制の経験がなかった。中国や日本が、複数の国に分かれた政治体制だけでなく、独立した経済、文化の単位として存在していた中世封建時代の経験を経てきたのに対し、韓国は三国時代以降、長い中・近世を通じて統一王国として存在していたが、近代になって冷戦の中で分断された。統一された「民族国家」が、常に外勢の侵入を意識しながら生活を営む中で、自国を「ウリナラ」(我々の国)と呼ぶ世界的に珍しい慣行が生まれるほどの強い帰属意識、民族意識を形成し、歴史的な名分主義に立脚した世界観が支配する社会になったと思われる。

3 西向き vs 東向き

一八六六年、現在の平壌の大同江をアメリカの商船一隻が航行する出来事があった。「鎖国」していた当時の朝鮮の人々はその船を燃やした。アメリカはそれを糾弾するために五年後の一八七一年に再び艦隊を派遣し、現在のソウルの西側の近海で海戦を起こしたが、失敗に終わった。この「辛未洋擾」は朝鮮の鎖国政策をさらに固いものにしたが、その鎖国を解いたのは日本の船だった。一八七五年九月二十日、日本の砲艦雲揚号が朝鮮の江華島付近を測量するために侵入することで、武力衝突が起きた。その事件で勝利を収めた日本が引き出したのが、日朝修好条規である。

この二つの出来事の共通点は、両件とも朝鮮半島の西側の「黄海」で起きたことである。それだけ、黄海は朝鮮半島にとって複雑で重要なものである。現在も韓国の人々の脳裏には、「黄海は東アジアの地中海」というイメージがある。それに比べて朝鮮半島の東側にある「東海」は、海水が冷たくて心理の中で遠いものである。この大きなイメージの差異は、現在に至るまで朝鮮半島と、その左右に存在する中国と日本との関係につながっていると言える。

朝鮮半島の人々にとって、西の黄海の重要性には内部的な要因もある。それは、外部を望む朝鮮半島の地勢である。朝鮮半島は「東高西低」の地勢を有する。この条件は日本列島の「東低西高」な地勢と極めてはっきりとした対照になる。この対比の一番大きな意味は、人間の大規模集落地が朝鮮半島では西側にあり、日本列島では東側にあることである。地政学的に言えば、朝鮮半島にとって、「西」とは災厄と祝福が複合する源泉だった。五九八年に中国の隋王朝が高句麗を侵略して以来、全ての侵略は西側から始まった。また、やがて中国を「事大」しなければならない運命の中で、西は政治、経済、文化のあらゆる分野での関心が向かう方向だった。さらに、朝鮮半島の中心は西にあった。現在の朝鮮半島の政治的仕組みの原型が形成された「三国時代」以降、新羅の慶州を除いて、主な政治首都は全てが西側に位置した。現在の大韓民国の首都であるソウルも、朝鮮民主主義人民共和国の首都である平壌も、半島の西に位置している。この条件が示唆する重要な点は、朝鮮半島をリードする政治エリートたちが生涯望んで意識するのは、黄海の向こうにある中国大陸であるということである。

他方、日本の大規模集落地は列島の脊梁山脈の東側にあり、現在においては近畿と関東という二大生活圏を形成した。こうした生活圏に定着した日本近代の政治エリートたちは、西側の山脈を越えて朝鮮半島や中国大陸を日常的に意識するより、太平洋の向こうにある西洋に憧れを持ちやすかった。日本列島は西高東低の地形をもつ。さらに、山が密集している列島において希少な平野は東側にあり、主要な都市はすべて東を港として太平洋に面している（その中で唯一の例外が京都である）。島々でなる群島の中で形成された国家の権力を握ったエリートたちが住んでいる場所がすべて太平洋に面した港であるため、日本は自然と海洋国家になる条件を備えていたのである。こうした意味で、日本の指導者たちが海洋国家であるという意識を持ちやすい条件を偶然にも備えていた。

歴史において「もし」を考えることは意味のないことであるが、時には興味深い思考実験を可能にする。もし、日本列島も東高西低の地形を持ち、東京を中心とする関東圏、大阪を中心とする関西圏が日本海側にあり、海の向こうの元山や釜山の方を向いていたら、日韓関係、ひいては東アジアの歴史はどのようになっていただろうか。

4　地理的流動性

朝鮮半島と日本列島の相異なる地理的環境は、その中で暮らす人間の生活模様にも大きな差異をもたらした。朝鮮半島と日本列島の地理条件から類推できるもうひとつの差異として、流動性に着目する必要がある。険しい山と多数の川によって分かれた日本列島での人間の流動性は制限されていたはずである。さらに、中世以降の日本では、移動の物理的困難に加え、数多くの封建的体制による数多くの規制があった。徳川時代の「参勤交代」によって交易や人の交流が相当増えたが、それは日本列島の一部分に限られた政治的かつ商業的現象といえよう。

これに比べて、低くて平坦な地帯が半島の西南部に広がる朝鮮半島では、人間の移動が比較的容易であった。さらに、相対的に広い領地をもつ朝鮮半島の律令国家にとって、住民の移動を規制するには行政力が足りなかった。朝鮮時代を背景とする歴史ドラマで、「両班《ヤンバン》」というエリート階級の婦人が賤民の作男と恋に落ち、二人が町から逃げて、他の町で生きていくストーリーは定番の一つである。それだけ地理的移動が容易であり、また、見知らぬ町に行って暮らすのが可能な社会的雰囲気があったのだ。こうした物理的流動性と政治的匿名性は、前近代の日本では考えられなかったものであろう。

朝鮮半島では、近代の交通機関が発達する前からも、人口の移動が多かった。現在の韓国、すなわち朝鮮半島の南半部の、政治を含む国の営み方を理解する上では、「嶺南対湖南」の対立という概念が重要である。いまだに、韓国の大統領選挙を含めた大きな政治的話題では、この対立が決定要因の如く議論されることが多い。嶺南は現在の慶尚北道と慶尚南道を合わせた地域で、韓国南東部に位置する。この地域は紀元前一世紀から七世紀まで存在した「三国時代」の新羅王国に当ては

表2　日本の地域別人口変化の推移（1920-2010）

（単位：%）

	1920年割合	2010年割合	増減率
関　東	19.88	33.28	67.40
四　国	5.48	3.11	-43.25
中　国	8.89	5.90	-33.63
東　北	10.36	7.28	-29.73
九　州	15.59	11.39	-26.94
中　部	19.11	16.94	-11.36
近　畿	16.45	17.76	7.96
北海道	4.22	4.30	1.90

表3　朝鮮半島南半部の人口変化の推移（1925-2013）

	1925年人口（万）	1925年割合（%）	2013年人口（万）	2013年割合（%）	人口増加率（%）	割合変化率（%）
首　都	202	10.30	2,489	49.60	1132.20	381.60
忠　清	265	9.40	527	8.30	98.90	-11.70
湖　南	449	16.00	507	10.10	12.90	-36.90
嶺　南	348	12.30	1,291	25.70	271.00	108.90

まる地域である。この地域には低い山が多く、平野の農耕地が少ない。他方、湖南は三国時代の百済があった西部地域である。この地域には広い農耕地とリアス式海岸があって、農業と漁業が早くから発達した。よって、この地域には近代まで人口が多かった。

日本の人口統計の**表2**を見ると、一九二〇年から二〇一〇年の間の九〇年の期間に、人口が著しく増えた地域は関東地域しかない。近畿も増えたが、八%以内という微々たる増加である。

これに比べて、朝鮮半島での人口変動は激しかったことが分かる（**表3**）。一九二五年から二〇一三年までの八八年の期間において、信頼できる統計が存在する韓国のみをみると、今のソウルを含む首都地域の人口増加は一〇〇〇%を超えた。その次に、釜山がある嶺南の場合にも、人口増加率が二七〇%に達する。割合増加率で見ても、韓国の首都圏の方が、日本の関東地方よりも増加が激しい。

こうした統計資料の比較は、このように近代以降のみを見ても、日本と韓国の人口移動は比較ができないくらい差異があることがわかる。

二　風土と人間の生き方

人間が自力でコントロールできず、影響を受けることが避けられない自然条件として、風土を考察する必要がある。『大辞林』は風土を「土地の状態。住民の慣習や文化に影響を及ぼす、その土地の気候・地形・地質など」と定義している。こうした風土は、本書で議論する地政心理と深い関わりがある。

1　季節と風

日本列島においても季節風は大きな要因であるが、朝鮮半島の季節風は冬の「大陸風」と夏の「熱帯風」の交差が劇的な対比になる。これは、後程議論する韓国人の心性における二重性と極端性に関わる。

朝鮮半島は温帯に属する。しかし、大陸と海洋に挟まれて寒帯、温帯、そして亜熱帯が年中交差して、四季の気候をもつ。冬に朝鮮半島に吹いてくる北西季節風はシベリア大陸内部の高気圧から発生するもので、寒冷で乾燥した風である。この季節風は寒波と降雪を伴い、三カ月以上つづく長い冬の間に、朝鮮半島の人々の生き方に大きな影響を及ぼす。他方、六月から八月まで夏に南東と南西から高温多湿の季節風が大量の雨を含んでやってくる。このような風の向きによって、朝鮮半島にはくっきりとした四季が形成される。小さい半島でありながら、冬の平均気温が零下七度、夏には二六度という激しい移り変わりは、地理や地政学的条件に負けない多大な影響をもってきた。今は韓国文化の代表的なものとして知られることとなったキムチという漬物、オンドルという室内暖房などは、そういう風土の中で進化したものである。

日本も四季の区別がくっきりとした気候であるし、その一番大きな原因は季節風である。こうした点で、朝鮮半島と日本列島の風土の差異は、種類の問題ではなく程度の問題ともいえる。気温だけを見ると、大陸に接している朝鮮半島の方が日本列島より厳しい。南北に長い日本列島の平均気温には意味が弱いと言えるが、首都圏のみを比較すると、東京の月別平均気温は、最高気温（八月）が三一度、最低気温（一月）が二度で、その差は二九度である。一方、ソウルの月別平均気温は、最高気温（八月）が二九度、最低気温（一月）が零下七度で、その差は三六度である。小さい半島でありながら、北部の年中平均気温が二度であるのに対し、南部の平均気温が一四度であり、一二度の差異をみせる。

2　列島の自然災害、半島の「人災」

列島の自然災害

風が作り出す気温だけをみると、朝鮮半島が日本列島より厳しい自然環境をもつように見える。しかし、それよりもっとも劇的で重要な差異は、自然災害の内容と比重である。極端に言えば、朝鮮半島には自然災害は基本的にないし、日本列島は自然災害に満ちているというのが現実である。そうした意味で、朝鮮半島に住む人の脳裏にある災害とは人間による「人災」であり、日本列島に住む人の脳裏にある災害とは「自然災害」である。その模様を国土技術研究センターのウェブサイトは次のように記述している。

> 日本は、外国に比べて台風、大雨、大雪、洪水、土砂災害、地震、津波、火山噴火などの自然災害が発生しやすい国土です……日本の国土の面積は全世界のたった〇・二八％しかありません。しかし、全世界で起こったマグニチュード6以上の地震の二〇・五％が日本で起こり、全世界の活火山の七・〇％が日本にあります。また、全世界で災害によって死亡する人の〇・三％が日本、全世界の災害で受けた被害金額の一一・九％が日本の被害金額となっています。
> このように、日本は世界でも災害の割合が高い国です。
> (http://www.jice.or.jp/knowledge/japan/commentary09)

また、水利の専門家の竹村公太郎は次のように記述する。

> 世界の防災関係者は、日本を「災害のショーウィンドウ」と呼んでいる。確かに、日本列島には、すべての災害が揃っている。地震、津波、火山噴火、台風、集中豪雨、洪水、異常高潮、豪雪、雷、竜巻、地すべり、山崩れ、冷害、旱魃、飢餓、山火事の自然災害、そして人間による都市火災や大空襲。それだけではない、人類唯一の原子力爆弾の被爆という経歴も刻んでいる。日本には存在しない災害はない。
>
> (2014b, p. 141)

朝鮮半島には基本的に火山や地震の恐れがないし、台風や洪水など自然災害の程度も日本に比べて軽微なものである。そうした意味で、朝鮮半島は風土的には恵まれていると言える。韓国で教育される子供たちが学ぶ「祖国」の代表的なイメージは、地政学的には厳しいものの、自然そのものは「温和」である。中学や高校の国語教科書によく出るエッセイスト李敭河《イヤンハ》の代表作「新緑礼賛」は、次のように始まる。

> 春、夏、秋、冬の四季がもたらす自然の恵みには限りがない。その中でも恵みが豊かな季節は春と夏であり、中でもその恵みが一番美しく表れるのは春、その春の中でも万山に緑葉が芽生

える時である。

これに比べて、日本では小学校教科書の「学習指導要領」にまで、自然災害に関する教育を徹底することを要求している。

風土に対するこうした認識の差異は、後程詳論するように、日韓両国民の自然に対する思いや態度に対照的な差異を残す。簡単に言えば、韓国人にとって自然とはそんなに恐ろしい存在ではなく、むしろ自分の幸福のための材料として使い、また必要であれば克服できる「征服の対象」である。

こうした風潮をよく表すのが「山での学校同窓会」の流行である。ソウル市南東部にある清渓山という標高二二〇メートルの山は平日にも「過剰な登山客で荒らされている」という報道をしばしば耳にする。それを見せる例を一つ取り上げよう。以下の地方にある高校の卒業生の中でソウルに住む人々の「年末登山及び同門会」の後記である。

去る十六日、在京同門会の会員四〇余りの人がソウルの清渓山で山行行事を持ち、同門の間の友意を固めた。この行事は、年末をもって現会長団の任期満了によって、次期会長団を追認する定期総会を兼ねたものだ……清渓山頂上で会員たちが円座して各人が用意してきた食べ物と酒で腹を満たして下山し、食堂で催された次期会長の追認式は和気藹々な雰囲気で行われた。

国が税金を使って禁止する山での飲酒を含めて行った「年末登山及び同門会」を大人たちがネット上に報告した模様である。これは、さまざまな災害によって自然への恐れと畏敬をもつ日本人の心境とはあまりにも距離が遠い光景である。上記の同窓会と、次の日本列島の「自然の不条理さ」の模様とを比較してみよう。

日本は世界の大地震の二〇%を受け持ち、活火山の一〇%を受け持っている……日本は一世紀の間に五—一〇回、一〇〇〇人以上の死者を地震に奪われている。一〇—二〇年おきに、どこかで多数の日本人が突然の死に見舞われている……日本人はこの自然を受け入れざるを得なかった。日本列島の激変する気象と不条理な地震を受け入れざるを得なかった。あくまで主役は自然であり、人はその自然に歩調を合わせるほかなかった。（竹村 2014a, pp. 274-275）

半島の人災

日本列島に暮らす人々を苦しめてきたのが自然に由来する災害であれば、朝鮮半島に住む人々を苦しめてきたのは人間に由来する災害である。朝鮮半島を、「欧州の火薬庫」と呼ばれたバルカン半島に例える歴史家が少なくない。地中海と黒海の間に位置するバルカン半島では、周りの複数の国家の利益が衝突することが多かったという所以である。朝鮮半島は、中国、ソビエト（ロシア）、日本、そして太平洋の向こうのアメリカの利益がぶつかるところである。朝鮮半島は周辺の強大国からみると、極めて大きな魅力のある「戦略的橋頭堡」なのである。

そのせいで、朝鮮半島に統一新羅という政治共同体が形成されて以降、「九〇〇回あまりの外部からの侵略」があったという認識が、韓国人の脳裏に刻まれている。その中で日本列島からは四回の大きな試みがあったが、全てが失敗に終わった。一回目は、朝鮮の三韓時代から三国時代に移行する時期での試みだったが、百済の滅亡とともに終わった。二回目は、十三―十六世紀にわたってあった倭寇の侵攻である。これは、当時高麗国と明国に影響を与えたが、恒久的定着地を設けることには失敗した。三回目は、豊臣秀吉が起こした戦争である。この戦争の中で日本は、明に朝鮮半島の分割を提案したが実現されなかった。四回目は、一九〇五年の保護条約（日韓協約）から一九四五年までの植民統治である。「内鮮一体」という政治スローガンのもとで朝鮮の永久的合併を目指したが、これも失敗に終わった。第二次世界戦争が終わっても、朝鮮半島の「地政学的受難」は続いている。一九五〇―五三年の朝鮮戦争を経て、朝鮮半島は二つに分割され、未だに世界の列強の利益が衝突する最前線《フロンティア》の状態である。

九百回以上の外部からの侵略にさらされて、弱小国としてそれを乗り越えた民族が歴史に対して抱く心理とはどういうものか。日本人と韓国人は、自分が生まれて国籍を得た国家共同体について、どういう思いを持つのか。こういう漠然とした質問に対する一つのヒントとなるのが、憲法の前文かもしれない。現在の日本国憲法は次のように始まる。

日本国民は、正当に選挙された国会における代表者を通じて行動し、われらとわれらの子孫のために、諸国民との協和による成果と、わが国全土にわたって自由のもたらす恵沢を確保し、政府の行為によって再び戦争の惨禍が起ることのないようにすることを決意し、ここに主権が国民に存することを宣言し、この憲法を確定する。

過去の戦争への反省が表明されているが、基本的に淡々と主権在民を宣言する機能的な文章である。では、韓国の憲法はどういうふうに始まるのか。次の通りである。

悠久な歴史と伝統に輝くわが大韓民国は、三・一運動によって建てられた大韓民国臨時政府の法統と不義に抗挙した四・一九民主理念を継承し、祖国の民主改革と平和的統一という使命に立脚し、正義と人道と同胞愛をもって民族の団結を鞏固にして、すべての社会的弊習と不義を打破し……

この文章からうかがえるのは、過去が「不幸」だったことと、その不幸を二度と迎えることはさせないという決意であろう。それだけ、韓国の人々は歴史について「被害意識」が強い。具体的には、生存のためには何でも極めなければならない極端性と、その極端性の両極を柔軟に選択・利用する二重性、そしてそこから見出す道に拘わって主張する当為性という観念を含めている。

3　農業、牛、そして食

韓国の経済発展を肯定的に評価する日本の人々の中では、その原因として韓国人の「ハングリー精神」を挙げる人が多い。普通の人々のこの素朴な評論には「日本人より韓国人の方がひもじい」という潜在意識がうかがえる。しかし、ここでのひもじさは、物理的なものというよりは、精神的なものであるだろう。物理的な面では、朝鮮半島の人々が日本列島の人々より栄養的に豊かな食生活を営んできたかもしれない。

この観察を裏づける資料はないが、朝鮮半島では「食薬同源」と表現されるように、食生活について深い関心があり、そこには農業と牛が絡んでいた。こうした意味で、朝鮮半島と日本列島の地理的条件と風土の相異は、農業の姿と、それに基づく食生活のパターンの相異につながる。この点についてはこれまであまり議論されたことがないのだが、日韓の地政心理を理解するには非常に重要な意味合いをもつのである。

農業と牛

先に議論したように、朝鮮半島は日本列島に比べて相対的に広い平野をもつ。米が主食である両国の民たちは、古代から稲作を生存のための基本的な経済活動として営んできた。前近代の両国での稲作農業の模様を伝える資料は見つからないが、ある研究は一七五〇年の耕地面積について言及している。この研究によると、同年において日本の人口は三、一一〇万人で、耕地面積は八九億一、三〇〇万坪だった。人口一人当たりの耕地面積が二八六坪である。一方、同年の朝鮮半島の人口は一、八六六万人で、耕地面積が一一四億坪で、一人当たりの耕地面積は六一一坪だった。この統計を信頼して単純に比較すると、朝鮮半島の農民は日本列島の農民より二倍以上の耕地をもつことが可能だったのである（イ・デクン 2005）。

右の単純比較から窺える大事なポイントは、朝鮮の農民が日本の農民より広い耕地面積を担っていたということである。これを想像でもう少し敷衍してみる。当時の家族が四人で構成されると想定した場合、朝鮮半島には約四六七万世帯の家族がいた。また、その中で半分が稲作に営為したと想定すると、二三四万の農民家計があり、一つの農民家計が約二、四〇〇坪の耕地面積を担当していたと考えられる。

この条件を朝鮮半島の地形が比較的平坦だったことに重ねて吟味すると、朝鮮の農夫が自力以外のものに助けを求めたことが想定できる。朝鮮ではその力を借りた存在は牛だった。韓国で牛耕がいつからはじまったのかについては、詳しい資料が見当たらない。韓国の歴史資料に出る初めての言及は、新羅という国号を作った智証《チジュン》王（四三七―五一四）が五〇二年に農業を勧めながら、牛をもって土を耕すように教示したことである。朝鮮後期の画家金弘道《キムホンド》の牛耕に関する二枚の絵はその模様をよく描写している（図1、図2）。

これに比べて、日本の稲作では牛が使われる環境はなかった。「日本の沖積平野は、雨が降れば

図１　金弘道「耕作」（『檀園風俗図帖』）

図２　金弘道「犂耕」

上流から押し寄せる洪水で、何日も何日も水の下となった。日本の平野は、いつも水浸しの「大いなる湿地」であった。このことは頭では知っていたが、日本人の稲作がこれほど過酷だったとは想像もしていなかった」のである（竹村 2014b, p. 67）。人の胸まで水が満ちる田圃で牛を使うことは、物理的に無理だったのである。

生活資源としての牛

また、日本では、牛を「去勢」しない風習があり、結局牛の肉は食材になりにくかった。さらに、動物を動力として使う伝統が定着しなかった。竹村は次のように観察した。

> 動力としての牛は弱点をもっていた。人ごみの中では通行中、暴れてしまうという弱点があった。日本人は、牛を完全に制御することができなかった……（牛を去勢せずに）日本人は牛に「花子」とか「太郎」というように人間と同じ名前を付け、家族にしてしまった。家族になった牛に去勢を施すことはできない。
>
> （2014b, p. 244）

牛を「家族」のように扱う風習と、農地が「大いなる湿地」になる条件などが重なって、牛耕が一般化、定型化されなかったと察知される。

ここで「去勢」が重要なポイントだ。牛の生殖において精液を提供する雄牛は、雄性ホルモンのせいで肉質が固いし、臭いがして食べることが難しい。その理由で、朝鮮では昔から「黄牛」と呼ぶ種牛以外の雄牛を去勢して、その肉を食材とした。こうした伝統のなかで、朝鮮半島の農家で牛は農耕の必須の手段にとどまらず、肉という食品を提供し、皮は多様な生活用品に加工された。また、牛は家計の緊急資金として使われた。朝鮮半島の牛への執着は、このように醸成された。

朝鮮半島を囲む東西の海には、寒流が交差するという特徴がある。また、朝鮮半島の雨量は日本の約半分で、植物と動物の生存に必要十分な量になる。朝鮮半島の地質は大体満州や中国北部と似ていて、鉱物資源が豊かに含まれているし、土地には栄養分が豊富である。こうした環境で朝鮮半島の人々は、食生活においては日本列島の人々より優れた生活を過ごしたと思われる。

特に、牛を中心とする動物性タンパク質の摂取においては、豊かな生活だった。仏教を国教として崇拝していた高麗王朝では牛肉の摂取がほぼなかったが、朝鮮王朝に入ってから牛肉の摂取が普及した。そのありさまを統計数値で裏付けることはできないが、当時の模様を伝える記録は多い。たとえば、『朝鮮王朝実録』の一六八二年一月二十八日の項には、当時の一九代目の王（粛宗、一六六一―一七二〇）と、哲学者で高官だった宋時烈《ソンシヨル》（一六〇七―一六八九）の間に、百姓の牛肉への執着の問題を議論する次のような対話がある。

宋：陛下、牛の伝染病があった後に残った牛が少ないにもかかわらず、百姓が牛を絶えず屠っています。

粛宗：朝鮮には牛肉以外に人々が好んで食う肉があまりないせいではないのか。

宋：ところが、朝鮮の人々が牛肉ばかりを好んで食ってきたことに問題があります。ほかの肉の味を知れば、状況は変わるでしょう。

労働の道具として、食材として、そして皮の原料として、牛への朝鮮半島の人々の依存は韓国の近代化後にも続いた。その様子を、明治学院に留学した文学者李光洙は、一九二五年に『朝鮮文壇』に発表したエッセー「牛徳頌」において、朝鮮の人々が牛にたいしてもつ愛着と感謝を次のように表現した。

世の中のために働いた末、背中の皮が剝がれ、力がなくなり、やがて肉屋にひきずられ血を流して命を捧げる。そして自分が愛した主に自分の肉と血を食わせることは、聖人の極みのような喜びを感じさせる。

肉食から触発された欲望

数百年前から朝鮮半島の人々は日本列島の人々より、肉を含め、豊富な食生活を営んできた。中国や朝鮮の人々が日本人を「倭人」（倭には「従う」という意味がある）と呼んだのは、身体条件の比較から由来したことに違いない。実際に韓国人は、日本人より体格において優れている。ウィ

表4　日韓の平均身長の比較

日本男性 170.7cm	韓国男性 173.5cm
日本女性 158.0cm	韓国女性 160.4cm

（https://en.wikipedia.org/wiki/Template:Average_height_around_the_world）
（日本男女は 2013 年、韓国男性は 2014 年、女性は 2010 年の統計）

表5　日韓の GDP と消費生活の比較（一人当たり）

	韓　国	日　本
GDP（2014）[a]	27,970 ドル	36,194 ドル
一日の消費カロリー（2003）[b]	3,035 kcal	2,768 kcal
年間の油消費（2013）[c]	5,222 kg	3,560 kg
年間のアルコール消費（2010）[d]	12.3 リットル	7.2 リットル

註：
a）http://data.worldbank.org/indicator/NY.GDP.PCAP.CD
b）http://statinfo.biz/Data.aspx?act=7753&lang=2
c）http://data.worldbank.org/indicator/EG.USE.PCAP.KG.OE
d）WHO Global Status Report on Alcohol and Health 2014.

キペディアによると、日本人と韓国人男女の平均身長は、**表4**のとおりである。

その上に、広くて平坦な国のなかで、朝鮮の人は日本の人より自由に移動しながら自分の欲望を追求することができた。そうしたライフ・スタイルから、人間の欲望に対して異なる感覚や態度をもつこととなったと思われる。今日を生きる韓国人が、日本人より積極的に欲望を追求する例は無数にある。一人当たりの所得は日本が高いが、消費生活においては、韓国がむしろ上回っている。**表5**に示されているように、カロリー摂取、エネルギーの消費、酒類の消費など、あらゆる分野で韓国人が日本人を圧倒している。

4　大家族主義 vs 小家族主義

朝鮮の大家族主義

朝鮮半島の人々は、与えられた地理や風土の条件のもとで、大家族制度を形成した。これには、人間が食べていくために営む農業の形態と深い関連がある。日本の農家より広い耕地をもっていた朝鮮の農家は、家族全員が一つの単位になって農業に携わった。こういう労働形態は、大家族主義を発達させる大きな動因であった。

これは儒教が要求する「孝悌」の家族倫理とも一致した。朝鮮半島に暮らす人々にとって、儒教とは宗教であるというよりは、生活規範の体系だった。その基本概念である「三綱五倫」は、一言でいえば人間関係を不平等に規定することだった。「三綱」とは、君為臣綱、父為子綱、そして夫為婦綱で、共同体の基軸になる人間関係の序列を定めた。また、「五倫」とは父子有親、君臣有義、夫婦有別、長幼有序、そして朋友有信であり、五つのパターンの人間関係の典型を定義したのである。

大家族主義という血縁の組織体系を引っ張っていく大きな原動力は、家族間の礼儀という現世の行動原理と、死んだ先祖を祭るシャーマニズムの結合だった。それが形として現れた「チェサ」(祭祀)という行事では、故人ごとに命日や祝祭日に全家族が集まり法事を上げることで、血族集団の内部結束を維持してきた。この家族儀礼をどれほど徹底的に行うのかによって、その門中の倫理と道徳のレベルが判断された。そういう社会の雰囲気のなかで、家族と親族は血縁集団としてよりも、儀礼集団としての重要性があった。端的に言えば、儀礼を行わない家族とは、下品なものであった。

また、大家族制度の中で、特に、農業を直接に営まない地主や政府高官などを含む社会の上位階層では血統を重視し、「同姓同本」を持つ男女の結婚を禁止した。* その排他性の上に、門中での序列制が加わり長子の優遇がつづき、朝鮮後期以降は長子に優先的に相続権を与えて正当性と権威を作りあげた。人間の自然な「利益の計算」よりも、血によるつながりが社会の希少価値の配分を決めるという伝統は、社会が複雑になるとともに、その排他的な配分の仕組みが同じ出身地域による「地縁」、学校の同窓関係による「学縁」などに輪郭を広げた。

＊同姓同本とは、姓と「本貫」が同じである人の集団を指す。これは中国に影響された父系中心の社会構成制度である。本貫は、姓を共有する人々の中でも、さらに同じ始祖から派生した人の群れを指す。これが韓国の戸籍制度で本籍になる。例えば、韓国で一番多い「金」を姓として持っている人は一千万人に近いが、そのなかでは二〇〇以上の本貫があり、例えば「金海」を本貫として持っている人は四〇〇万人以上である。これに比べて、著者の姓である「盧」氏系は規模の小さい一族で、すべての本貫を合わせても二二万人くらいに過ぎない。

血縁に始まり、学縁、地縁などの排他的関係が強力な結束力として働く現象が長い間「慣行」として働いたあげく、社会的風潮となった。縁故主義は利益の計算と情緒という二つの側面から理解できる。特定な集団に属さなければ損害を被る、という計算が働く。と同時に、その集団は情緒的に依存できる準拠集団であり、そこから外される疎外感と不安感を避けようとする心理がある。

この中で昨今の韓国で目立つのは、利益の計算による「ウリ」(私たち)という集団が現れることである。この傾向は「向上心」をもって出世を求めるエリート層に著しい。韓国で成功した人々に愛用される表現に「橋をひとつ渡れば、つながらない人がいない」(한다리 건너면 다 안다)というものがある。ある人物に近寄ろうとするとき、そのひとを知らなくても紹介を一つ挟めばつながれるということである。ここで「橋」とは、血縁ではなく、同じ地域出身(地縁)、学校の同窓(学縁)、軍隊での人縁(軍縁)、教会や寺などの社会組織でのつながりなどを指す。言い換えれば、韓国で成功した人々はある種の見えない共同体になっていて、その間には社会の「希少価値の共有」への暗黙的約束があるというような幻想である。こうした風潮のなかでの「韓国で一番結束力がつよいつながり」として、「湖南人脈」、「高麗大学人脈」、そして「海兵隊人脈」があるという冗談さえある。

外の人にはこれが冗談の如く聞こえるかもしれないが、実際には深刻な「ビジネス」である。高麗大学出身の李明博氏が大統領になった際、韓国の権力ポストの相当な部分を高麗大学という特定の学校出身が「接受」したほどの事態があったのは、さして昔のことではない。「ウリ」の親密性と「共有の精神」が劇的に表れる現象として、高度な知能犯罪に中高校の同期や同窓のグループによるものが多いということがある。どこにおいても高校生とは、少年と大人の中間の成熟段階にいる。その時代に三年もしくは六年を同じところで過ごしたということは、人間として「前社会的」

な感性と幼稚性を共有する。一言でいえば、互いに恥を感じないのである。韓国でマスコミに大きく報道される大規模の「特別犯罪加重処罰法」にかかる金融詐欺などの容疑者らは学校、特に高校の同期生が圧倒的に多いのである。

『韓国日報』二〇一五年十二月十二日の「金融犯罪に陥った高学歴専門職」という記事は、次のように報じる。

ソウル南部地検は十一日、〇〇薬品の大型契約締結に関する情報を事前に利用し、不当な利益を取った三人を起訴した。三人は薬品会社の研究員、そして証券会社のアナリストで、国立××大学の同門である。また、先月には、企業会計監査を行いながら得た未公開情報を活用し、巨額の利益を得た〇〇会計法人の会計士六人の起訴を含め、三〇名を調べている。その中で一〇人は同じ大学の同門であるか、入社同期である。

日本の小家族主義

韓国の大家族制度に比べて、日本は小家族制度を形成した。ここで「小家族制度」とは、昨今の概念での「核家族的な制度」ではなく、儒教的宗族制度などの共同体の慣行にもとづいた家族的集団主義を意味する。江戸時代以前の日本での家族制度は、当時朝鮮で形成された家族制度より緩やかだったといわれる。朝鮮でのような強固な家族制度は武家や公家に限られ、そうした制度が一般に拡散したのは、明治時代に近代法体系を整備したことによるものと言われる。川島博之は著書『食の歴史と日本人』で、親子およびその祖父母で構成される直系家族中心の小家族による農業が戦国時代末期から始まり、江戸時代に定着したという。これには「婚姻革命」による人口の増加が大きな原動力であった。その直系家族によってなす村単位の共同体の形成は、住居形態と農耕方式と密接に関わりがあったと考えられる。

先にみたように、日本は高い山と急傾斜、急流の地形に沿った小規模の土地が、農業の基盤であった。耕地の大半は山の急傾面にあり、それには急流の利用が必要だった。そうした条件は耕地の小規模化につながった。こうした農業パターンは、別の意味で小家族主義と合致したかもしれない。すなわち、朝鮮王朝で広がったような儒教的宗族制度ではなく、長子単独相続はあったが、「門中」の長男中心の固有性への執着が低く、親戚の間の近親婚と婿取婚を許す開かれた「小家族主義」が定着したと考えられる。

さらに、日本列島には川の急流、地震、山崩れなどの災害が多い。頻繁にやってくる自然災害に複数の農家が集団的に対応せざるを得ない過程で、それをまとめる中心的権威に、百姓の政治的忠誠心が助長されたと思われる。弱い個人の集合体であった「村社会」の中で自分を守るために、ルールや慣習を作り、それを規律する政治的権威に従う傾向が形成された。この傾向は、各地方ごとに大名を中心とする同化型社会となり、その中で暮らす個人は忠誠心をもって秩序を維持することが、集団的に覚えた生存の原理だったといえる。そうした風土の中で、家族間では対等な関係での協力と実力主義が重視され、地域共同体が機能を中心に形成されたといえる。こうした生活パターンは、家族間の能力中心の機能保全を重んじることとなった。これは朝鮮王朝で見られた儒教的家族とは大きな差異がある社会的仕組みだった。

さらに、そうした社会をまとめていたのが、今のテクノクラシーに相当する武士の集団だった。西洋で日本文明の象徴と言われた「武士道」は、忠誠・名誉・尚武・勇気といった態度や価値体系を指す。和辻哲郎は、武士道の核心を「享楽を欲する自我の没却、主君への残りなき献身、それが武士たちにとっての三昧境であり、したがってそれ自身に絶対的価値を持つものであった」(『日本倫理思想史』)という。

第2章　地政学と、心理への影響

冷戦が終わった後の一九九二年にアメリカの政治経済学者、フランシス・フクヤマの『歴史の終わり』（*The End of History and the Last Man*）という著作が発表されたとき、共に民主主義を信奉する日本と韓国には安心感が広がっていた。彼の著作が、民主主義は共産主義を含める他のすべてのイデオロギーに勝利した、という考えを裏付けた形だったからである。しかし、昨今の東アジア情勢は、「理念の終焉」という世界的潮流とは裏腹に、地政学的葛藤が再燃している。中国の台頭という世界史的転換の前で、理念でも文明でもなく、「地政学の衝突」が浮き彫りになり、一世紀前に東アジアを襲った悪夢の既視感さえ抱かせる。

韓国人が国家を形成し暮している土地は、漢字で「半島」と呼ぶ。半島にあたる英語peninsulaはラテン語のpaeninsulaから派生しており、paene（almost ほぼ）とinsula（island 島）の合成語で、「ほぼ島に近い陸地」を意味する。地理的には大陸国家と海洋国家の中間に位置するので、これを

「周縁の地」(rimland)と呼ぶ人もいる。

「地政学的位置」という言葉が、韓国ほど頻繁に使用される国はないようである。筆者が数年ずつ住んだアメリカ、日本、香港、中国で、「地政学的位置」という言葉が、自国の懸案と関連し日常的にニュースになっていると聞いたことはほとんどない。それだけ地政学的位置は、韓国人の世界観と自我意識に大きな影響を及ぼしている。

一　囲まれた半島、海洋国家を目指す列島

朝鮮半島に対して、韓国人たちはどのようなイメージを持っているのだろうか。六〇年代に小学校に通った私は、子供の頃に「朝鮮半島はウサギに似ている」という大人たちの言葉を聞いて、本能的に、窮屈で弱い否定的な印象を受けたことを覚えている。それから、最近インターネットで検索してみると、朝鮮半島がウサギに似ているとか虎に似ているとかいう議論があるのを見て驚いた。

朝鮮半島の地政学的立地について朝鮮半島の人々がもつ自己認識には、閉塞感や挫折感が反映している可能性がある。世界地図で朝鮮半島を見て感じる最初の印象は、「閉じ込められている」ということだ。西には巨大な中国大陸、北はロシア、東は日本列島が取り囲んでおり、太平洋へとつながる南の海も、中国と日本が関門の形を成している。そして、この三国は歴史的に韓国より大きな力を持つ「列強」である。この三国が常に韓国に戦略的利益を期待して干渉、侵略し、影響力を

行使してきた。

今はあまり使われない言葉だが、かつては韓半島の運命を「崎嶇《きく》」という形容詞で表すことが多かった。崎嶇という漢字は、山道が険しく平坦でなく、紆余曲折が多く、容易くないという意味である。韓国がG20の国に成長したと自負心を持つ昨今では耳にすることができないが、筆者は子供の頃「統一行進曲」という歌をしばしば聴いていた。その歌は「圧迫と悲しみから解放された民族、闘い抜いて建てた国」で始まる。この歌詞には、韓国人が長きにわたり圧迫と悲しみを経験した原因が、民族の無能さや不誠実や自然の災害ではなく、地政学的な位置に起因して外の勢力によって強いられた、という被害意識が染みついている。

他方、「海洋国家」という言葉には、民族を「圧迫と悲しみ」で苦しめる「崎嶇な」運命というイメージではなく、何の干渉もなく、遠くを見つめる開放感が入り込んでいるように感じられる。日本人がよく自らを説明するときに使う「島国根性」という言葉が閉鎖的で縮小志向的な印象を与える反面、「海洋国家」という言葉は開放的で進取的な感じを与える。世界を駆けめぐる強い海軍、そして世界を相手に通商する大英帝国を模範とする日本人の心は、ここから来ているのである。日本の地政学的位置は、韓国とは全く異なる。日本は、世界でも珍しい島嶼国である。大陸と断絶しており、四方を海に囲まれた六八五二の島で構成されている。

日本が海洋国家を志向する過程は、一貫して順調なものではなかった。明治維新以降の日本の外交行動を見ると、海洋国家観と大陸国家観が競っており、そのような弁証法的な葛藤を経て現在の海洋国家観が定着したと見るのが妥当である。特に重要なのは、日清戦争と日露戦争の勝利に続き、日本が軍国主義の波の中でアジア大陸に進出したのは、海洋国家観を大陸国家観が圧倒した結果であるといえる。

明治維新を主導した薩摩と長州という二つの地域勢力（藩閥）による政治において、同じ長州出身だった伊藤博文と山縣有朋の対立は、単に個別の政治家の対立を超え、明治国家の政界を縮約する興味深い関係にあった。特に大陸国家論の主唱者であったといえる山縣を理解することは、近代日本の対外行動を理解するのに重要な手がかりを与えてくれる。「主権線・利益線」という概念を提唱しながら、山縣が特に強調したのが、朝鮮の地政学的価値であった。彼にとって「利益線」とは、朝鮮半島が他国の干渉から抜け出し、日本の影響下で中立を守ること（「朝鮮半島の中立性これなり」）であった。山縣が提示した地政学的外交戦略により日本が周辺国に勢力を拡大し、一九〇五年にロシアとの戦争に勝利することで、アジアで初めて「海洋国家」へと成長したのは、地政学がもたらした国際政治の弁証法ともいえる。この海洋国家の概念は、今日も続いている。日本の保守層が将来を語るとき、必ず登場する概念がこの海洋国家である。

この海洋国家の概念は、近代国家として日本がアジアで優越的な位置を占めることとなった二つの大きな原動力である海軍拡張論と貿易国家論の地政学的必要条件であり、十分条件になったともいえる。日本人の海洋国家への執着には、物理的条件とそれに影響された集団心理があると考えられる。日本は人口規模では世界第一〇位であり、国土面積では、世界第六一位である。しかし、国力の要素において、「海の支配権」という意味では大きな潜在的可能性をもっている。すなわち、領海を含めた排他的経済水域の面積において、日本は四四七万平方キロをもって世界第六位となっている。

平成二十五年（二〇一三）九月三十日に日英安全保障協力会議の場で安倍晋三総理が行った基調講演には、日本の指導者としての海洋国家への自覚が雄弁に表れていた。その一部分を抜粋すると以下のとおりである。

> 本年は、英国と日本が海を通じて初めて出会ってから、四〇〇年の節目に当たります……日英の、本来の関係とは、なんでしょうか……それは、海の安全を一緒に守る関係です……私は、日英関係を、本来の、おのずから結ばれているという意味で、「ア・プリオリの」パートナーシップだと、呼んでいいだろうと思います。両国とも、海がもたらす恵みとともに生きています。通商を、命綱としています……東と西は、こうして再び海で出会い、海洋秩序の保全というミッションの共通性によって、結ばれました。そこに、おのずと答はあるというのが私の考えです。

二　半島の限界状況の常時性

国家が存在する土地について、「崎嶇な運命」という異例な着想そのものが可能な理由はなんだろうか。私はその答えは、自分の選択と意志によっては耐えることのできない「限界状況」が永遠に続く構造への閉塞感、無力感、狼狽感にあると感じる。こうした自己運命意識は、朝鮮の人々の心理と情緒に大きな影響を及ぼした。ここでは代表的と思われるいくつかのテーマに絞って議論したい。

1　鬱憤と上昇欲

韓国人の行動パターンを批評する際に、「パリパリ」(早く早く)という姿勢を指摘する人が多い。確かに韓国人の行動には焦りがあり、性急である。この姿勢には季節風、旱魃、洪水などの自然の移り変わりのみならず、外侵、武力抗争、動乱など、日常の平和と生存を脅かす状況が続くなかでの危機感があると思われる。

生活においても困窮が基本的状態だった。朝鮮半島には南からの雨を含んだ季節風は吹いてくるが、大陸からの寒い風も吹いてくる。そうした気候条件の下で、朝鮮半島の主食になる米を含めほとんどの農業は、年一回収穫の一毛作である。春に播種をして秋に収穫する一回のみのサイクルで失敗したら、次の年の食糧がなくなる。特に、朝鮮王朝時代の農夫は大体、他人の稲田を借りてそこからの収穫の一部分を自分の収入として得た小作人だった。この小作人の農業の失敗は、単なる家族の食糧がないといった災いにとどまらない。国への税金を納められない場合には、自分が国の労役に徴発されることもあれば、稲田の主に妻や娘を奪われる可能性もある。

こうした危機感が常に存在する状況の中で朝鮮の人々、特に男性は気が短いし、手段を問わず目標を達成することについて互いに暗黙的理解を持つこととなったと思われる。政治学者キム・ヨンシンは韓国人の「目的に埋没した自我」が農耕文化から由来したといいながら、次のように書く。

韓国社会も農耕文化の影響なのか、目的が余りにも強調される。特に、手段と方法を問わず目的さえ達成できれば「ジャンテン」（博打の勝ち）であるという無意識が澎湃していると心配する。韓国での俗諺の中の「横にはっても都に行きつけばよい」などに暗示されているように、目的があまりにも退行的に強調されている。

（キム・ヨンシン 2010, p. 67）

世界に衝撃に与えた二〇一四年の「セウォル号」事件について、私は以下の通りに批評したことがある。

この事件は、韓国社会の本質の底に光りを当てた。中古船を買って積載量を増やした「セウォル号」船主は目下犯罪者になっているが、このような行動は韓国経済成長の方程式であった。今や世界的ブランドにもなった「現代《ヒョンデ》グループ」が、文字通りベンチャー企業だった一九七〇年代半ば、現代建設が受注したサウジアラビアのジューベル港湾工事のために、巨大な鉄骨構造部をオーナーの決断で韓国からバージ船で運んだことは、韓国人の胸を躍らした。その英雄談には、安全規則や技術マニュアルや処理手順などは空念仏だった。「結果ありき」の価値観なのである。

(http://www.nippon.com/ja/column/g00167/)

手段と方法を問わず目的達成を追求するこの心性は、後述する韓国人の「当為主義」とつながる。他人に勝ち、目的を追求する心理の中には、自己が正しくて他人（すなわち、競争の相手）は間違い、というドグマが根付きやすい。こういう精神風土を哲学者小倉紀蔵は「日本のドラマはだるく、退屈だ。そこには世界観の対立、主体間の闘争が皆無である。韓国のドラマは、息つく暇もない言葉の戦い。それこそが、ドラマなのである」と表現した（2011a, p. 17）。

朝鮮半島特有の条件の中で孕まれた目的中心の思考は、当然ながら物事の結果の可視的な姿を重んじる。これは後で議論するような、物事を行う過程の行動の質とか手続きより外形を重んじる思考につながる。また、物事の外形への執着は、人間の外形に大きな価値を置く社会的風潮を生んだ。世界の「整形大国」という評判とか、日韓関係が低迷する時期にも「恰好いい韓流スター」の日本での成功に誇りをもつ韓国人の心境の根源がここにあるわけだ。

2　抵抗心

朝鮮半島の人々の社会に対する心理メカニズムの中の代表的なものとして、抵抗心が挙げられる。ドイツのゲシュタルト心理学で、人間精神の全体性を持ったまとまりのある構造をゲシュタルト（Gestalt：形態）と呼ぶ。今日を生きる日本人の心理構造の中で、日本の近現代のイメージをゲシュタルト的に集約する場面があるとしたら、なんだろうか。私は司馬遼太郎が描いた『坂の上の雲』であると思う。その長編小説には、アジアで真っ先に近代化を成し遂げた日本人の将来への挑戦と野望が描かれている。では、韓国人の心理構造の中で韓国の近現代のイメージをゲシュタルト的に集約する場面があるとしたら、なんだろうか。私はその答えを「東学農民戦争」（日本語での甲午農民戦争）に見出す。

東学農民戦争（一八九四）とは、なんだったのか。答えは視角によって異なるだろうが、韓国の特殊法人「東学農民革命記念財団」がホームページに提示した文を抜粋すると、以下の通りである。

一八九四年三月に封建体制の改革のための一次蜂起があり、同年九月に日帝の侵略から国権を守護するために二次蜂起し、抗日武装闘争を展開した農民中心の革命である。日本の侵略的野心、又腐敗・無能の朝鮮王朝封建支配層の外勢依存及び保守的儒者の体制守護の壁に挫折したが、一八九四年以降に展開された義兵抗争、三・一独立運動、そして抗日武装闘争に至るまで至大な影響を及ぼした社会改革運動、また自主国権守護運動として、韓国の近代化と民族運動の根幹になった。……未完の革命で終わったが、十九世紀後半に我が国と東アジアの国際秩序を変化させ、中世が近代に移行する過程で大きな影響を及ぼして、乙未義兵活動、三・一運動、四・一九革命、五・一八光州民主化運動の母胎として、今日の平等思想と自由民主化の地平を開いた近代民族史の大事件であった。

(http://www.1894.or.kr/)

この文書が示していることは、韓国の近現代史が東学農民戦争から始まったことと、その歴史の中身は国内外の腐敗した既得権への抵抗だったということである。では、こうした発想が韓国人にどれほど共有されるのか。これを検証した資料は見当たらないが、一つの代案として韓国の初等学校(日本の小学校)での教育の模様を取り上げる。以下は初等学校五学年二学期「社会科」での学習指導要領の一部分である。

教師の質問:(朝鮮王朝後期での)牛一頭の値段はいくらでしたか。
生徒の模範答案:五両でした。
教師の質問:当時、米の値段が牛の値段ほど高くなった理由はなんですか。
生徒の模範答案:
(1)凶作で米の生産が減りました。

（2）貪官汚吏が税として奪いました。
（3）海外（日本）に輸出しました。
教師の質問：東学が当時の農民の心を奪った理由はなんでしょうか。
生徒の模範答案：両班の収奪のない平等な社会を希望したからです。
教師の質問：東学農民運動を主導したのは誰ですか。
生徒の模範答案：ジョン・ボンジュン（全琫準）です。
教師の質問：東学農民運動によって勃発した戦争はなんですか。
生徒の模範答案：日清戦争です。
教師の質問：東学農民運動はどういうふうに変わりましたか。
生徒の模範答案：義兵の抗争になりました。
教師の質問：東学農民運動による「甲午改革」の内容は何ですか。
生徒の模範答案：自主独立、階級廃止、拷問廃止、科挙制度廃止などです。
教師の質問：甲午改革の意味はなんですか。
生徒の模範答案：朝鮮が近代国家として発展するために自ら試みた努力でした。

朝鮮半島の歴史を語る上で、さまざまな対象や現象に対する反抗を抜きにして議論を進めることは出来ない。韓国で哲学を研究した小倉は、日常レベルでの反抗を次のように書いた。

日本の道徳のイメージといえば、「ジジムサイ／保守」というものであろう。だが、韓国で道徳のイメージは、「青春／革新」なのである……韓国での道徳といえば、既存の価値体系への同化を強要するものでもあるが、逆に旧体制への反抗と新体制樹立への原動力でもあるのだ。これはもっとも尖鋭的・革命的闘争の道具であり、ジジムササとは無縁の、青春の爆発力をもつ。

(2011a, p. 18)

3　極端性

先に述べた上昇志向と抵抗心が現れる様相は、極端な場合が多い。韓国人を理解する一つの鍵が「極端」ということである。極端とは、ある物事や現象が極まる所まで進行し、もう行けるところがない最後の状態である。詩人シン・クァンチョルは韓国人の極端性を次のように表現する。

韓国人は極端を受容する。これは他国では見つかりにくい気質だ。こういう気質があるから、韓国は思想の市場であり、また宗教の市場であるという特別の位相をもつこととなった。気質、思想、宗教などの排他性が葛藤する中でも安定を維持することは、それ自体が「極端の受容」であるといえる。

(2013, p. 8)

たとえば、生活を営むことにおいて自分の意見が共同体で受け容れられない場合、自分の意見を強く示す方法として、公の場で頭を丸刈りする。集団で剃髪しても気が済まない場合には、火刑式を行うこともある。この火刑式は韓国史のあらゆる場面で活用された。一九六三年六月三日、日韓正常化会談に反対するデモ隊は、「売国奴火刑式」を挙げた後に、当時の大学生で後の詩人金芝河《キムジハ》が次のような詩を朗読した。

死体よ。おまえはずっと前に既に死んだ。死んで腐っている。
魂のない死体よ。反民族、非民主な民族的民主主義よ。

もう一つの例をあげてみよう。韓国での労働運動や人権運動を論じる上で避けて通れない一人の人物がいる。全泰壹《ジョンテイル》である。一九四八年に生まれた彼は貧しい家庭の子供として育ち、若い頃から縫製工場の工員として働いた。労働組合に加入したかれは、二十二歳となる一九七〇年に勤労条件の改善を要求し、「勤労基準法の火刑式」を主導しながら自らの体にガソリンをかけて焼身自殺した。自分の主張を社会に告げるべく、焼身自殺を図る事件は韓国社会にたびたびある。焼身より激しくないが愛用される方法が、血書を書くことである。この時、血書の「正当性」を確保するためには、自分の指を噛んで血を流すのがよい。特に血書と愛国は相性のよい組み合わせだった。この模様を李御寧《イオリョン》は次のように評した。

韓国人の愛国は血書の愛国だ。指を噛んで血を流せば烈女になるように、いつも血を流す愛国であり、指を噛む愛国である。そういう方法でなければ国家を愛することができない状況だったのである。

(2002, p. 194)

三　列島の能動的機会主義、半島の受動的機会主義

機会主義者という表現は否定的な印象を与える。したがって、機会主義という用語についても、私たちは否定的な印象を持っている。しかし、「周りの条件を見て、自分の利益に合う形で心や態度を決める」という程度の通常の意味に照らして見れば、私たちはみんな機会主義を本能的に備えている。もちろん、この言葉が持つ否定的な要素は、共同体が共有する倫理的な原則や他人への配慮などの無視や排除にある。

英語で **opportunism** に当たるこの言葉は、面白いことに韓国のような半島であるイタリアの **opportunisimo** という言葉に由来していることが知られている。その語源はラテン語の **oppositum portus** で「港に入るか入らないか」を心配して計算する様子を表している。そして、さらに面白いことに、『君主論』という政治学の古典を書いたイタリア人、ニッコロ・マキャヴェリこそが、政治行為の要ともいえる機会主義を豊かに説明してくれている。だから「マキャヴェリ的」な政治家

とは、「ずる賢く非道徳的であり、機会主義的な人物」を象徴しているのである。

機会主義とは結局のところ、利益を追い求める行動者の選択の問題である。また、この選択の内容を決定する重要な核心的要素の一つは、その行動者が利益を計算するにあたり、自分自身を制御できる内的・外的条件を備えているかということであるといえる。韓国と日本はもちろん、その中に住んでいる人々は皆、程度には差こそあれ、機会主義者である。ただし、外交行動において韓国と日本の大きな違いは、地政学的要因に強いられる運命を自らコントロールする能力の程度の差であろう。

日本は海洋国家を掲げて太平洋と欧米を眺め、必要に応じて近隣の半島と大陸に選択的に介入し、外部に変化を与える「能動的」な機会主義を示してきたのに対し、強国に囲まれた半島に閉じ込められた韓国は、外部の変化に対応し反作用する「受動的」な機会主義を示してきたように思う。

1 半島の受動的機会主義

今の韓国の人々は「先進国入り」を信じているが、先に述べたように、六〇、七〇年代には朝鮮半島の運命を「崎嶇」という言葉で表現することが多かった。この「崎嶇」という形容詞が意味するものの一つは、自分の意のままに思い通りにできない窮屈さ、つまり選択権が制限されている現実に対する反発と恨みが含まれていると思う。機会主義を国際政治の本性の一つと見たとき、韓国が示してきた機会主義は能動的に事態を起こしたり、解決したりすること（pro-act）ではなく、既に起こった事態や状況に反応（re-act）する受動的機会主義である。
外交を論じる際に、「合従連衡」という中国的な表現がよく使われる。一国が複数に分かれて争う「列国」の経験があまりなかった韓国の歴史では、見慣れない概念である。国全体が分裂し、内戦の状態が長かった中国や、大名の間で熾烈な争いがあった戦国時代を経験した日本にあった合従連衡外交が、韓国人の認識体系にはあまりない。朝鮮半島の中では政治闘争に没入していたものの、妥協と交渉の意識と訓練は乏しいのである。

韓国の外交について、「言いなり」とか「控えめ」という評価が出ているのを多く目にする。これは、韓国政府や外交官が無能だからではなく、地政学的条件に由来するものと見なければならない。半島の西側の黄海の韓国領海で中国の漁船が違法漁労をし、これを取り締まる韓国の公権力にためらうことなく挑むことに対して韓国市民が怒っていても、外交のアジェンダとして中国政府に対して断固とした措置をとれない。その理由は「地政学的」条件の不利から来るものである。外交においては、国の実利と自尊心という相互排他的な要素が対立する。実利を過度に追い求めると、機会主義と批判され、自尊心だけを押し出せば「感情外交」と非難される。残念ながら、韓国の外交はどんなに小さな問題でも、この二つの考えに板挟みになるのである。

韓国の国益に重大な影響力をもつ列強の「顔色を窺う外交」が深刻にクローズアップされている昨今の事例が、THAAD《サード》ミサイルの導入をめぐる論争である。THAADミサイルは、米ロッキード・マーティン社が開発し、飛来するミサイルを高高度で撃墜する武器である。北朝鮮が弾道ミサイルを次々と開発している状況を鑑み、米国と韓国の保守界では導入を望んでいる。このミサイルは守備用であるものの、中国は韓国への導入に猛反対している。THAADミサイル自体より、その運用に必要な高性能レーダーが中国をカバーできることが、中国の神経に触っているということだ。この問題は、二〇一七年現在でも、韓国の最大の外交問題として進行している。北の核挑発に対処すること、中国との関係をうまく維持すること、そして米日につながる同盟体制を守る、という三つの課題が合体している複雑な状況である。この事例は、韓国の戦略的利害が地政学的イシューによって左右されるという事柄を鮮明に見せてくれる。

2　海洋国家の能動的機会主義

日本は近世以前には島国として、アジア大陸から文化を受け入れたということから一種の劣等感、孤立感、疎外感を持っていた。だが、平安時代から徳川時代の日本の自己意識は、徐々に大陸からかなりの程度離脱していたといえる。これには太平洋に面しているという「選択とは無縁」の地理的条件が重要であった。他のアジア諸国よりも先に、欧米で始まった大航海時代と産業革命に接するようになったのである。日本は欧米と接することで、劣等感から優越感へ、孤立感から開放感へと自らの地位と精神世界を変えることが出来たのだ。地理的な意味のみならず、文明の発展という意味でも、日本が向きを大陸から海洋に転換することにより、近代国家を成す大きな恩恵を受けるようになった。つまり、海洋国家としての地位を確立することによって勝利を収め、その勝利の記憶が今日を生きる日本人の脳裏に強く刻まれている。
海洋国家という地政学的条件が与える最大の恩恵は、大陸と離れた立場から必要に応じて大陸と半島に対して「選択的」に介入することができるというものである。海洋国家の戦略的選択性が最もよく含まれている言葉は、日本が「中華文明と近くも遠くもない」というものである。つまり、英語表現で「手の届く距離」(arm's length)にあり、必要に応じて引き寄せることも、放すこともできるというわけだ。

四　政治冷淡 vs 政治過熱

地理および地政学的条件によって朝鮮半島の人々は濃密な政治化の道を歩んできた。前述したように、朝鮮半島には統一新羅以降九〇〇回を上回る外部からの侵略があった。戦乱は民に危機感と不確実性の中で生を営むことを要求する。結局、普通の民も「国際政治」を生活に織り込まなければならない。この危機感を精神医学者イ・ビョンウクは次のように表現する。

冷徹に言えば、弱小国としての我が民族は長い歳月において世界史に貢献したことはない。世界の辺境にとどまりながらひたすら生き残るために闘争してきた。古朝鮮の滅亡以降、高句麗、百済、新羅の三国の間の長い暗闘は、今日における、南北の相互反目と(韓国内の)嶺・湖南の政治的対立に至るまでに、その伝統を綿々と続けている。

(2013, p. 101)

朝鮮半島の人々が政治に敏感になる理由は、「内治」にもあった。まず、地理的に平坦な、中央政権の政策や取締りが全国に行きわたる環境で、朝鮮半島の民には中央の政治が可視化されたのであり、その結果、中央政治に日常的に関心を持っていたのである。

朝鮮半島全体にわたって中央集権が定着した朝鮮王朝の政治を一言で縮約すると、「苛斂誅求」であろう。数々の名目の税を賦課して民の財物を無理に吸い取る政治は、朝鮮のキーワードだった。朝鮮王朝の三七名の王の中で「聖君は一〇人にいたらない」という一般認識は、これを指す。朝鮮後期の学者丁若鏞《チョンヤクヨン》(一七六二—一八三六)が作った「哀絶陽」という詩は、次のように始まる。

蘆田少婦哭聲長　(蘆田村の夫人が長らく声を出して哭く)
哭向縣門號穹蒼　(県庁の門の前で蒼穹を仰いで哭く)
夫征不復尚可有　(税の代わりに出征した夫がいるとは聞くが)
自古未聞男絶陽　(税の事で激情し自分の性器を断った話は聞いたことがない)

流刑によって全羅道の農村地帯に暮らした丁若鏞が一八〇三年に作ったこの詩は、当時の苛斂誅求を生々しく描く。結局、その地方で「東学農民戦争」が一八九四年に起きて、日清戦争の勃発と朝鮮王朝の滅亡につながるのである。朝鮮王朝の暴政と苛斂誅求の極みを慨嘆しながら農民たちが唄った詩が次のものだった。

金樽美酒千人血　（金の樽に入った美酒は、千人の血からできており）
玉椀佳魚萬姓膏　（玉椀にある美味い魚は、人民の油でできている）
燭涙落時民涙落　（ろうそくから蠟が滴るとき、人々の涙も滴り）
歌舞高處怨聲高　（歌舞の音楽が高く鳴り響くとき、人々の怨嗟の声も高くとどろく）

暴政の根本的な理由は、絶え間ない外部からの侵略に備えるための軍備と兵士としての出征に代わる「軍布」という税金、また政治家と官吏たちの腐敗だった。また、こうした暴政を促した要因として、地理的、かつ地政学的条件を挙げることができる。

このような朝鮮人の「政治化」に比べて、日本人は「お国のまつりごと」に従うし、それに対して「政治的意識」をもつ背景は弱かったのである。封建主義を経験した日本社会は、機能的に統合された環境を持つようになった。山に満ちた日本列島が二〇〇以上の「国」（藩）に分かれ、それぞれの国が農業をするための土地を中心として機能的な人間関係を形成した。英語の feudalism の漢字訳である封建主義の封という字は、圭（地面と草木の形）＋寸（手の形）の合わさったもので、自然の中での生産を意味している。建は、これらの生産が可能な領地をもとに共同体が作られたということを意味する。国土全体が島から成り、さらにその列島の七〇%以上が海抜千メートル以上の「山地」という、非常に厳しい自然条件を住宅環境として、生活共同体が形成される。

そのような環境で、地方の領主たちが連合し中央の政治権力を倒す「クーデター」や反乱は、物理的に極めて難しいものであった。さらに、日本を統一した徳川幕府は、地方の大名の反乱を防ぐため、彼らが定期的に都である江戸に来て勤務をする参勤交代という、一種の人質制度を実行した。最終的に、これらの歴史的経験は、日本人にとって「革命」よりも「安定」を重視する「学習に基づく傾向」(習性)を持たせたのである。

第3章　地政心理で「国柄」を読み解く

以上で議論したように、異なる地理、風土、そして地政学的条件の中に長らく「埋没」してきた朝鮮半島の人々と日本列島の人々は、具体的にどのような地政心理でその関係を読みとくことができるのか。その前に、それと関連する概念について語る必要がある。

一　「国歌」で解読する国民性

ある国民もしくは民族の内面的模様を語ることにおいて、一番代表的な概念は「国民性」であろう。一般的によく使われる国民性とは、実際には明確な定義がない概念であり、「歴史、風土などによって形成された一国民の共通の性質または基質」という程度に定義することができる。例として、ドイツ人は質素であるとか、フランス人は芸術的であるとか、アメリカ人は実用的であるという程度の観察を国民性と言う。普通の市民が深い考えなしに使うこうした国民性について、警戒を発する意見も多い。特に、「科学」を標榜する西洋の政治学では、国民性を「固定観念」(stereotype)と性格づけ、それに対する慎重なアプローチを要求する。実際に、国民性は定めにくいものである。「誰の性格がその国民の性格なのか」という素朴な懐疑には、答えるのが難しい。国民性があるとしても、それはその国民も分布によって異なる可能性があり、またその性格は時間と共に変化していく。

しかし、ある国に共通して見られる価値観、考え方、感情と行動パターンを、まったく無視することはできない。それは数多くの人々の観察や直感的判断の総合した、抽象的でありながら含蓄的意味をもつ。特に、他者の目からの国民性より、自国の人々が理解する国民性には、その民族の自我に関する認識が内包されているといえる。

したがって、外部から見た「ステレオ・タイプ」より注目すべきものは、国民自らが認識している自己イメージかもしれない。それは一国の国民が自らの精神的風土を理解するのに重要な手がかりを与えてくれるからだ。その糸口の良い例として、国歌を挙げることができるだろう。国歌は、「国民と国家を代表するもの」と呼ばれているからである。

韓国と日本の国歌を他の国歌と比べてみると、一つの共通性が浮き彫りになる。それは歴史の永続性への執着である。しかし、その永続性は非常に対照的な発想で語られる。日本の国歌である「君が代」は、日本の君主である天皇の治世を指しているといわれる。歌詞は、十世紀に編纂された『古今和歌集』に収録された和歌であり、「我が君」を未詳の作者が「君が代」に変え、後に曲がつけられたものである。意味は「君（天皇）の治世は幾千年も、小石が大きな岩になって苔が生えるまで続いて行くことを願う」というものである。

一方、韓国の国歌として「みなされている」「愛国歌」も、「韓国」の永続性、すなわち「万歳」を歌っているという点で、日本の「君が代」と似ている。日本人に馴染みのない「愛国歌」の一節をみてみよう。

동해물과 백두산이 마르고 닳도록　　東海が乾き果て、白頭山が磨り減る時まで
하느님이 보우하사 우리나라 만세　　神のお護りくださる我が国、万歳

「君が代」と比較して真っ先に浮上することは、永続の主体が天皇といった特定の主体ではなく、国そのものということである。さらに、両国の国歌は、国家の体裁および民族の永久を祈るという点では同じであるが、その様態に関しては相当の差がある。「君が代」は、小石が岩になる過程の時間と忍耐を描くのに対し、「愛国歌」は、東海と白頭山がなくなる時間の永遠性を歌っているのである。

ここで窺えることは、両国歌に描写されている国家と民族の永遠性への心理的アプローチが異なることである。これを文芸評論家の李御寧《イオリョン》は次のように書いた。

同じ永遠であっても、日本人はさざれ石がいわおとなる永遠であるが、韓国人の永遠は山と海が乾いてすり減る永遠である。日本人は侵略と繁栄の明日を考えたが、我々は苦難と侮蔑の明日を考えたのである。物事を思う心がそれだけ異なった。

(2002, p. 59)

李御寧のこの短い解説を吟味すると、日本の「君が代」が詠う「小石が大きな岩」になる過程には希望と楽観性がある反面、韓国の「愛国歌」は既に存在するものがだんだん喪失する落胆と不安が入っているということである。

日韓両国が自国と自国民の永続性を歌っていることは、他の国の国歌のテーマに比べるとくっきりと対照される。世界中の国歌の中には、闘争と革命をテーマにしているものがある。アメリカの国歌「星条旗」(The Star-Spangled Banner)は、自由を見つけ新天地に定着した市民の闘いを取り上げ、「砲弾が赤く光を放ち、空中で炸裂する中で、我らの旗は夜通し翻っていた。ああ、星条旗はまだなびいているか。自由の地、勇者の故郷に」と歌っている。また、フランスの国歌「ラ・マルセイエーズ」(La Marseillaise)は、「聞こえるか、戦場の荒々しい敵兵の咆哮が? 奴らはお前たちに近づいている。お前の子と妻の喉を掻き切るために!」という表現が注目される。またアジアでは、中国の国歌「人民義勇軍行進曲」において、外勢への屈服に対する歴史的な警戒感が鮮烈かつ強烈に描かれている。つまり、「いざ立ち上がれ! 隷属を望まぬ人々よ! 我らの血と肉をもって新しき万里の長城を築こう！　中華民族に最大の危機が迫ったとき、追い詰められて皆が最後の雄叫びをあげるだろう」と歌っている。

これらの闘争的な国歌とは対照的に、外部との武力衝突がなく、平和の中で豊かな自然の恩恵を享受する様子を描いた国歌もある。オーストラリアの国歌「進め、美しのオーストラリア」（Advance Australia Fair）を見ると、「オーストラリアの同胞たちよ、喜ぼうではないか。我々は若くて自由だ。苦労して手に入れた黄金の土地と富、海に囲まれた我が国に与えられた、美しく豊かで貴重な自然の恵み」と歌い上げている。

このように、さまざまな国歌を比べてみると、領土を確定し、その中で生きる国民という共同体が持つ自身の運命、自然条件、地理的環境などに応じて、自己認識、自己イメージが国ごとに劇的に違っていることが分かる。

ヘロドトスは、エジプト文化の特色を説明するにあたり、自然環境の特色を重視した。また、トインビーは、気候、地形、水路、場所に応じて、さまざまな文明が形成されるとした。特に彼は、農耕民族、遊牧騎馬民族、海洋漁労民族などに分類される生活のタイプが、民族の気質を形成する要因になるとしている。大陸、海洋、島、半島などの地理的環境に応じて民族性の違いがあらわれ、周辺国との交流を通じて文化が進化する。各文化は気象条件や自然環境に適応し、調和しながら発展していくだろう。したがって、国歌は一種の地政学的心理の表現であると見ることができる。

二　「恨み」――競争と流浪の情緒

本書の主題である地政心理を論じる前に踏まえるべき必要な議論が一つある。いわゆる朝鮮半島人の「恨み」というものだ。いつの間にか、「恨み」が朝鮮半島に住む人々の代表的な性情であるように性格付ける論説が日本には多い。したがって、この議論を避けて通ることはできない。

韓国を研究する学者たちは、「恨」の韓国語読みである「ハン」という概念をあげ、さまざまな解釈を提供している。たとえば、歴史学者古田博司はハンを「伝統規範からみて責任を他者に押し付けられない状況のもとで、階層型秩序で下位に置かれた不満の累積とその解消願望」と説明している（2005, p. 150）。特に、近代の韓国人の「恨み」を、日韓関係における「敗北者」としての情緒と考える人が多い。たとえば、『産経新聞』のソウル特派員として韓国社会を長らく観察してきた黒田勝弘は次のように述べる。

> 戦って勝っていればその後の関係は対等である。とくに、民族感情としてはそうである。支配されてもそれを戦ってひっくり返していれば「恨《ハン》」は晴らされたことになり、被支配の鬱憤はそれほど残らない。ところが韓国はそうではなかった。
>
> （1999, p. 36）

しかし、「恨み」は韓国の学者たちすら的確にその意味が確定できない、曖昧な概念である。社会学者キム・ムンジョはその曖昧性について、次のように述べた。

われらは韓国の情緒を代表するものとして「ハン」を挙げてきた。ハンという概念は、その意味が曖昧で不確定的にもかかわらず、大体悲しみや哀傷、もしくは慇懃と根気のような韓国人の美徳を意味することと理解してきた。

（キム・ムンジョ p. 140）

では、「恨み」とはいったい何なのか。一言で解けないこの概念の中身を探る一つのヒントは、その漢字の「恨」が〈心〉＋〈艮〉の合成語であることかもしれない。要するに「恨み」とは、「人間の心性の深いところに根付いた情緒」と理解できる。その簡単な定義は、この情緒が人間関係から派生するものということを語る。無人島で生涯を一人で暮らす人なら「心性の深いところに根付く情緒」がないだろう。結局、うらみとは人間と人間の間で発生する複雑な感情の塊である。その中には諦念、怨恨、恐怖、孤独感、悲しみ、挫折（期待）などが混在する複合的感情なのである。

1　被害意識

韓国の学者たちにも難しいこの概念の性質の把握に役に立つ歌が一つある。「恨五百年」という伝統民謡である。その歌詞の一部分を見ると、次のような句がある。

한많은 이세상 야속한 님아　　恨みの多いこの世の中、薄情なあなた
정을 주고 몸만 가니 눈물이 나네　　情けを残して体は去っていくので、涙が出る
청춘에 짓밟힌 애끊는 사랑　　青春を踏みにじられた、はらわたが湧くようなこの愛
눈물을 흘리며 어디로 가리　　涙を流しながらどこへ行けばいいのか
기구한 운명의 장난이련가　　数奇な運命のいたずらなのか
왜 이다지도 앞날이 암담한가　　なぜこんなに前途が暗澹なのか

この歌には、普通の朝鮮半島の人が抱く「恨み」という情緒がある。そこで浮き彫りになる第一義的要素は「被害意識」であると読み取れる。「薄情なあなた」、「数奇な運命」、「暗澹な前途」などの表現は、加害者を特定しなくても、被害意識を凄絶に歌うことが可能だ。また、その感情の程度が濃密で、実現できなかった愛を「はらわたが湧く」という強烈な言葉で表現している。愛でも物質でも、求めることが実現されない状態を「肝腸が燃える」とか「肝腸がちぎれる」と表現することは珍しくないのだ。

ところが、ここで大事なのは、「被害意識」の根源になる「相手」が多様で、定まらないということだ。その相手には、他人や他国も入るが、自分が設定した夢や理想に達していない状態を指す

こともある。韓国人が持つといわれる「ハングリー精神」や「上昇欲」とは、自分の現実と理想との差異に由来するものである。恨みの主観的側面を、小倉紀蔵は次のように説明する。

韓国人に〈ハン〉という情けがあるのは有名だ。漢字では「恨」を宛てている。しかし、〈ハン〉という韓国語に最もよくあてはまる日本語は〈あこがれ〉なのである。もちろん〈ハン〉には「恨み」という意味はあるのだが、単なる恨みではなく、そこにはあこがれの裏うちがあるのである。

(1998, p. 51)

似たような脈絡で、韓国の精神医学者キム・ヨンシンは次のように述べる。

韓国民族を語るとき、多くの人々が「ハン」という情緒を挙げる。韓国民族の文化や芸術も、韓国民族がもつハンの情緒からその根源を探す人が多い。そのハンとは、精神分析的に言えば鬱憤や憎しみ、もしくは不満の情緒から起因することである。

(2010, pp. 121-22)

韓国人の、「恨み」という情緒を問題視する視点と、それを「美徳」と礼賛する視点が混在する矛盾の要諦には、その感情の痛烈さにある種の「力」が潜んでいるということだろう。すなわち、朝鮮半島の人々が条件的に感じざるを得ない感傷的、虚無的、扇情的な側面と、その側面が生み出する種の「道徳的憤慨」があり、それが社会的変革として表出するのである。後ほど議論するように、韓国社会の近現代史が反乱、デモ、革命、クーデターなどで綴られてきたわけはここにある。

この多様な感性の総体、もしくはエトスは、朝鮮半島の人々の世界観、価値観にさまざまな形で浸透している。では、世界中の他の国や人間共同体で見られないほど特殊な情緒体系が、朝鮮半島の人々に強烈に存在する理由は何なのか。その答えこそが朝鮮半島の地理、風土、そして地政学的条件に潜んでいると思う。そういう側面を小倉紀蔵は〈民族ハン〉という概念をもって次のようにハンを説明する。

〈ハン〉は個人の次元でだけではなく、国家あるいは民族の次元でも存在する。これを〈民族ハン〉という。国際社会での上昇へのあこがれと、その挫折による悲しみである……日本こそは〈民族ハン＝上昇へのあこがれが挫折する悲しみ〉を形成させる主犯である……韓国の〈民族ハン〉の裏には、いつも日本がある。日本が、あらざるをえぬ。

(1998, p. 214)

この朝鮮半島固有の「民族ハン」の背景を考察してみると、次のような複数の要因があると思われる。恨みを不当で矛盾した状況に対する深い自意識と理解するのであれば、その状況は次のようなものになろう。

2 適者生存の競争

ひとつは、農業を中心に生計を立てていく民族共同体において、儒教という倫理体系が社会秩序の基軸であったという事実を挙げざるを得ない。既に議論したように、朝鮮王朝における儒教では、家父長的秩序が社会編成の中心であった。そういう社会では、先祖崇拝が大事な規範であり、それは「長子相続」を中心とする大家族制度を形成した。この血族中心主義は、農業を営む上で共同体意識を強めることになる。

この血族中心の社会は、平等な社会だったわけではなく、「適者生存」の競争の激しい社会であった。特に、「識者」を人間の完成の模範とする「文人社会」だった朝鮮では、学問による出世が個人間および「門中」間における激しい競争につながった。結局、教育的資質によって決められる優劣と、それによる社会的身分の格付けは、家父長制社会の中でも構成員相互間の葛藤と紛争を刺激した。こういう状況は、人間の間に差別化と、その結果として勝利者と敗北者の間の「抑圧」関係を形成した。朝鮮半島の内部的要因による「恨み」は、この抑圧関係から来るものと理解してよいのである。

二つ目の要因は、朝鮮半島固有の地政学的条件によるものである。統一新羅以降、朝鮮半島には九〇〇回を上回る外からの侵略があった。それを乗り越えて朝鮮王朝は五〇〇年以上も続いたが、結局は日本による植民支配を受けるに至った。植民統治が終わってからは、世界的に展開された冷戦構造のなかで半島は二つに分かれ、双方がそれぞれ一番極端なイデオロギーの先鋒となった。その同族の分断のあとには、南には長いあいだの政治的抑圧と軍事独裁があり、北にはいまだに最悪の政治的抑圧と飢餓が進行している。この様子を詩人金芝河は詩集『黄土』で「我が狭い韓半島には外侵と内乱、独裁と革命、飢餓と病気で死んで去った数多くの叫びでいっぱい」と書いたのである。

3 流浪する民族

日本人が愛唱する演歌の歌詞の中には、自然の中での哀れが多い。海、酒、涙、女、雨、雪、別れなどが頻繁に出るモチーフなのだ。これに対して、韓国の大衆歌謡には生の辛さと放浪が多い。近代国家になって、また朝鮮戦争が終わった後の一九六〇年代から韓国人の脳裏に常に聞こえていそうな、代表的なイメージを持つ歌は、次のようなものである。

竹杖を持って笠を被って放浪する三千里　(죽장에 삿갓 쓰고 방랑 삼천리)
白い雲浮かぶあの峠を越える客は誰なのか　(흰 구름 뜬 고개 넘어 가는 객이 누구냐)

かくのごとく放浪する運命をもつ人間を「浮草」と描写する歌も多い。

浮き草のようなこの身　（부평 같은 이 내 신세）
自ら考えても、あきれて　（혼자서 기막혀서）
窓を開けて眺めると　（창문 열고 바라보니）
天は遠いところに　（하늘은 저 쪽）

いってみれば朝鮮の人々のアイデンティティは、根が抜かれた草のようなものである。こういう心境を李御寧は「国はあっても流浪する群れ。いまは、南北ではなく東西のクジラの争いに巻き込まれてつぶれるエビのような存在になった。一度も「わが土の主」と言ったことのない民である」と書いた（2002, p. 38）。

似たような視点から、韓国を代表する文芸評論家白楽晴《ペクナクチョン》は、そういう心理状態をもつ人々が住む朝鮮半島の政治共同体を「欠損国家」と呼ぶ。近代性の主要指標は国民国家であるが、韓半島には統一された近代国民国家が存在したことがない。南北両方とも正常な国民国家ではなく、欠損国家である。外勢の決定によって分断が強いられ、二つの欠損国家が誕生した、ということである。

繰り返しになるが、朝鮮半島に統一新羅という政治共同体が形成されて以降、「九〇〇回あまりの外部からの侵略」があったという認識が、韓国人の脳裏に刻まれている。こうした地政学的環境で生まれて生きる朝鮮半島の人々は、自らの運命を浮き草のように、英語の表現を借りると「いつでも走り出すことができる」（on the run）民であるのだ。

こうした概念化に、「愛国」を唱える多数の韓国の人々は違和感を覚えるかもしれない。だが、「祖国を愛する」多くの韓国人が、「先進国の手前にある」その祖国を今日も大挙して離脱し、アメリカに移民するのが、厳然たる現実なのである。米連邦政府が発表した最近（二〇一三年）の統計によると、韓国からの移民者の数は百万人を超えて、出生国順位では八番目である。南米を除く上位一〇位の中で、アジアからの移民の数を見ると、**表6**のようである。

表6　アジアからアメリカへの移民の数

順位	出生国	移民者数（万人）	本国人口（百万人）	本国百万人あたり移民者数（%）
2	中国	238	1,357	0.18
3	インド	203	1,252	0.16
4	フィリピン	183	98.4	1.86
5	ベトナム	184	89.7	2.05
8	韓国	107	50.2	2.13
25	パキスタン	34.3	182.1	0.18
26	日本	33.9	127.3	0.26

この統計をみると、韓国人が米国移民に、国民の中での割合としては一番積極的であったことが分かる。この事実は、韓国の人々が主張するあらゆることと矛盾する。「自由陣営」に属し、米国と同盟条約までもつ韓国社会が反米を強烈に謳ったことは周知のことである。韓国の人々は反米を唱えながら韓国籍を捨てて米国に移民し米国籍を取る。

しかし、「るつぼ」（melting pot）といわれるアメリカ人社会に溶け込むわけではなく、本国の政治などに深い関わりを持ち続ける。また、移民者一〇位に入る国の中で、G20に入る国は韓国しかない。韓国を離れてアメリカを目指す人々は、本国で生活を営むことが難しくて米国に移民するのではなく、本国での生活が「気にいらない」から行く人が多いのだ。私の場合、大学四年間で一番親しかった仲間一〇人の中で、アメリカ市民になった人が五名になる。

朝鮮半島人の流浪は、今日も進行形なのである。韓国の正式な国名は「大韓民国」である。人口五千万で、面積一〇万平方キロメートル（韓国のみ）の国家としては、結構大仰な国名である。その偉大なる国名から、韓国人の自己に対する幻想的な意識を垣間見ることができる。韓国では「愛国」という言葉が頻繁に聞こえる。と同時に、韓国を離れて海外、特に米国に移民する人の行列が絶えない。国務総理や長官の任命のため行われる「聴聞会」では、そのエリートの人々の子供が米国国籍を得ているのがしばしば問題として浮上する。こういう事態の根っこにあるのは、韓国人のアイデンティティの幻想性であると捉えたいのだ。

三　朝鮮民族の自己同一性の揺らぎ

自分は何者か。自分はどうあるべきか。こうした個人の心の中に保持される概念を、自己同一性（self identity）という。アイデンティティ（identity）という用語を、一般的に自己同一性と理解することが多い。ここで「同一」とは、自己の主体性が概念ないし信念として内的に確認されることを意味する。その主体性が自分の属する共同体の価値体系や理想と結合されるとき、一体感を感じ、その一体感を集団的アイデンティティと規定することができる。

これに関連する概念として、「民族意識」を挙げることができる。民族意識とは、一つの民族が他の民族と区別される独自的なアイデンティティを集団的に意識することと理解される。民族を区別することにおいて、言語、宗教、慣習などの同質性が客観的指標であるとするなら、民族意識は主観的な指標といえるだろう。この民族意識を心理社会的アイデンティティ（psychosocial identity）と言い換えることができる。ここで「心理社会的」とは、社会環境の中でその環境との相互作用を通じて形成される、という意味である。そして、国民レベルでの心理社会的アイデンティティは、「その民族の固有の歴史において形成された、独特の価値および理想との内的結束性」と理解してよい。

1　愛着なき執着

では、朝鮮半島で生きてきた朝鮮民族の民族意識、心理社会的アイデンティティには、どういう特徴があるのか。歴史という時間・空間の中で、韓国人が想像する自己の姿はどういうものなのか。この漠然とした質問への模範答案はない。だが、地政心理と関連して指摘しておくべきことは、そのアイデンティティが「幻想的」であるということである。韓国人のアイデンティティの特徴は、自分たちが生まれた土地への帰属意識が希薄で、その代わりに「政治的共同体」への幻想的執着がある。その根底には、外国からの度重なる侵略と外勢による支配という、民族社会の精神的経験がいすわっている。

朝鮮半島が受けた数々の侵略は、いうまでもなくその地政学的位置が原因だった。十六世紀に始まった外部からの侵略は、ついには半島の政治的分断に帰着した。一五九二年に豊臣秀吉軍が朝鮮を侵略した際、朝鮮王朝は明に援軍を要請した。明の介入で日本軍は北上ができなくなり、膠着状態となった。そのとき、豊臣秀吉は朝鮮八道の分断を明に提案した。しかし、一五九八年の秀吉の死亡によって、日本軍は撤収した。朝鮮の分断論は一八九四年に再び浮上した。東学の乱が鎮圧された時点で、朝鮮王室は日本と清両軍の撤退を求めた。しかし、日清両国はその要求を無視し、朝鮮での権益を求める中で日清戦争が勃発した。その際、イギリスの外相キンバリーは「極東の平和のために、朝鮮の中立化か、日清による分割・占領」を提案した。これによって一応日清戦争が終息した。第三度目は、一八九六年から一九〇三年の間の日本とロシアの間の半島分割論だった。この提案はロシアとの間に緩衝地帯を持つことをめぐって合意ができず、結局、戦争で勝利した日本が半島を支配することとなった。そして、朝鮮半島の分断は一九四五年に現実となった。

こうした歴史的事実は朝鮮半島に暮らす人々にとって、地政学的位置に対する深い思いを持たせた。そして、朝鮮半島の人々のアイデンティティの基盤を破壊した。昨今の韓国人が露呈するアイデンティティの幻想性は、ここに由来すると見てよい。

韓国文化を深く理解していると評価される元文化部長官を務めた文芸評論家、李御寧は、「韓国最初の韓国論」という副題が付けられた本で、次のようなイメージを描いた。

美しいというより、ある苦痛が、怠惰な悲しみが、眠たい停滞が大きな傷のように、空洞のように開いている。その傷と空洞の中を覗かなくては、その中に広がっている薄い色彩の風景をきちんと理解することはできない……俺は韓国人を見た。それは千年をそういうふうに生きてきた俺の祖父と祖母の後ろ姿であったのだ。追われる者の後ろ姿……悪運と貧しさと横暴と数多くの不義の災難が静かに襲ってくる時、彼らはいつも動物のような身振りをもって追われていたのか。そんな表情で、そんな手の動きをもって逃げざるを得なかったのか。

(2002, pp. 16-17)

この幻想性のエッセンスは、「愛着なき執着」であると思う。韓国の国歌にあたる「愛国歌」は「東海が乾き果て、白頭山が磨り減る時まで　神のお護りくださる我が国、万歳」とはじまる。それだけ国土の自然に強い執着を暗示する。しかし、「山に関するわが民族の態度はほぼ信仰に近いが、一方私たちのように山を虐待して保護しない国はないだろう」と慨嘆する人が多いのもまた事実なのだ（イ・ビョンウク　2013, p. 82)。

こう見ると、韓国人がもつ国に関する執着は、抽象的なものであると考えられる。この執着は未来への不安と剝奪感の表れとしても解釈できる。その不安を李御寧は次のように説いた。

ほぼ倒れそうな藁屋の部屋の壁でも、われらは無窮花の花と葉っぱが刺繡されてある韓半島の姿にであうことがある……むろん、フランスの人々はセーヌ江を愛するし、ドイツの人々はライン江を愛する。しかし、そういうものは国土の一部分にすぎない。われらのように国全体が一つの紋章であるように刺繍するか、それを「三千里錦繍江山」のように讃えることはない……われらにはそれだけ悲しいわけがあった。むろん、その地形が美しくて希少な理由もあったが、それよりは、消えていく国土に対する不安感が常にわれらの脳裏から去っていかなかったのである。

(2002, p. 35)

朝鮮半島の人々がもつ自己認識の幻想性の一つの源泉として、「愛着なき執着」と一緒に考えるべきものは、整合性が感じられず、なにか腑に落ちない建国神話である。朝鮮の神話によると、朝鮮民族は動物の卵などから生まれたか、北方的天神と海洋的女神の結合である。要するに、朝鮮の人々は「天孫民族」である。皮肉に聞こえるかもしれないが、こうした神話を真剣に研究する学者も多い。ある人は、メソポタミアのシュメール文明は朝鮮の先祖が作った文明であり、失われたイスラエル十支族の中で「ダン支族」は朝鮮の始祖である「ダングン」(檀君)の族であるという。であれば、イエス・キリストの先祖であるアブラハムも朝鮮民族の後裔になる(ムン・ジョンチャン 1979)。

2　無窮花《ムグンファ》

朝鮮民族のアイデンティティの幻想性に関連したもっとも目に見えるものは、無窮花《ムグンファ》（ムクゲ、Hibiscus syriacus）であろう。無窮花は韓国の国花である。日本には公式的な国花はないが、桜が国民に広く親しまれているし、菊が皇室のモチーフになっている。ここで注目したいのは、韓国人の国花「無窮花」についての抽象的、理念的姿勢である。私は子供の頃、次の歌を度々歌ったり聞いたりした経験が多かった。

無窮花　無窮花　我が国の花　（무궁화 무궁화 우리나라 꽃）
三千里江山に　我が国の花　（삼천리 강산에 우리나라 꽃）

しかし、その無窮花を今の韓国の町できちんとした姿で見かけるのは難しい。そもそもあまり見当たらないし、あってもしおれて、貧弱なものが多い。皮肉なことに日本でたびたびほれぼれするような無窮花をみて、「あ、これが無窮花なのか」と感嘆したことがあるほどだ。

町でめったに見かけない無窮花を韓国人はあっさりと忘れたのか。そうではない。政府機関である「大統領記録館」のウェブサイトには、次のように記されている。

無窮花は強い生命力を持っています……我が国の花である無窮花は、千年を超える長い歳月にわたってわが民族の精神と魂そのものでした……今日に至っては在来種がほとんどなくなりました。それは一九一〇年以降日本人が全国で無窮花をなくしたためです。韓民族の抹殺に汲々としていた日本人は、わが民族の魂がこもっている無窮花を故意に引っこ抜いたのです。

(http://15cwd.pa.go.kr/korean/madang/child/pride_korea/)

「民族の魂」がこもっている大事な花をまともに保護することに失敗したという言及ではなく、日本人の「抹殺」を語ることは、無窮花という花への愛着はないが、政治的意味での執着を持つ態度を表しているように見える。それを物語る事例をひとつ見てみよう。一九七九年、当時の大統領朴正熙が酒席で暗殺されたのだが、その事件の現場に歌手として同席していたのが沈《シム》守峰《スボン》だった。彼女がその衝撃を克服して一九八四年に作った歌が「無窮花」であり、次のような歌詞である。

이 몸이 죽어 한 줌의 흙이 되어도　この身が死んでひとつかみの土になっても
하늘이여 보살펴 주소서　天よ、護ってください。
내 아이를 지켜 주소서　わが子を護ってください。
세월은 흐르고 아이가 자라서　歳月が経って子供が大きくなって
조국을 물어오거든　祖国のことを聞いたら

강인한 꽃 밝고 맑은 무궁화를 보여주렴　強靭な花、明るくて綺麗な無窮花を見せて

この歌詞が示しているのは、無窮花とは身近なところで育って観賞する植物ではなく、朝鮮民族の歴史精神の空間に存在する抽象的なアイコンであるということだ。

四　人間、そして自然、社会、歴史との関係

さて、これまで国歌の比較や「恨み」という観点から、日韓両国の国民性について語ってきた。次は、議論をさらに深めて、「地政学的条件によって醸成された属性」について考えてみよう。普通に「属性」と翻訳される attribute という語彙は、「割り当てる、所在させる」(assign, bestow) という意味を持つラテン語の動詞 tribuere から由来する。政治学で national attribute という表現は、その国民に固有の性質もしくは特徴 (quality or characteristic) と理解される。したがって、この語彙は国民性よりはもう少し「行動科学的」な視角からの分析を可能にする。

地理、風土、そして地政学的条件によって歴史的に醸成された日韓両国民の「心理・行動的属性」(psycho-behavioral attribute) として、どのようなものがあるのか。人間は世界の森羅万象について思いを持つ。したがって、地政心理のあらゆる側面を議論することはほぼ不可能である。その至難な作業を、本書では次の三つの側面に絞って議論したい。

1　人間と自然

人間は生まれてから死ぬまで自然の中で生を営む。したがって、自然との関係においてさまざまな思いをもつ。これは個人にとどまらない。同じ自然環境で暮らす政治共同体も、固有な自然についての思い、そして心理・行動的属性を持つこととなる。

イギリスの哲学者トマス・ホッブズ（Thomas Hobbes）は、代表的な著作『リヴァイアサン』において、人間の自然状態を自己保存の本能のために闘争する状態にあると規定した。生命活動を根元とする生物一般の一部分である人間は、固有の属性として将来を予見する理性をもつ。その理性は、現在の自己保存を未来の自己保存の予見から導く。これは、現在ある食料などの資源に対する無限の欲望という形になる。人間の欲望が無限であるのに対し、自然世界の資源は有限であるため、欲望は満たされることがない。人間にはそれを予見する理性があるから、未来の自己保存のために常に争うことになる。これがホッブズのいう「万人は万人に対して狼」、「万人の万人に対する闘争」である。ホッブズはこのような根本的な思想から出発して、人間がいかに国家を形成するのかという理論を展開した。

本書で私も、「人間の本性は欲望充足を第一義的行動原理とする自然体である」という論理的前提から議論を行う。そこで、国家や民族という政治共同体の差異は、人間の原初的な欲望追求そのものではなく、それを実行するパターンや文化という集団的仕組みや儀式（ritual）にあると考える。

その仕組みの中心となるのは、権威と恐怖を基にした政治や法律体系などの公式的「秩序維持メカニズム」(ordering mechanism)である。

しかし、本書が注目するのは、公式的メカニズムの基盤ともいえる共同体を形成して生を営む人々の「集団的メンタリティー」である。特に、人間が欲望を追求することにおいて、自然との関係をどのように持つのかに関心がある。それを本書では「自然観」と称する。

日本には固有の秩序維持システムがあると思われる。それを、日本の「風土」を研究している人は、自然への「畏敬」と集約する。つまり、日本人は自然に対する恐怖と畏敬を持っており、歴史的または文化的に欲望を節制する傾向があるというのである。このような観点から、私は日本の文明を「欲望の抑制型」文明と性格づけようと思う。

それに比べ、韓国の文明は「欲望発散型」である。韓国人は欲望を追い求め、それを実現するにあたって、日本人とは比較にならないほど積極的である。欲望発散型の韓国文明において目立つ側面の一つは、自然に対する畏敬の念が弱いということである。日本人が自然を尊重する世界観の中に暮していいるのに対し、韓国人は自然に対抗して戦うという精神が強い。人間の欲望の表現と具現は、行動と言語に影響を及ぼし、対外行動にも現われる。言動に慎重な日本の視点から見ると、韓国の対外行動が「情緒外交」に映る理由はここにある。

2　人間と社会

原始的「自然状態」を抜け出した人間は、政治共同体を作ってその中で集団的生活を営む。政治とはさまざまな定義があるが、前述したように、「希少価値を権威的に配分」する過程およびその現象といえる。そうした意味で政治に関する心理とは、政治的権威に関する心理ということができる。しかし、その権威（特にそれを独占するエリート）に対する社会一般（特に被支配者層）の認識と態度は、国ごとに異なる。本書の関心事である日本と朝鮮半島の比較では、その差異が極めて鮮明なのである。

まず、「政治」という言葉への（学問的ではなく）大衆の認識が異なる。日本では「まつりごと」という表現を使う。むろん、これが現代日本政治を説明する際に当てはまる用語ではないが、日本民衆の政治への態度を垣間見ることはできる。『日本書紀』の「孝徳天皇」の条で、天皇が「天下を治め、人民を治めるためには何をすればよいのか」と尋ねると、大臣の蘇我石川麻呂が、「まず神祇《じんぎ》を祭りによって鎮め、それから政事《まつりごと》を行うべきです」と答えている。さらに、江戸の国学者本居宣長は『古事記伝』において、「祭事《まつりごと》と政事《まつりごと》とは同語で、その語源は奉仕事《まつりごと》から来たのであろう。天皇に仕え奉ることを服従《まつろう》と言い、神に仕えることを祭りと言うも、本《もと》は同じである」と説いた。

こうした政治観においては「奉」という字が浮き彫りになる。これに対する朝鮮半島の政治観を縮約する一文字は何だろうか。それは、哲学者小倉紀蔵の分析を借りると、「理」である。すなわち、「権力の中心という単極磁場に、社会のあらゆる活動的分子が吸い上げられる渦巻だということである……ここで中央とはつまり中心＝〈理〉なのである。中心の〈理〉が社会の隅々にまでその光を及ぼす」ということである（1998, p. 171）。

私はこの対照を「権威への服従」（日本）と「権威に対する反抗」（韓国）と縮約して議論したい。後で詳しく説明するように、日本の政治は、国民のほぼ無条件に近い従順によって安定を謳歌してきた。明治維新以後の近代国家日本では、国民の全国的なデモや暴動がなかった。一九六〇年代初頭の「安保闘争」があったものの、これは、政権を打倒するための市民革命ではなかった。そのような社会的雰囲気の中で、自由民主党（自民党）という保守政党は、戦後七〇年近くもの間、数年の「例外」を除き、「一党支配」を続けることができたのである。

これに対して、朝鮮半島での政治は奉仕事《まつりごと》ではなく、理をめぐる「是是非非」なのである。その是是非非の伝統は、「既存の権威と利益体系の破壊＝正義」のような政治哲学の方程式を生みだした。その方程式が働き、一九四八年に策定された今の共和国制度の中で、一〇人の大統領が誕生した。

ところが、その中の一人が殺害（朴正熙《パクチョンヒ》）、一人が自殺（盧武鉉《ノムヒョン》）、一人が亡命（李承晩《イスンマン》）、そして二人が裁判所で有罪判決（全斗煥《チョンドゥファン》、盧泰愚《ノテウ》）を受け、この原稿が完成に向かう二〇一七年秋には、朴槿恵元大統領が監獄の中で裁判を受けている。それこそ、韓国政治の別名となった「渦巻」(vortex)なのである。

このような比較的観点から、本書は日本列島と朝鮮半島の人々の社会観を「権威への服従」と「権威に対する反抗」として対比する。

3 人間と歴史

同じ寝床で異なる夢を見る様子を、同床異夢という。ところが、二〇一七年という大明天地に、韓国と日本は多くの歴史的事実(historical fact)について全く別の解釈と立場をとる「同事異知」の争いを演出している。歴史的事実が整理されていないアフリカの部族国家でもない、世界をリードするこの二国が絶え間なく演出するこの不可思議を、どのように理解すべきなのだろうか。

過去の事件や現象などを含む歴史をどのように把握し、認識・評価するかは、人類の永遠の課題である。この歴史的解釈の違いによる対立が、世界のどこよりも日韓関係で深刻である理由の一つとして、私は地政心理を挙げたい。異なる地政心理に由来するところの相違する「歴史観」を、本書では日本の「機能主義」と朝鮮半島の「当為主義」と縮約して比較する。

機能主義的な思考は、日本特有の形式主義、そして国家運営における圧倒的な官僚主義とつながっている。山川によって分断された多数の国の中で、日本の人々は「和の文化」を構築した。その文化の要諦は、集団の秩序と安寧を守ることを最高の価値とし、それを達成するための手続き、手順、礼儀、作法を重視したことにある。昨今の言葉に書き換えると、複数の信号を整合性と効率性を保ちながら処理する「プロトコル」(protocol)を大事にするということである。こうした秩序観は、物事の正当性をその物事がもつ機能において見出す。歴史的事実や事件は「何であるか」what it isもしくは「何をするか」what it doesという観点から解釈して正当化する。その機能による正当性を確保してくれる最も強力な根拠は法律、条約、(密約を含む)取決めなどの「超時間的道具性」である。

これに対して、朝鮮半島の人々が重んじる歴史観は、歴史を構成する事実、事件、出来事の結果的当為性である。言い換えれば、歴史上の物事はwhat isもしくはwhat it doesではなく、「何になるべきか」what ought to beである。この当為性は、朝鮮半島が外部の勢力による侵略や挑発によって受動的、敗北者的立場に置かれてきたという地政心理に基づく。そうした観点からみると、法律、条約、(密約を含む)取決めなどの核心的価値は「超時間的道具性」ではなく、その根底にあるように思われる「精神性」である。代表的な例を挙げるとするなら、独島・竹島問題をめぐる異なる歴史観がある。双方が主張する「歴史的、法的」に自国の領土であるという命題の後ろには、相違する認識と判断がある。韓国の領有権の主張は、歴史的な淵源に基づく当為性を強調している。他方、日本の主張は、歴史的な根拠のみならずサンフランシスコ講和条約という法的道具が与える権利を強調している。

第二部　「地政心理」でみる日韓関係

第4章　自然観、そして欲望と言動の相違

人間は自然の中に生まれて、一定の期間そこに生きたあとに、また自然へ戻る。寿命という自然における滞在期間に、人間を駆動させる力は欲望である。本書では、人間の生の「場」である自然に対する認識、自覚、態度などを「自然観」として単純に定義する。人間の認識や態度が常に変化するものであれば、人間の自然観も変化する。複数の人間が集まって形成する国家という共同体が共有する自然観も、時代、場所、自然条件、社会制度、文化などさまざまな要素によって変わるわけだ。この章では日本と韓国の両国民の自然観を比較し、その差異が日韓関係にどのような影響を及ぼすのかを探究する。そうした作業の背後には、戦後の日韓関係の変化には両国民の自然観の差異も重要な要因として働いた、という仮説がある。

日韓の自然観の差異は、第一部で議論した地理、風土、そして地政学的条件の差異から由来するものである。本章では、両国民の自然観の差異を説明する方法として、行動と言語に現れる欲望の

差異を詳論したい。アメリカの心理学者アブラハム・マズロー（Abraham Maslow）が説破したように、人間の欲望は低いレベルから高いレベルへと「段階」を形成するようにさまざまな性質をもつ。本章では、人間の欲望そのものを考察するのではなく、隣国との関係に影響を及ぼす様相を説明できるように幅広く議論したい。

欲望と自然観に関する本格的議論に入る前に、一つの簡単な思考実験をしてみよう。両国民は相手の国を思うとき、脳裏にどういう人物を思い浮かべるのか。この疑問に直接答えてくれる回答がある。日韓関係が現在のように悪化する前の二〇一〇年に、日本のＮＨＫと韓国のＫＢＳが共同で行った世論調査である。その調査の中で「相手国人として思い浮かべる人物」を尋ねた項目がある。その上位一〇人を見ると、両国民の相手に対するイメージが大きく異なることがわかる。その年が日韓併合一〇〇周年であったという背景からだと思うが、両国民とも上位一〇人は芸能人・スポーツ選手といったいわゆるスターと、政治家で構成されていた（浅羽 2012, p. 57）。

日本の市民は、上位一〇人にスターを六人と政治家を四人選んだ（スター：ペ・ヨンジュン、チェ・ジウ、イ・ビョンホン、キム・ヨナ、東方神起、パク・チソン／政治家：金大中、李明博、朴正熙、李承晩）。この単純な調査結果は多様な角度から解釈ができる。私がこのデータからまず読み取りたいことは、日本人の韓国についてのイメージにおいて、芸能・スポーツという「体《からだ》」を動かす職業に重点があるということである。芸能・スポーツ業界を軽視するわけではないが、この分野は「知識と事実の産業」ではなく「肉体と情緒の産業」であるといえる。このような結果が露呈する一つの意味は、韓国文明の「肉体志向性」に対する日本人の漠然とした感触の表れであると思われる。また、注目すべきなのは、日本人が関心を寄せた韓国の政治家たちはすべて戦後の政治家だったことであり、その政治家たちに日本人が深い感情を持つわけではないということである（独島・竹島葛藤のひとつの原因である「李ライン」を引いた李承晩が多少例外ではあるが、一般の日本市民が恨みや憎しみを持つとは言えない）。

それに対して、韓国の市民は、上位一〇人に政治家を六人とスターを四人選んだ（政治家：伊藤博文、小泉純一郎、豊臣秀吉、菅直人、徳川家康、安倍晋三／スター：浅田真央、イチロー、本田圭佑、木村拓哉）。韓国人も四人の芸能・スポーツ界の人を選んだが、その中で三人（浅田真央、イチロー、本田圭佑）は好感を持った対象ではなく、韓国選手の「ライバル」として選んだ結果なのである。要するに、韓国人は日本人の「肉体と情緒」にはあまり興味を示さなかったということである。さらに、韓国人が選んだ日本の政治家の中で伊藤と豊臣は「歴史の仇敵」であり、小泉と安倍は「右傾化」の典型とみなされている。

こうした例示をもって、この章では、日本と韓国を小倉紀蔵が言うような「分節化」された文明として比較分析したい。端的に、韓国文明は「肉体志向型」で、日本文明は「精神志向型」と性格づける。この対比は人間の自然への態度や認識と深い関わりをもつ。すなわち、日本人は自然への恐怖と畏敬をその心理構造の底辺にもっている。自然への恐怖と畏敬は「開拓した自然は人間の所有」といった西洋の政治哲学と距離がある。それに比べて韓国人は自然観において西洋人に近く、自然を基本的に開拓や制圧の対象と認識するのである。

一　「欲望」をめぐる日韓比較

自然の中に生まれた人間は、その自然を静観するだけで終わらない。生きるためにその自然を利用する。言い換えれば、人間と自然の関係は人間の欲望によって繋がる。これは人類が共有する代表的な自然観である。この自然観を「人間中心主義」ということもできる。この発想における自然は、人間の欲望を満たすための存在である。こうした見方を代表する思想家として、先に紹介したトマス・ホッブズ（Thomas Hobbes）を挙げることができる。人間は自己保存の欲望を追求することを存在の理由とするのである。ホッブズのこうした発想が「社会契約論」に結びつき、彼独自の政治哲学になった。世の中に存在する人間は無数であり、その人間たちが別個に欲望を成就しようとするなかで、利害の不一致を避けることができない。それが「自然状態」（state of nature）なのである。人間は同時に「死の恐怖」を抱く。その死の可能性を低くするために、人間たちは協働して「社会」を造り上げる。それが「社会契約」である。

人間のあり方を「自我とその他」という二分法的に解釈するのであれば、ホッブズ流の政治哲学の議論以外に、精神医学の議論からもヒントを得ることができる。現代精神医学の巨匠ジークムント・フロイト（Sigmund Freud）は、「文明論」を欲望というキーワードを中心に展開した。フロイトにおいて文明とは「快楽の再配分のメカニズムもしくは策略」である。すなわち、フロイトにとって文明は二つの側面を持つ。一つは、人間が自然を統制して、自分の欲望を満たすことに必要な富を搾取するために取得するすべての知識と能力である。もう一つは、その富の分配をめぐって個人の間の関係を調整するために必要な規制の塊である。換言すれば、人間をめぐる環境に対する見方としては、欲望やニーズと、それを規制する「文明」という二つの側面で構成される。この二つの側面の間には根源的対立がある。

1　文明の「分節化」と欲望

では政治哲学者ホッブズや精神医学者フロイトの言説に例示される人間の欲望とは、人類文明を貫いて普遍的で同質的なのか。そうだとすれば、日韓両国民の「欲望体系」が異なるという仮説をもって両国関係を議論する作業は意味がない。

宇宙が提供する価値には限りがあり、不足を感じる人間の欲望は無限大である。利害の不一致が生じ、利益の配分の必要が生じて初めて社会的な議論の対象となるものであり、それゆえ、欲求充足に対する人間の思考や行動が社会的共同体によって異なる。政治学の基本的概念である社会の構成員の「利益」というのは、欲望の同質的、集団的表出なのである。食欲、性欲などが下位の欲求であるなら、領土、国家の位相などは上位の抽象的な欲求といえる。フランスの精神医学者ジャック・ラカン（Jacques Lacan）は、人間の欲望は、「言語と文化と人間の間の空間」の調合として表出されるとした。だから、その欲求をどのように言語として表出させ行動に表出するかは、社会によって異なる、一種の「文化的文法」(cultural grammar)である。

日本と韓国という二つの国民共同体が欲望という面で異なる文明を持つという私の主張の論理的根拠はなんなのか。私はこの難題へのヒントを小倉紀蔵の大作『創造する東アジア――文明・文化・ニヒリズム』から得た。東アジアの文明を論じるこの著作で、小倉は文明という概念に以下のような独自の定義を提示した。

> 文明は、英語でcivilization。これは「都市」(civitas)に本源的な意味を置いている。都市とは、自然に対抗して築きあげられたものである。砂漠や灌木地帯などに、その砂漠や灌木地帯とは画然と異なる空間を人力によって切り開き、障壁を築く。これがcivilizationの本源的なイメージである。つまり、これは自然から「自然でないもの」を浮かび上がらせ、切り取って隔離する作業なのであり、根本的な「異」化の作業なのであり、「地」から人工物を浮かびあがらせる作業である。(2011b, p. 45)

ここで私は「切り取って隔離する作業」と表現された「分節化」という概念に注目する。小倉の論理の中で、文化とは動態的概念で、一つの文明の「自己限定の過程」である。この「特殊化」の過程は普遍的な「運動」であり、その「自己限定」という普遍的な運動が成功すれば、該当する

「自己」は「分節化」ができる。

この「分節化」は英語で言い換えると particularization である。普遍的なものが特定の地域や共同体に局限して、他のところとは異なる特殊な（particular）形を作り上げることである。その特殊化、分節化の模様をフロイトは「文明形成の過程の上での多数の構成員による少数の統合」と言い、小倉は「地から人工物を浮かびあがらせる作業」のなかで儒教のような倫理・宗教体系に着目する。これに対して私はその模様を、特殊な地理、風土、そして地政学条件によって長い歳月をかけて形成される「地政心理」という。

2　日韓文明の分節化の試み

では、本書の全体的な脈絡でいえば、日本と韓国はどのように分節化されるのか。私はこのことを考える際、欲望という核心的な概念を中心として、「超自我型」と「イド型」というフロイトの対立的概念を採用したい。[*] フロイトは「構造主義」的観点から、人間の精神構造は三つの要素によって構成されるという大胆な仮説を提示した。その三つの構成要素はイド（id）、自我（ego）、超自我（superego）である。イドとは生物的ニーズを満たすという原初的欲望で構成される無意識である。イドの中には複数の「欲動」（英語で drive、ドイツ語で Triebe）がある。普通に「本能」と訳されるこの力の中で代表的なのが、種族の「生を求める本能」（Eros）と「死の本能」（Thanatos）である。

＊ラテン語のidは、英語のitの意味をもつ。フロイトの著作がドイツ語で著されたことから、idをドイツ語の「エス」(Es)と表記する研究者もいるが、この本では欧米の慣行を採用してidと表記する。フロイトのこうした構造論的三分法、特に、イドと超自我の対立構造は、精神医学界での論争と批判の的にもなっていた。ユング(Carl Jung)やアドラー(Alfred Adler)などの精神医学者は、フロイトへの異論を唱えて自分の領域を構築した。だが、精神医学ではなく、比較文明の視角から国際関係を論じる本書では、フロイトの「イド対超自我」という対比は有効な議論の仕組みとして採用する。

これに対して超自我は社会的に形成された倫理・道徳的無意識であり、イドが求める欲望を抑制させる。自我はこの二つの対立する無意識を調整する機能を果たす。この超自我の働きには否定的側面と肯定的側面がある。否定的側面では、「良心」が処罰や警告を連想させイドを抑制する。他方、肯定的側面では、「自我理想」(ego ideal)が働き、自制の反対給付を求めることになる。フロイトが膨大な議論を行った「宗教」は、この領域の「文化的超自我」といえる。

私の考えでは、フロイトのこの議論を日韓の対比に適用すると、**表7**のように要約ができる。この表に集約された自然観の差異は、人間関係に関する認識につながる。フロイトがいったように、「文明」とは人間と自然の関係のみならず、欲望充足をめぐり人間と人間の関係を調整することも意味する。韓国人は、自然の開拓から得る希少価値、すなわち欲望充足の材料は制限されていて、人間はそれを勝ち取らなければならないと考える。こうした自然観が長らく持続する中で、人間の本性について否定的態度と認識が形成された。他人について性悪説を抱く韓国人は、希少価値を得ることにおいて足りない力を、身内と協力することで補うしかない。価値判断をもたない社会

表7　フロイトの精神構造論にもとづく日韓の対比

	韓　国	日　本
欲望に関わる文明型	イド型	超自我型
欲望に対する民衆の態度	欲望発散型	欲望抑制型
「文明」(規制、規範)への態度	回避、抵抗	恐怖、遵守
欲望実現の主な共同体	血族（ゲマインシャフト）	会社（ゲゼルシャフト）
自然に対する態度	開拓、制圧	恐怖、畏敬
人間の本性に関する考え	性悪説	性善説
政治・社会的権威への態度	否定、反抗	肯定、従順

システム（ゲゼルシャフト）より、血がつながる血族を信頼して社会活動の基盤とするゲマインシャフト的風潮の根源は、ここにある。それに比べて、自然の開拓そのものについて興味が相対的に薄い日本人は、他人を「悪」と認識する動機がとぼしい。圧倒的な自然の前で「村」共同体を形成して協力することがあっても、その自然から得る希少価値をゼロサム・ゲーム的観点から奪い合う相手として他者を認識する心理的背景は弱い。よって、日本人は血族結束への関心や誘因が乏しく、「個」として社会機能に頼って社会秩序を形成していく。

フロイトが言った本能と社会的規制の根源的対立の構図において、韓国文明では人間社会が「文明」という規制のかたまりを回避するかそれに抵抗するのに対して、日本社会はそれに恐怖を感じ、遵守するのである。欲望の節制を重んじる日本人の超自我は、自然だけではなく人間が作る政治・社会的権威に対しても従順である。「先進国」の列に伍した社会であるにもかかわらず、日本の近現代史には市民革命がない。

それどころか、自民党という一つの政党が実質的に戦後の全期にわたって日本を統治するという例外的な現象が続いている。この様相は韓国人の価値観や心理体系ではありえないことである。韓国人にとって自然が欲望充足の手段であるとすれば、政治権力を含む社会的権威は人間の幸福のために使用できる制度であり、人間の幸福に反するか邪魔な場合には、それを否定し撤廃するのが正義である。民衆が抑圧されていた朝鮮王朝でも「民心は天心」と叫びながら民乱が数多く起きたし、一九四八年に「共和国」が成立して以降も政治が革命やデモによって綴られて来た背景には、こうした心理体系があるのである。

人間が作る権威を否定する韓国人にとって、法律や規則はそれ自体が絶対的価値や意味をもつのではない。法律と規則は鉄則ではなく、それを作った人間が想定する「道理」に合致することによってはじめて価値を発揮する。したがって、法律の解釈や適用も、人間社会の「法的感情」を反映して「状況に応じて」行うことが正義となる。これに対して、社会秩序の運営を非情緒的で非状況順応的機能に託する日本人は、法律や規則に対して教条的態度をもって「機械的」に解釈・適用する。このような機能主義が日本人にとって「法治主義」の根幹なのである。

二　欲望噴出の半島、欲望衰弱の列島

上の議論を人間個人の志向性で大別すると、半島人は欲望を積極的に追求し、列島人は欲望を抑

える傾向が強いといえる。この区分を他の角度から観察すると、半島人は肉体志向で日本人は精神志向であるといえるだろう。ただし、このような区別は、性質の「上下」を語るのではなく、人間の着想と行動パターンを、議論を深めるために端的に概念化することである。

1　肉体志向の半島人

最近の韓国大衆文化をみると、「モムチャン（健康で美しい肉体美）」を望む人が多いことが分かる。「シックスパック」とか「チョコレート・バー」という流行語に例えられる腹筋を持った男たちが流行しており、老若男女を問わず、これを流行として受け入れる雰囲気が形成されている。運動が苦手な若者が整形病院に行って腹筋整形手術を受けたことが話題になるほどである。一九八〇年代初めに、アメリカの女性歌手オリビア・ニュートン＝ジョン（Olivia Newton-John）がヒットさせた「フィジカル」という歌がある。その歌詞の一部は、

肉体的になろう　Let's get physical, physical
私は肉体的でありたい　I wanna get physical
肉体の中に入るのよ　Let's get into physical
あなたの体が喋ることを聞かせてよ　Let me hear your body talk

と歌っている。私はこの歌が、最近韓国で見られる肉体志向性をよく要約してくれていると思う。「檀君（朝鮮の建国神話の主人公）以来の太平盛大」を謳歌している今の韓国は、社会全体が巨大な肉体志向の流れに乗っているように見える。丈夫な体を重んじる韓国社会では、まともな人間が追求すべき価値として「智徳体」の合一を教えるし、教科書には必ず「健全な体の中に健全な精神」（mens sana in corpore sano）というラテン語の標語が載っている。しかし、丈夫な体を求める「イド」はあいかわらず強いが、それに伴うべき「超自我」は発動しないのが現実である。その典型的なあらわれが、性犯罪の頻発であるといえる。

韓国では性犯罪がほぼ毎日のニュースの固定メニューとなっており、社会の指導者たちの性的逸脱もまた頻繁に報道されている。性犯罪者の「化学的去勢」が報道されたニュースのあとですぐに、性行為を満足させてくれる栄養補助食品のコマーシャルが流れる。私が特に驚くのは、韓国の代表的な公営メディアで昼間でも公然と精力強壮剤が広告され、そのセリフが流行するという事実である。高校の国語教科書にも言及される『酒を勧める社会』という小説のタイトルにふさわしく、酒に酔った人のための「代行運転」が一つの産業として成り立っており、大学生と若い女性の過度な飲酒も社会問題となっている。

韓国人、特に男性たちの肉体に関する異常ともいえる関心は、精力強壮剤に対するこだわりにおいても見ることができる。この現象は、私たちと同じような文化を共有する東アジアのどこにも見つけることができないほど強い。お金が少しある人なら、季節ごとに「漢方薬・漢方剤」を飲み、鹿茸、スッポン、鹿の血、熊の肝、海狗腎などを精力剤として信じ求める。こうした人びとは山の中に隠れ住む変わり者ではなく、都市で活躍する正常な人たちなのである。

外貌至上主義

「親から受けた体と毛には手をつけない」(「身體髮膚、之を父母に受く。敢えて毀傷せざるは孝の始めなり」)という儒教の教えが未だに言われる国でありながら、韓国人は老若男女を問わず体をつくりなおす。成長期の少年の包茎手術は両親には義務に近い必須コースであり、成年期に入った女性が「高校の卒業祝い」として顔や胸の整形手術を受けることも珍しくない。若い娘にとどまらず、母親、父親、娘と息子すべてが身体を整形する手術を受け、幸せな家庭を手に入れるという話である。韓国の全国紙『韓国日報』の二〇一五年五月二十二日の整形ブームに関する「特集企画」記事は「男性の〝生計型整形〟が増えている」という題名で以下のように報じている。

男たちにも広がる美に対する熱望が拡大しながら、顔の形態まで変える整形手術が普遍化する段階に至っている。昨年の韓国保健医療研究院によると、韓国の人口対比整形手術件数は世界一位を記録した……「男性整形時代」が本格的に到来したと言っても過言ではない……男性芸能人が整形を告白することはもはや芸能世界の一つの必須要素と思われる。メディアに溢れる整形男女の報道のおかげで一般男性の整形は見慣れている……さらに、就業難の中で面接の準備、顧客の応対などの現実的な必要に備えて整形を考慮する人びとが日に日に増えている。いわば、「生計型整形」である。

後述するように、韓国人に比べて日本人の肉体に対する関心は比較にならないほど低い。日本人は人工的に体を変形させることを（芸能人など一部を除いては）あまりしない。日本人には、顔面に小さなでこぼこ（ニキビの痕など）がある人が割と多いが、韓国であれば簡単にできるあばたやホクロの除去手術を受けることなくそのまま一生を過ごす。これは韓国人にとっては理解しにくい発想であろう。

日韓間の肉体志向における違いを挙げるとしたら限りがないが、もう一つだけ挙げておく。両国とも中国の影響で漢方医学が伝来したが、日本での漢方医学は、「消費」という面では韓国に比べるとほぼ初心者レベルである。その最大の原因は、一般の人々、特に男性にとっての「補薬」という概念が一般化されていないことである。「体が虚弱なら」漢方薬を飲み、体のどこかが悪かったら鍼を刺し、さまざまな滋養強壮剤を求める。こうした韓国の社会風潮は日本には見られない。これらの違いが如実に現れている証拠は、漢方医学の医学教育における位置づけである。韓国には、漢方医学教育が「漢医大」という独立した大学機関として成長したのに対し、日本では西洋医療の「補完的地位」として、病院や医科大学の付属治療センターなどの位置を占めているだけである。

総じて、日本人に比べて韓国人は自分の体を強く、美しく整形することだけではなく、人に見せることにも関心が強いといえる。日本で「韓流」のブームが起きた原因の一番根源的なものは、韓国の芸能人たちの「肉体」の一段と高いレベルにあるだろう。

ブームの社会

美しくて強い体を持つことに強烈な欲望をもつ人々が住む韓国では、欲望と欲望が合流し、大きな流れを作ることがたびたびある。それをブームという。かつて仁川空港からソウルに入って来てみると、外国人を歓迎する巨大な立て看板に、韓国のことを「スパークリング・コリア」(Sparkling Korea) と表現していたことがある。これを見たイギリス人のホリック (Charlotte Horlyck) という韓国研究者は、「ぶくぶくと沸くのが国民なのか温泉なのか」と皮肉ったこともあった。「ダイナミック・コリア」という他の官製表現も使われる韓国のイメージは、とにかく韓国が何かとてつもなく活気に満ちていることを表現しようとしているようだ。

そのブームの現象はいろんな分野で起きる。一つの例が言葉の流行である。一つの言葉が何らかの経緯で流行になると、同じ意味をもつ他の語彙(特に標準語彙)は使えない。最近の韓国人の言葉の中で愛用されるものとして「テーバク」という形容詞兼感嘆詞がある。幼い幼稚園生も「いい」と表現したい場合、自動的に「テーバク!」と叫ぶ。しかし、このテーバクという言葉は本来、まともな人なら口にするのは適切ではない。テーバクとは「大きな博打」を意味する「大博」のハングル読みである。もともと組織的にギャンブルをやる人びとが使う言葉だったのだが、全国民に愛用されることとなったきっかけは、朴槿恵大統領が北朝鮮との経済交流がいつかは利益をもたらすということを強調するために使ったことである。それが今の「大博」のブームになったわけである。

こうした現象をある学者グループが『熱風の韓国社会』という研究書でまとめたことがある（ク・ナンヒ 2012）。その研究によれば「私たちの社会では無数のブームが起きる。不動産投機ブーム、株式ブーム、塾ブーム、金持ちブーム、移民ブームなど、無数のブームが起こっており、今も依然としていくつかのブームの影響下にある」ということである。以上で紹介したように、「良い」「素晴らしい」などの肯定を表す形容詞が「テーバク」という言葉に、ある日を境に置き換えられる風土の中で、「大博《テーバク》ブーム」を分析した金王培《キムワンベ》という学者は、その誘因として、消費欲求の増大、地位上昇の欲求、相対的剝奪感、そして無賃乗車欲求の増大という四つを挙げている。

こうした欲求が可視化されると、自己誇示になりやすい。韓国よりも高い一人当たりの所得を持つ日本で、成功した大卒のサラリーマンが電車などの公共交通機関で通勤するのは常識であり、この常識は大体退職時まで維持される。ところが、韓国で成功したサラリーマンであれば、公共交通機関での通勤から抜け出すこと自体が目標となる。いくら道路が渋滞しても「自家用」（日本語のマイカー）で会社に出勤することは、二十代後半のサラリーマンから始まる。大卒の五十代の会社員が電車で通勤するということは、人生の失敗を体で証明していることとなる。こうした自己誇示欲を延世大研究チームは、次のように解釈している。

国土の規模が小さく、人が集中して住んでいるので、競争が激しく、厳しい競争下で人は、他人の価値を常に天秤にかけるようになる。これにより、社会的価値が商品価値に変わるため、自分の「商品価値」が低く評価されるほど、劣等感と侮蔑感を感じるようになるのである。この時、他人に認められたいという欲求が切実になるので、自分の商品価値を広告するための自己誇示が日常化される。

（ユ・ジョンシ 2012, pp. 42-3）

手綱から放れた欲望

こうしたブームは欲望の競争的爆発と理解してよい。一人あたり所得が三万ドルに迫りつつある韓国は、今、欲求が爆発していると言っても過言ではない。マスコミでは「檀君以来」最も生活が豊かになったとし、韓国人は日本やヨーロッパの市民よりも旺盛な消費生活を謳歌している。そして人生への期待は、絶え間なく高まっている。

世界の多くの問題が、ロシアと共産主義から来るのではありません。今後、問題は発生し続けるでしょう。その理由は、私たちが革命の時代に、つまり、期待が高まりつづける革命の時代に生きているからです。アジアでは、多くの人々の欲求が重要になってきています……将来は、熱望に包まれた大衆の期待と不安を理解する人の手にかかっているのです。

この引用は、戦後のアメリカ政治の主役の一人であったアドレー・スティーブンソン（Adlai Stevenson）が一九五三年に言った言葉である。彼の言葉を現在の韓国に適用すると、六〇年が過ぎた今も現在進行形のようである。韓国人の政治、経済、社会、文化など、すべての面において期待と欲望は今も高まっている。そしてこれは、日本に比べて、あまりにも劇的な差がある。極端に表現するなら、日本は欲望が枯れて眠っている社会であり、韓国は欲望が絶えず湧き出て表出されている社会である。

欲望そのものは、人類共通のものである。しかし、欲望の実現や展開は、個人もしくはその共同体によって異なってくる。現代社会の欲求に関する多様な形態についての言説を見ると、ある市民社会の欲望体系はその共同体の伝統、社会風土、文化、政治などと関連がある。文明として異なる「分節化」をされている韓国と日本での欲望実現は極めて異なる。その差異を見せる一つの指標として、欲望を追求する競争を挙げることができる。その競争の一番熾烈でシビアな事例が教育であろう。教育が出世の近道となった社会は、韓国だけではない。一〇億を超える人口が、上に向かって努力する中国やインドの教育熱も、韓国にそれほどひけをとらない。この世界の財貨が限られており、その財貨をすべての人が追い求めるとき、競争が激しくなるということは、議論するまでもないことだ。

宇宙の森羅万象には限界あるいは臨界点がある。欲望を追求する競争が限界を超えるとき起こる現象は、その欲望の主の自殺である。ＷＨＯ（世界保健機関）の二〇一一年のデータを見ると、韓国の自殺は人口一〇万人当たり三一人で、リトアニアの三四・一人に次いで世界二位であった。それに対し、日本は二四・四人で九位に上がっており、参考までに中国は一三・九人で二七位であった。教育において競争が激しいインドは一〇・五人で四四位、韓国と同様の経済発展様式のシンガポールは一〇・三人で四五位であった。アメリカは一一・〇人で四二位であった。

このような自殺に関する統計がなくとも、日本社会を長く観察してきた直観として、韓国がより広範囲の意味で日本より競争的であると感じる。夜一二時になっても道路には、塾を終えた幼い中学生を送迎する大型バスが並んでいる社会、そして上位三つの大学（ソウル Seoul, 高麗 Korea, 延世 Yonsei）のことを「天にある大学」（ＳＫＹ大学）という呼び方が一般的に通用する風潮は、他のどこにも見つけることができない。最終的に、教育、特に一流大学入学のための教育は、社会の三大希少価値、すなわち権力、富、名誉を獲得するための競争手段に過ぎない。韓国人の属性を「鍋根性」（熱しやすく冷めやすい）と言ったユ・ジョンシクなどの学者たちは、韓国での教育熱を「失敗に対する社会的烙印」を避けようとする努力と捉え、次のように書いている。

学歴問題も結局は「社会的烙印」の問題であり、教育に対する親の狂的な執着は、「社会的烙印」を避けようとする必死の努力と見ることができる……その背後に存在するのは、結局のところ敗者（loser）は人格的に尊重され生きることが難しいという、目に見えない社会的合意である。

（2012, p. 33）

競争に関連して、もう一つの意味深い指標は、犯罪率である。一人の人間が住む孤島では犯罪がない。精神病者ではない人間が犯す犯罪は、欲望を非正常な形で追求することから生じる。国際連合の薬物犯罪事務所（Office of Drug and Crime）が発表した資料を見ると、過去五年間の人口一〇万人当たりの殺人率は、**表8**のとおりである。

表8　10万人当たりの殺人率

（単位：%）

	2005	2006	2007	2008	2009
中国	1.6	1.4	12	1.1	1.1
日本	0.5	0.5	0.5	0.5	0.4
韓国	2.3	2.3	2.3	2.3	2.9
米国	5.0	5.0	4.9	4.6	4.4

　この資料を見ると、四カ国中、殺人率が増加した唯一の国が韓国である。なおかつ、銃器を所持できない東アジア三カ国の中で、韓国が圧倒的に高い。二〇〇九年の場合、日本の七・二五倍、中国の二・六倍である。最近のニュースでほぼ毎日出るように、性犯罪も韓国が日本に比べて圧倒的に高い。二〇〇七年九月に『朝鮮日報』が報道した資料によると、人口一〇万人当たりの強姦発生率は、**表9**のとおりである。

表9　10万人当たりの強姦発生率

（単位：%）

	2000	2002	2005
日本（国立警察学校資料）	2.1	1.7	1.1
米国（FBI資料）	6.4	6.7	6.0
韓国（大検察庁資料）	7.3	14.5	11.5

　驚くべき数値である。映画などで、強姦がアメリカの専有物であるかのような偏見を裏切って、

人口あたりでは韓国がアメリカよりも高いし、さらに増加傾向にあるのである。もちろん単純な統計ではあるが、上記のデータは、富が増加し生活が豊かになれば市民文化のレベルが高まり犯罪が減る、という通念を破っている。韓国は社会が豊かになるにつれて、犯罪が増加しているのである。

2 精神志向の列島人

いつの頃からか、韓国では「慎む」という言葉があまり使われなくなったようだ。筆者が中学校に通っていた時代には、授業中に行儀が悪かった生徒には「謹慎」という罰が与えられた。しかし、その言葉も、その言葉が意味した人間の行動も、すっかり姿を消した。これも「倭色文化（韓国で日本文化を見下す表現）」の克服と、肯定的に見るべきなのかもしれない。

一方、日本では、高校野球の選手が全国大会の開会式で宣誓をしたり、会社に入社する人が真面目に働くことを「慎んで誓います」と言うのをしばしば聞くことができる。

日本の「風土論」

日本人の欲望に対する態度が、他の文化と異なるという考えのための重要な議論の一つが「風土論」である。人間が住んでいる土地の地形、気候、地質などを指す「風土」は、時間が経つのに伴い、人間の存在と行動様式に影響を与えるというものである。日本の風土論の代表とされる和辻哲郎は、地形や気候などの日本の自然条件の中で、日本人が独特の精神風土を形成してきたと述べている。その中心的なありようは、自然条件に順応し共同体を構成して生存してきた日本人が、個人と個人が対立する社会的関係ではなく、互いの関係を重視する集団を成し、これが国家として発展したというものである。

人間関係を気難しく考え、相互関係を重視する環境の中で、日本人は、欲望を節制する「精神風土」を形成したと思われる。このような主張をわかりやすく示す一例を挙げてみよう。二〇一一年三月に発生した東日本大震災で、二万人近くもの人が死亡・行方不明になり、四〇万戸に近い住宅や建物が破壊されるという、とてつもない災害があった。その光景は全世界に報道され、日本人の冷静さと秩序整然さを賞賛する人が多くいた。しかし、私の目に、より特異なのは、泣き叫ぶ人がいないことであった。一瞬にして家族と全財産を失った人が、テレビの記者が差し出すマイクに向かって言うことが、「こんなことがなければ良いのに」という程度である。まるで遠い国で起こったことを語っているように聞こえる。

この態度とあまりにも劇的な対照になる光景が、隣の韓国であった。二〇一四年四月に「セウォル号」という旅客船が沈没し、多数の犠牲者が出た。特に修学旅行という楽しい道中で亡くなった高校生が多かった。惨事に直面して犠牲者生徒の両親たちが泣き叫びながら大統領に「あなたの子供が死んだでしょう」と言って抗議したのである。その主張の妥当性をいう前に、同じ境遇にあった日本人が総理に「あなたの子供が死んだ」からしかるべき対処をせよと要求することは、日本人の発想と言語感覚ではありえない話だろう。

韓国人の言語と行動が強く激しく豊富であることに比べて、日本人の節制された欲望と、消極的な言動の関係を示す例は、いくらでもある。日本経済を勉強してみると分かるようになる概念の一つに「春闘」というものがある。この春闘を外形的に見せてくれるのが、労働者がプラカードを持って静かに通りを過ぎて行くものである。「闘」という文字から想像するような、広場などに集まって叫んだりするパフォーマンスがなく、見る人が味気なく感じるほどである。韓国の労組に比べ、日本の労働組合の活動は、シンプルで控えめに見える。だからといって、日本の労働者が韓国の労働者よりも抑制されていると考える経済学者はあまりいない。労組活動で見る欲望表現の文化が異なるだけである。

欲望の社会主義

韓国が「欲望の資本主義」であるとするなら、日本は「欲望の社会主義」と例えることができるかもしれない。日本を研究するアメリカの学者たちの間には、日本が世界で最も発達した「社会主義国家」であると評する人たちがいた。日本では、貧富や優劣の差が、他の先進資本主義国よりも大きくないというのである。統計数値などに出てくる現実よりも、さらに「社会主義的」であることは、日本人が他人より前に立とうとする動機や努力が、弱く見えることである。このような面は、日本人自身も認めており、人口一億二千万の社会で「一億総中流」という用語を作り出したりもした。

日本人の欲望の貧弱さ、そしてそれが社会関係において現れる没個性は、朝鮮のソンビ（学識ある人）によっても観察された。粛宗四十五年（一七一九年）に、朝鮮通信使の製述官（書記官）として日本に渡った朝鮮の申維翰《シンユハン》が書いた本『海遊録』には、日本の封建制度を支えている摂政や奉行などの役職が、すべて世襲であることを知り、朝鮮では考えられないことだと驚く場面がある。朝鮮では、官僚になるためには、切磋琢磨の頂点である「科挙」の合格が必須条件であったのに比べ、あまりにも異なる状況だったのである。「身分革命」の公認された手段である教育を通じて、「川の泥鰌《どじょう》が龍になる」伝統を崇拝する朝鮮の人としては、とても理解できないことだっただろう。今日の日本を支配する政治家たちの多くが、選挙で選ばれた国会議員であるとはいえ、父や祖父から選挙区の地盤を受け継いだ人たちであることを考えれば、権力を民衆の力で決める考えが、日本には比較的希薄であることがわかる。

出世を求めない日本人

もしそうであるなら、日本人は韓国人に比べ政治意識が遅れているのか、日本の政治システムにはまだ後進的な要素があったのか。そうだと断定することはできない。では、世襲が今も続いている原因はどこにあるのか。私は、その答えを欲望の欠乏において見出す。特に、日本人の出世欲は、韓国人に比べあまりにも微弱でシンプルに見える。

韓国では、社会のエリートになれる唯一の道が科挙試験であった朝鮮時代以来、教育、特に高等

教育は、単に知識の吸収や人間開発にとどまらず、出世の手段となった。ハングルで「사」（サ＝事、士、師）の字がつく判事、検事、弁護士、医師、博士などの専門職が、単なる職業的機能を意味するものではなく、一種の「特殊身分」として通用する韓国の社会的風土や仕組みは、日本にはない。大学を卒業して社会に進出しようとする若者たちが、競って海外留学経験や社会奉仕記録などの「スペック」（性能という意味の specification の誤った略語）を自己紹介書で増やす実態も、日本にはない。

東京大学が出した二〇一〇年のある報告書を見ると、二〇〇六年の時点で人口百万人当たりの博士号所有者の数は、日本が一三六人、韓国が一八五人だった。韓国の博士の数一八五人は、日本を上回るだけでなく、フランスの一五六人を超え、アメリカの一八九人に迫る数である。人口百万人中一八九人が博士であるアメリカの学界が、年間四〇万件に近い論文を生み出すのに、それに近い一八五人の韓国の博士が五万件にもならない論文を生み出している。アメリカの人口が韓国の六倍であることを考えると、学者一人あたりの発表論文数は大きな差異がないように見える。しかし、韓国の学者が発表する論文は、「学内」論集など、第三者のレフェリーを通していないものが多い。韓国の高度な知識人たちが本業にあまり忠実でないことを表している。韓国の高度な知識人たちは、本業以外に何をしているのだろうか。その「副業」のうち最も華やかな例が長官（大臣）か政府委員会の委員長に抜擢されることである。

学者上がりの長官が国を亡ぼすかの是非は、戦後韓国社会で大人たちの好んだ酒の肴である。まず認識すべきことは、韓国の家庭で子を博士にするということは、生涯研究にしがみつくという機能ではなく、社会の中で比較的上層部に到達するエリートを作るという視点から出発するということである。したがって、博士号を持つ韓国の教授は、研究と講義をきちんとこなすだけでなく、どこに出しても遜色のない結婚、居住環境、自動車、見た目とライフ・スタイルを備えなければならないと思っている。要するに、博士号や教授は、機能を示すこともあるが、出世をしたという「認証ショット」に該当することもあるのである。

これは、博士の中で政治学、経済学、法学など、いわゆる「出世コース」に近い社会科学分野の博士の数が、韓国において異様に高いという点から証明されている。東京大学が出した二〇一〇年の報告書によると、人口百万人当たりの社会科学分野の博士の数は、日本が八人であるのに対し、韓国は二九人であった。この二九人という数字は、世界の政治・経済を主導するアメリカの二三人より多いのである。政権が変わるたびに、社会科学分野を専攻した大学教授たちが委員会、長官職、大統領室に多数登用される韓国特有の現象は、これらの統計データを見ることにより理解できる。同時に、東京大学の報告書は、なぜ韓国で理工系のノーベル賞受賞者が出ないのかを説明してくれている。日本の理学・工学の二分野の博士の数が四六人であるのに対し、韓国ではたったの一〇人に過ぎないのだ。

もう一つ興味深いことは、李承晩政権時代に流行した「通訳官政治」が韓国ではまだ続いているということである。アメリカで博士号を取得した李承晩は、社会的に知識インフラが脆弱な状態で、反共を国是とする親米政権を維持するため、英語が使える人材を大勢登用した。その時から、「アメリカ博士」が韓国の知識産業界の主流を成すことになった。国家の運命をアメリカの手に任せた国において、避けられない現象であるのかもしれないが、今でも「アメリカ留学」は、韓国人の口から自然に飛び出してくる決まり文句となっている。

その模様を統計資料で見てみよう。韓国研究財団に外国博士号を申告後、申告済みの証明を受けた人を基準に作成された統計数値を見ると、二〇〇七年から二〇一二年の間の六年間で、計七八〇二人が海外で博士号を取得しており、その中でも六〇％に近い四五八九人がアメリカで博士号を取得している。次いで日本が一一七三人で一五％、中国が四三〇人で五・五％であった。一方、ヨーロッパのイギリス、ドイツ、フランスの三国から得られた博士号は、合わせて一〇八九人で、一四％に過ぎない。結局のところ、アジアの日本と中国、そしてヨーロッパの三つの先進国で取得された博士号総数が二六九二人で、アメリカの博士の四五八九人に達していない実態である。

三　韓国文明の男性性、日本文明の女性性

「この国の稀にみる繁栄、増していく力の源泉を、どう説明するのかと聞かれたら、私はそれはアメリカ女性の優位性と答えるであろう。」これは一八三〇年代にアメリカを視察し、今もアメリカの国民性を最もよく捉えた本として評価の高い『アメリカの民主主義』（*Democracy in America*）を

著したフランス人、アレクシ・ド・トクヴィル（Alexis de Tocqueville）の言葉である。この言葉は、いわゆるアメリカの「女性的良心」（feminine conscience）という概念を代弁する言葉である。彼の目に映ったアメリカ女性は、「男性的知性とエネルギー」（manly intelligence and energy）を持っていて、と同時に優雅な容姿を持っていた。要するに、行動様式は女性的ながら、時には男性の心情と感情（hearts and minds of men）が見られるとした。映画「風と共に去りぬ」の主人公スカーレットや、最近まで国務長官職にあったヒラリー・クリントンを連想するとしたら、この言葉に共感する部分があるかもしれない。

ここでconscienceという言葉は、日本語でよく「良心」と翻訳されるが、原語においては、「善悪を区別」するにあたっての「素質、能力、直感的ないしは知的判断力」（aptitude, faculty, intuition or judgement of the intellect）と解することができる。このような言葉が示す傾向が、アメリカ人を全体として見ると女性的というのである。したがって、アメリカを象徴するイメージとして、強い連邦政府を代表する「アンクル・サム」（Uncle Sam）よりは、ニューヨーク港の入り口に立つ自由の女神像（Goddess of Liberty）を挙げるのが、アメリカの政治や社会を解釈することにおいてしばしば議論の中に出てくる。

こうした観点によって日韓文明を比較したら、どのような性格付けができるだろうか。私は「韓国は男性的な良心を追い求め、日本は女性的良心を追い求める」という仮説を議論してみたい。この対照は、後に論ずる言動における露骨性と隠喩性という対比に密接な関連性をもつ。

社会心理学者、ホフステード（Geert Hofstede）は、『文化の結果』（Culture's Consequences）という本の中で、男性性と女性性を次のように対比している。まず、男性的な社会は、性差がはっきり浮き彫りにされている社会で、男性は主張が強く頑丈で、物質的な成功に執着し、女性は控えめで柔らかく、生活の質に関心を持っているというのである。他方、女性的な社会は、男女の社会的役割が重複している部分が多く、男性と女性が皆控えめで柔らかく、生活の質に関心を持っているとしている。女性的な社会では、軍隊を含むすべての分野において男女の役割が重複している分野が多く、社会の全体にわたって謙虚さ、柔らかさ、生活の質への関心が、相対的に強く見えるといえる。もちろん、これらの特質は、時間に応じて変化するものであり、韓国社会も先進化しながら、次第に女性的に変わって行くと思われる。しかし、現時点では、国際的に比較してみると、韓国こそアメリカや日本よりもはるかに男性性の志向が強いと見ることができる。

1　韓国文明の男性性と「原罪意識」

始祖「檀君」と男性的良心

韓国人を代表する象徴的存在は誰か。朝鮮民族の歴史において、始祖として崇められ、土俗の宗教では信仰対象でもある、「檀君」というべきであろう。では、檀君はどのようなイメージを持たれているのか。韓国で教育を受けた人の多くは、檀君という言葉に熊を連想するだろう。檀君の父である桓雄《ファンウン》は、強い男性を象徴する。

桓雄を語る代表的な書物である『三国遺事』（高麗の僧侶一然による一二八一年作）によると、天神である桓因《ファンイン》の庶子桓雄が人間世界に関心をもち、朝鮮半島の太白山に下りて、人間世界の統治を始めた。それが約五千年前のことなので、「半万年」という言葉が韓国の神話や歴史を語る上で登場する。その桓雄に「人間になりたい」という願いを申し入れた熊が、人間になった熊女である。そして、桓雄が人間に変身して熊女と結婚し、その間に誕生したのが「古朝鮮」という朝鮮半島の古代国家の始祖「檀君王倹」である。

神話の中での檀君王倹は政治と宗教の頂点に君臨する存在で、英明で勇敢な人として描かれる。彼は優れた技術と力をもって、外部から移住して先住民族を服属させた部族を象徴する。檀君王倹の父母である天上の桓雄と地上の熊の結合は、天神と地母神の結合を象徴し、これは力と成功の神話である。これは、「男性的良心」の神話的な表れと捉えることができる。

縁故と道徳

前述したように、西欧文化の特性が個人主義であれば、韓国の文化的特徴は、集団主義、特に家族中心主義であり、その核心は、夫婦関係ではなく父子関係である。韓国の血縁集団は、基本的に父系の親族集団である。この集団は、先祖を限りなく分けることによって、門中の大きさをいかようにも作れ、中心人物が時代・状況に応じて変えられるようにする。父系中心の血縁性は、韓国人の集団的アイデンティティの核心的な要素の一つとして評価される。これは「理」を代表する男性が「気」を代表する女性を圧倒しなければならないという韓国ならではの「理気論」と論理的につながる。小倉紀蔵は『韓国は一個の哲学である』という本で、次のように語る。

朝鮮時代の朱子学的人間観・自然観は、〈理〉と〈気〉とで説明される……〈理〉とは、今の言葉でいえば真理・原理・倫理・論理・心理・生理・物理……などの総称である……これは普遍的な規範であり、道徳性だった。それゆえ伝統的な心理学や物理学は道徳志向的なものであり、西洋近代のそれとはまったく異なるのは、いうまでもない……〈理〉は形而上の原理で、〈気〉は形而下の素材である。だから人間も〈理〉と〈気〉が合体してできている。その肉体は〈気〉で、人間としての道徳性が〈理〉である。(1998, pp. 34-35)

こうした二分法的思考の中で男は上の〈理〉であり、女は下の〈気〉の世界に存在する。朝鮮の伝統的な倫理観の中で、男女の上下関係はこの発想に根を下ろしている。その中で、〈理〉を追求する男たちは道徳的優位性をめぐって激しく競争する。その競争の代表的な行動単位が「家門」である。朝鮮王朝時代にはある家門から科挙に何名が「及第」したのかが競争の勲章であり、現代の韓国では「名門大」に何名が「合格」したのかが高校の勲章である。朝鮮王朝時代には、門中組織が祖先の社会的地位や身分を維持するための基礎になり、政治集団化した。

最終的に、韓国人、特に韓国男性には、個人のアイデンティティを祖先のなかから探し、親族集団の繁栄を個人の永続として考える、「種族理念」が形成されたのである。このような概念は、競争と序列主義を強力にし、今も続いている。子、特に息子が一流大学を出て社会的に成功することは、個人の成功である前に家門の成功であり、そのために親は「どのような犠牲」をも甘受することが社会的に美徳であり、成功の方程式になったのである。

ここで「犠牲」を宿命として受け取って耐えるのは女性の役割である。古今を問わず、韓国の文学のなかに「思母曲」はあるが「思父曲」はない。子供の成功のために自分の人生を犠牲にすることが当然なことと考えられる伝統的意識はいまだにある。韓国を代表する詩人だった盧《ノ》天命《チョンミョン》の詩「オモニの日」（母の日）は次のように綴る。

한국의 어머니는 흑인 노예모양 일을 하고　　韓国の母は黒人奴隷の如く働き
아무 찬양도 즐거움도 받은 적이 없어라　　何の賞賛も楽しさも受けたことがない
이 땅의 어머니는 불쌍한 어머니　　この国の母はいとおしい母

今も流行する大衆歌手テ・ジンアの次の「思母曲」を聞いて、母の犠牲の上に一人前の男になった人々は涙をながす。

앞산 노을질때까지　　山に夕焼けがかかるまでに

호미자루 벗을 삼아
화전밭 일구시고
흙에 살던 어머니
땀에 찌든 삼베적삼
기워 입고 살으시다
소쩍새 울음따라
하늘가신 어머니

草取《くさとり》鎌を友とし
焼畑を掘り返し
土に住んだ母よ
汗が染みついた亜麻のチョゴリを
継ぎをして着て
不如帰《ホトトギス》の鳴き声と共に
天にあがった母よ

こうした詩や歌が、歌わないが示唆する内容は大体、父の家庭での無責任、虚栄、暴力などであった。オモニという言葉を聴いた途端に涙を見せる韓国人が多い。その心境には、オモニの恩恵と犠牲がまともに補償されていないという、韓国人特有の「原罪意識」と、人間の良心と暖かさの「元」である存在への帰巣本能の複合があるといえる。そうした深層心理の要因があるために、後ほど議論するように、「日本軍慰安婦」問題において、韓国人の憤りと恨みを日本の人々が理解できない部分があろう。

2 日本文化の女性性と超血縁性

韓国文化が男性的だとしたら、日本文化は女性的なものであると対比できる。日本の近世文学

表10　日本人が自国について「良い」と評価した項目
（単位：係数）

科学技術のレベル	82
芸術	68
生活水準	50
経済力	33
心の豊かさ	24

表11　韓国人の分野別自尊心（単位：係数）

スポーツ	105
経済的達成	96
歴史	96
科学的達成	92
芸術と文学	89

者・諏訪春雄は、『大地・女性・太陽』で「日本人は大地に執着し、小さな集団を作り、そこで互いに助け合いながら生きる、母性の役割を重視」し、「出産と憑霊、この二つの力により、女性に対する信仰が、古代から日本人の心の中に生きている」とした。これは前述した韓国の男性的神話とかなり対照的である。

日本の統計数理研究所という機関が実施した「日本人の国民性五〇年の軌跡」という調査結果は、日本人が自国について「良い」と評価した項目が、**表10**のような順に出てくる（二〇〇三年時点）。

この調査と対称となる韓国内の調査結果を見つけることはできなかったが、同年の二〇〇三年に韓国総合社会調査（KGSS）という機関が実施した「国家の自負心」に関する調査がある。この調査では、一〇項目の自負心を国際的に比較しているが、各分野別に五点満点を付けるという調査で、韓国は四・〇五という自負心の数値が算出された。スポーツ分野における三四カ国の国際平均値は三・八七であった。一〇項目のうち、韓国人の自尊心が国際平均を超える唯一の分野が、スポーツだったのである。国際平均を一〇〇点としたとき、各分野別の自負心の係数の中で上位五位は**表11**のようであった（小数点以下は四捨五入）。

上記の調査に対する専門的な方法論の議論はあるものの、確かに分かるのは、日本人と韓国人の自国ないし自民族の評価が、明確に異なっているということである。日本が自国の科学と芸術分野の達成に誇りを感じる一方で、韓国人はスポーツでの達成に誇りを感じている。こういう調査結果からは、韓国社会の意識の志向が男性的であるのに対し、日本社会の良心が女性的な面を持つという様相がうかがえる。

イエ社会の論理

韓国社会が「血」を中心に共同体を形成したとしたら、日本人は「血」ではなく、「木」で作られた「家」を中心に共同体を形成した。朱子学を根源とする韓国の当為主義が「血統を中心とする関係の原則」であれば、日本の共同体は形而上学の〈理〉より、形而下の〈機〉と〈能〉を重んじる。その機能主義は「分業を中心とする関係論理」であるといえる。「日本人論」に必ず登場するテーマが「イエ」である。この概念は韓国で意味する「家」とは異なる。日本社会が他のアジア社会と区別される重要な特質として、日本特有の社会的基礎単位としてのイエが論じられる。このイエ社会については、多様な視点が争っているが、全体として共通するのは、これが血縁社会ではなく、自然条件や機能の融合に基づく共同体を形成するということである。

『文明としてのイエ社会』という著作で、村上泰亮、公文俊平の二人の政治学者は、イエ社会の特性を、超血縁性、系譜性、機能的階統性、そして自立性などの概念として把握している。このイエ理論は、伝統的な農村に限らず、現代日本社会を説明するのにあたっても援用されている。イエ理論を日本の自然条件と組み合わせて考えると、もう一つの重要な概念として「小農社会」が浮上する。日本の農家には、「大農」がない。視界が届くところまで自分の土地を持っていたかつての朝鮮の大農地主は、日本にはない概念である。その代わりに、日本の封建社会を支えたのは小農であった。多くの山や川で分かたれた村の中で、いくらもない土地に畑や田を耕し、その小作物をさらに領主に納税した農民が、日本の封建社会の基本であり、彼らは自分自身を百姓、または小百姓と呼んだ。

この小農の存在、そして彼らの人生の哲学は、日本人の欲望構造を理解するのに不可欠なものであろう。自分の能力で自らの運命を決定できる日本の小農は、政治体制に安住し、均質的で安定した共同体を形成した。日本の民衆思想を研究した歴史学者の安丸良夫は、日本の小農社会が、「通俗道徳」を備えて実践することにより、自らを鍛えて作り上げたと分析している。ここで、通俗道徳とは、共同体の構成員が常識的に共有する規範や考え方であり、節約、謙譲、忍従、正直、敬虔、素朴などを指す。

このような規範の共有は、時間が経つにつれ強固なものになり、共同体の構成員は、強い一体感と共に、ほとんど宿命に近い従属性を持つようになった。そして、ここから逸脱する者は、法的ではない社会的な処罰を受けるようになった。村八分がまさにそれである。村人の誰もが常識的に守るオキテ（掟）と秩序を守らない者は、人間社会から拒否され、最終的にその村から追放されるというのである。このような処分を受けた者は、他の村に行ってもうまく適応できなかった。

このような背景から、日本の政界や財界の指導的な人々が、韓国に対して持っている代表的なイメージは、「分裂的」というものである。これは、日本人が自らに対して持ち、密かに自負心を持つ団結心に対して、より鮮明に浮き彫りにされたり誇張されたりする。かつて六〇年代や七〇年代に育った韓国人であれば、大人たちが「韓国人は砂のようで、日本人は泥のようだ」と話すのを聞いたことがあるだろう。この表現が、韓国人を卑下しているようだという考えから、近年ではこの言葉を口にしようとしないようである。日本人の間でもこのような認識が深く根をおろしている。日本人がよく言う表現で、「日本人は、普段何も考えていないように見えるが、いざとなったら、速やかに団結する」というものに近い。

日本人がずば抜けてよく使う表現に、「丸くまとめる」というものがある。他動詞である「まとめる」とは、一つに合わせる、成し遂げるなどの意味がある。他動詞「まとめる」と副詞「丸く」のセットは、意思の不一致のない、行動や形態が統一された状態や模様を伝える。そのような視点から、日本のエリートが韓国に対して持っている最も代表的なイメージは、「国や社会がまとまらない」という皮肉の混じったものということになる。

自然への畏敬と社会

前にも説明したように、日本人の非肉体志向性は人間と自然との関係に対する認識、すなわち自然観と深い関連がある。日本人を外国人（特に韓国人）と比較した場合、自然を征服するという考えが希薄であるということが目立つ。日本人は、人間も自然の一部だと考えており、そのため、自然を征服するのではなく、その一部分になって生きて終わるという考えが根強いのだ。二〇一一年の東日本大震災で家族や財産を失った日本人が、自然に対して怒りを表さず冷静に見えたのは、一種の宿命論的な考えもあるが、自然の機能にあえて反抗しないという考えが宿っていると見るべきである。

自然を尊重し恐れる畏敬心は、日本人の行動と身だしなみを、慎重で、気弱で、謙虚にする。韓国人が日本人を見たときに、何か迫力がなく、縮こまったような印象を持つようになるのは、この理由である。日本人が礼儀正しいということの精神的根源は、自然に対する畏敬の延長線で、他人に対しても謙虚なのだと考えるべきだ。これは、日本人が人間関係を表現する言葉によく表れている。日本人が他の人のことを良く言うとき、ほとんど自動的に使う形容詞が「優しい」である。老若男女を問わず使えるこの形容詞を和英辞書でみると、gentle、kind-hearted と記載されており、日韓辞書を見ると、「人性がある」「純真でおとなしい」「穏やか」などと解釈されている。これはまさに、韓国人を含む外国人が持っている日本人に対する肯定的なイメージである。もちろん、日本にも組織暴力団、犯罪者など「優しくない」面も存在するが、それは社会全体にわたる本然的なものではなく、局所的問題であるといえよう。

自然への恐れの延長線上で、他人に慎重で思いやりのある日本人は、欲が少なく、これは肉体に表れている。韓国人が日本人を見て「倭人」と言うとき、この表現を使う韓国人が心の中に持っている共通した考えは、日本人が矮小だということである。これは、韓国人の日本人に対する歴史的コンプレックスと重なり、韓国人の肉体的優位性に対する潜在意識とつながる。だから、人口五千万の韓国が、人口一億二千万の日本に対して、体を使う運動競技において必ず勝つという幻想を呼び起こしやすいのである。

四　日韓の言動の相違

人間と動物を区別する要素の中の一つが、言語の複雑性である。言語は、個人の間に差異があるが、個人の集団の間にも差異がある。マサチューセッツ工科大学の実験心理学者スティーブン・ピンカーは「言語は本能である」と主張する。具体的に、言語は人間の脳の中で進化する固有な電気回路によって形成されるということである。人間は生存を含む基本的な本能を満たすために情報を脳で処理する。その処理のパターンが政治的共同体を形成して、その中に住む人々が共通性をもつのは自然である。したがって、一つの国民の言語がその国民固有の文化と文明を反映する。

1　韓国人の言動――「辱」と諧謔

韓国人の欲望が日本人の欲望よりも大きく、強烈で露骨であるというのは、言語にも克明に表れている。そしてこれは、後で議論するように、韓国と日本の意思疎通において、大きな障碍となっているといえる。

「辱」のカタルシス

日韓両国民の言動や言語文化を対照的に観察しながら得る第一次的印象は、韓国人の言動が露骨で、多くの場合には日本語の表現より過激であるということである。私は幼少年期をソウル北部の地方都市で過ごした。村は農民が混在する普通の庶民の町だった。その町で（私の家庭を含めて）毎日人が死んだのである。「死ね」という言葉が家族構成員を含む人間同士の会話で頻繁に愛用されたわけである。こうした「悪口」を韓国語では「욕」（辱）という。いまだに耳朶になお鮮明に残っている「욕」は「염병할 놈」というものである。後で成人になって意味が分かったのだが、「염병할 놈」とは、「腸チフスにかかって死ぬ奴」ということである。呪詛に近いこうした悪口は他人同士のみではなく、母が愛する子供にまで言った。だが、言う側も聞く側も悪意がない場合が多い。要するに、韓国語での「辱」は感情を伝える特殊な形であり、文字通りの意味を表すものではない。

韓国で生活しながら耳にする「辱」は、内容からみると次のような三種類に分けて考えられる。一つは、人間の性と性倫理に関連して相手を非難するものである。韓国で今日も毎日耳にする表現として「씹할 놈」（自分の母と性交をする奴）、「개새끼」（犬畜生）があげられる。韓国人がなぜ母親の性器に関連する悪口に執着するのかを説明することは、容易ではない。ただし、国文学者金《キム》烈圭《ヨルギュ》の次のような説明には、ヒントが含まれている。肉体に関する認識において、金烈圭は、韓国人の男性優位性を次のように看破している。

> 父、骨、霊は、一つの系列体をなし、母、肉が一つの系列体をなすようになる。前者は不変であり、不可の交換と根本である。これに対し、後者は可変で、一時的なものである……韓国では、天の性が男性であることを考えると、骨のみならず、頭と血もやはり、父のものとなってしまう。結局のところ、人間の肉体の中で、母の分け前または女性の分け前は、辛うじて肉だけである。女性はだから、肉の塊として卑下されてきたのである。（2004, p. 18）

金烈圭の説明を援用するとしたら、韓国人、特に悪口を言う韓国人男性の心理は、女性と彼女の肉体に対する一種のサディズムに近い優越感と、母親の性器に対するノスタルジーが複合されたものと考えてみることができる。

前近代的生活環境で生まれたこうした悪口は、今も現役で使われている。最近、女子中学生たちが教室で上記のような悪口を続いて言い合う「辱バトル」が報道されて、韓国社会に衝撃を与えたことがある。学生たちは親しければ親しいほど悪口を使うという。二〇一二年十月十二日の韓国の『中央日報』の「女子中学生の辱説バトル」というタイトルの記事の中に、次のような文章がある。

女子中学生たちが教室に座って絶えず荒々しい辱を吐き出す。「この犬の子」、「(親と)セックスする奴」。こうした辱説が四〇秒くらい続く。周りの生徒たちは楽しそうに笑う。スマートフォンの動画共有サイトにアップロードされている、ある中学校の休み時間の風景である。

二〇一六年一月二十四日の韓国の『カトリック新聞』のある記事に、次のような内容が書かれている。

各種調査の結果、最近の若者は、文字通り悪口を「口にぶら下げている」ことが分かった……国立国語院が実施した「青少年の言語使用実態調査」によると、実際の小学生と中高生それぞれ九七%、九九%は悪口を使用したことがあると回答した。これらのほとんどは、性的侮辱内容が盛り込まれた悪口を平気で使っている……青少年だけでなく、韓国人たちが通常使う悪口である「シプハル」は、口に上げることさえ難しい言葉である。ここで、「シプ」は、女性の性器を意味し、「シプハル」は、「おまえの母とセックスをする奴」という非人間的な悪口になる。しかし、若者たちは、その意味を知らないまま日常言語として使用しているのである。

もう一つの種類の悪口は、人間の運命に関するものである。「빌어먹을 놈」（物乞いをして生きる奴）、「굶어 죽을 놈」（飢え死にする奴）、「쪽박을 찰 놈」（落ちぶれてこじきになる奴）、などがこれに属する。そして、第三の種類が社会の疾病か官憲の刑罰に関することである。先ほど出た「염병할 놈」（腸チフスにかかって死ぬ奴）、「오라질 놈」（官衙の縄で縛られる奴）、「급살을 할 놈」（くたばってしまう奴）、「육시를 틀 놈」（官衙の刑罰で戮屍になる奴）、などがある。この種類の侮辱は大抵、中央統治が定着した朝鮮王朝の時期に作られた。

日常生活や文学作品などで出会うこうした悪口を見ると、その裏には共通した側面があることを感じる。一つ目は、韓国の人々は他人の運命に非常に関心が深いし、その関心には相互の比較による優劣の感情や猜忌の念があるということである。韓国のみならず海外で人気をもつ韓国のドラマを見ると、成功する主人公を嫉妬し、陰謀やたくらみが続き、主人公がこれを乗り越えるプロットが多い。二つ目は、人間を囲む環境の苛酷さや辛さに関する心境である。これは、朝鮮半島での生が自然環境や地政学的要因によって困窮するという認識の表れだろう。第三は、他国では考えられないほど悪辣で熾烈な言葉を動員して互いに悪口を言っても、別に関係がさほど悪くならないということは、その過激な言語がある種のカタルシスを提供してくれるということである。

言い換えれば、そのカタルシスは欲望発散である。韓国人の欲求発散が最もよく反映された文化の側面は、言語の誇張ではないかと考えられる。インターネットで小説家、韓水山《ハンスサン》のエッセイを読む中で、次のような文章を見つけた。

南漢江のほとりの山岸に建てられた私の仕事部屋にも、五月の夜であればホトトギスがやって来て、鳴いている。ふと目を覚まして、その深い真夜中に、この鳥の鳴き声を聞かなければならないときがある。初めの年には、「ああ……腸がちぎれるというのは、こういうことだな」と言いながら、その鳥の鳴き声を聞いた。しかし年が過ぎ、今や春の夜になると、この鳥の鳴き声が待ち遠しくなった。

韓国人は何かをたらふく食べたとき、「腹が裂けるくらい食べた」という。いくら何でも、どうやって腹が裂けるくらい食べるのか。しかも、食卓に料理がたくさん並ぶ家に行って来て、「食卓の足が折れるくらい料理が並んだ」という。誇張がひどいとも思えるが、これもまた、諧謔と誇張に満ちた韓国人の心性が染み込んだ言語習慣の一つであろう。

諧謔と「身土不二」

韓国人の言語過剰がよく反映されているのが、諧謔である。詩人・趙芝薫《チョジフン》は、韓国人の諧謔は日常的、定型的なものからの「擺脱《はいだつ》（取り去ること）の美」であるとした。そして、その中で悪口は、原初的な欲望が溜まったものを解消させるカタルシスという。朝鮮王朝時代の長い階級社会の中で、支配層に対する風刺と生活の諧謔が発達した。風刺は、当時の階級社会に対する民衆の抵抗意識の表現であり、諧謔は、抑圧された生活に活力を与える役割をしていたとして解釈される。

朝鮮半島の人々の言語と行動には、日本人とは異なった、人間と自然の「合一」がある。これは自然に畏敬ないし恐怖を感じる日本人の自然観ともっとも強烈な対照を提示する。日本人が自然を、自己の力では何もできないという意味で遠くに置いて思索したり畏敬したりするのに対し、半島人は「自然と人間の距離＝ゼロ」という思いを持つ。日本のJAに当たる韓国の「農協」は「身土不二」という表現を好んで使う。人間の体と自然が同体であるということだ。

韓国農民の「裸耕」の風習は、自然がよみがえる春に、土地という女型に農夫という男型が性器を挿入し精液（種）をまくというイメージを儀式化したものである。これは精神分析学者フロイトが着目したエディプス・コンプレックス（Oedipus complex）の韓国版であり自然観版なのではないだろうか。

こうした自然観や自然感覚が言語に現れたのが「肉談」である。肉談の辞書的な解釈は、「品がなく、俗っぽく、野卑で、粗悪な話」である。これは、儒教社会での「禁忌」の壁を崩してしまうことから、心理的な開放感を追い求め、発達したものと解釈される。禁忌破棄を味わうことで、代理満足とカタルシスを感じていたのである。肉談の素材は、性器と性行為である。肉談において、性器と性行為が、種族保存の手段としての行為からエンターテインメントの素材に転じる。

国文学者の金烈圭は、『韓国人のユーモア』という本で、ユーモアを「白い笑い」と「黒い笑い」に分け、肉談を「黒い笑い」とした。肉談が与えるカタルシスの頂点は、女性の性器、特に母親の性器である。キリスト教を基礎とする西洋での悪口が god damn（神の呪い）であれば、韓国での最高の悪口は「씨팔シプハル」なのである。この「シプハル」は最近、「韓流」ドラマが流行っている中国でも、外来語としてよく使われることとなった。

2　日本人の言動――「空気を読む」

韓国人の言語文化が華やかで過激なのに対し、日本人の言語文化は、気弱でドライである。日本人の欲望の節制、共同体の慣習を恐れる心理は、言語習慣にもそのまま表出されていると思う。

気弱で微弱な言動

韓国では、大胆な悪口が女子中学生によって日常的に使われているというのは、日本人の精神世界や言語習慣からは想像し難しいことであろう。

まず、日本人の言語には、韓国語の「辱」に該当する概念がない。韓日辞典で「辱」に対応する日本語を探してみると、「わるくち」と翻訳されている。しかし、動詞として「悪口を言う」というのは、他人に対して陰口をする（面と向かってではなく、その人のいないところでその人のことを悪く言う）ということである。これは、韓国人であれば頻繁に聞く動物に関連する悪口、性器や性交に関連する悪口、病気と関連する悪口、先祖の悪口などとは種類が異なるものである。怒っている日本人が、精一杯悪態をついたとしても「ちくしょう」(畜生、獣)、「くそ」(糞)程度であるが、このような悪態は相手ではなく自分のふがいなさに向けられている。かろうじて「辱」に近いものといえば「ばか」「あほ」があるが、「頭が悪い」という意味しかもたないこのような言葉は韓国語の「辱」の過激さとは比べものにならない。

非デカルト的日本人

悪口を言わないだけでなく、日本人の言語文化そのものが韓国と非常に異なっている。つまり、直接的ではっきりと素直に言わないということである。アメリカ人が他人を褒めるのによく使われる形容詞が、articulate である。自分が思ったことをはっきりと表現するというものである。これは、西洋のデカルト的な伝統に由来するものだ。言語の文法構造が人間の精神を反映するメカニズムであるという、デカルト的 (Cartesian) 言語論をいう。賢い人は、言葉もはっきりしているというものである。このような考えは、日本よりは韓国にはるかに多く適用されるようである。

君子は、話下手でも行動力があるものであるという中国の古典的思考は、日本では未だに強く作用している。その上、言語表現が穏やかすぎて味気ない。したがって、米国の大学院で見ると、一般的に韓国人留学生は日本人留学生より、口頭発表がはるかに上手い。日本人は、自分の考えを明確に整理し、はっきりと表現する訓練がされておらず、よって、そのことに心理的な負担を持っているのである。さらに、日本人は、本音をそのまま言わず、建前という、心の内とは異なる言葉を使う。

日本人は会話において曖昧さを好む。これは、伝達される意思自体が曖昧ということではなく、その方法または様態が曖昧であると解釈するのが妥当である。まず語彙を駆使するにあたり、直接的な語彙よりは、二重に解釈できる語彙、そして、日本社会の中で文脈に応じて理解できる語彙を好み、そこに擬態語をたくさん駆使する。したがって文章を見ると、曖昧で、話者の感情状態が多く混ざっているようにみえる。つまり、日本人の会話は、文脈依存的であるため、二人の間には意思がはっきりと伝達されるが、第三者には曖昧に見える部分が多いということである。

日本人が会話をしているのを見ると、互いにうなずきながら言葉を交わしているのを見ることができる。これは、分析するとしたら、会話を構成する一言一言を互いに確認する肉体的動作を交えて、意思疎通を行うということである。したがって、これを第三者が録音し聞いてみたら、元の二人の会話のメッセージが分からない、または全く別のメッセージを持つようになるであろう。

「空気を読む」

この脈絡的、状況的性格が社会全体に適用されるとき、「社会的空気」というものが形成される。日本社会で「空気を読むこと」は非常に重要だが、この空気は、まさに流動的である。海外で長く勤務し日本に帰った人が、組織内で空気が読めず、しばらくの間苦労するという話をよく聞くが、

る韓国人の様子を見て、これを独島・竹島問題につなげる人もいる。

そしてこのような差異はマスコミによって増幅される。韓国では、全国ネットを持つ放送の定時ニュースに登場する語彙も、普通の人の会話とあまり違わず、スラングや誇張を乱発する。第四の権力と呼ばれるマスコミは、誇張した言葉を使うにとどまらず、事実を報道するにあたっても、事実を膨らませ、想像と恣意的な解釈を混ぜ入れる。そのため、韓国市民の世論が誇張されて扇情的に伝えられ、韓国社会と外部に投影される結果を生んでいると思う。メディア研究家マッケンジー・ワーク（Mackenzie Wark）は、メディアの過度な影響を指摘し、「同じことも、些細なジェスチャーとして作ったり、大規模な戦争（a tiny gesture or a major battle）として作ったりすることができる」と指摘した。メディアは今や、単に事実をそのまま報道するのではなく、想像と誇張を動員し、世界情勢をそれなりに脚色したりしながら、衝撃的な映像と共に家庭やインターネットに放出している。

生まれて属した自然環境で共に暮らす政治共同体の構成員たちが持つこととなる心理・行動的属性は、あらゆることに影響を及ぼし、対外行動も例外ではない。半島人と列島人の自然観とそれから派生する言動の差異が作り出す現象は多い。その中で「韓流」と歴史問題に関する「謝罪」という二つの事例を議論してみたい。

1 「韓流」の流行と沈滞――事例研究①

日本語版ウィキペディアは、「韓流」を「二〇〇〇年代以降に韓国政府の主導で行われている韓国大衆文化コンテンツの拡販政策」と定義している。しかし、ただの政策ではなく、「韓流」を一つの文化現象として理解してもよいだろう。

この現象が世界的に拡散される基礎は日本で作られた。その背景には小渕恵三元総理と金大中元大統領が作った日韓和解という時代の変化があった。しかし、日本での韓流の拡散の根本的な原因を公共政策から説明することには無理があり、それを超える根本的な原動力として「文化的衝撃」(culture shock) を挙げたい。

「韓流」という不思議

「本当にあんなに振ってもいいのですか」。いぶかしい表情で質問をしたのは、日本の陸上自衛隊二佐の高級将校だった。私が防衛研究所で講演をしたときに受けた、韓国のアイドル・グループが日本で披露したいわゆる「骨盤ダンス」に関する質問だった。その質問を受けて、私は奇妙に複雑な気分に包まれた。韓国のマスコミは、韓国のアイドル・グループが日本武道館のような有名な場所で数万人の日本人ファンの前で公演を成功させたことを、オリンピック・メダル獲得のように報道する。ところがこの質問のように、実際のパフォーマンスを見てみると、数万人の日本人の前で韓国の若い女性たちがリズムに合わせて半裸と言ってもよい恰好で体を振っているのである。

それは韓国人の深層心理の中で誇りの対象だろうか、恥の対象だろうか。こうした質問が、アメリカの観衆の前でカナダのアイドル・グループが腰を振ることについてのものであるなら、意味がないだろう。しかし、日韓の間には敏感でややこしい「歴史問題」があり、その中で一番難しい懸案として残っているのが、「従軍慰安婦」の問題である。これは、戦争の場で行われた日本人男性と韓国人女性の間の性の問題である。そうした稀な現象がどうして起こったのか、誰に責任があるのか、などに関して、いまだに両国民の間に真正の合意がない状態である。二〇一五年十二月に両政府の間に合意はあったものの、韓国ではそれの撤廃もしくは再交渉を求める識者や政治家が多い状態である。

こうした日韓関係の「歴史的土壌」を鑑みると、自分の目の前でクローズ・アップされる韓国女性の骨盤ダンスを目撃した中年の自衛隊現役隊員の内心の驚きといぶかしい思いがわかる気がする。その一方で、韓国ドラマにはまった主婦のせいで日本の家庭が揺らいでいる、などという大げさな自慢話を披露する韓国のエリート層の人を思い出すと、「韓流」とは一体なんだろう、と問わざるを得ない。

欲望体系の衝突的経験

一つの国の放送プログラム、歌謡、大衆芸術公演、食べ物などが隣国で非常な関心を引くとき、それは一つの文化ショック（culture shock）と理解するのが妥当だろう。「冬のソナタ」という一つのドラマによって、それまで韓国に行ったこともなかった日本人が行列を作ってその番組のロケ地に旅行するとか、一人の韓国の俳優にひかれて、彼が広告するマッコリという酒が日本で流行になるなどの現象は、異常で異様である。これは、中国の文化のように、日本で長い時間を経て同化されて「市民権」を得たプロセスとは異なる。だから、日本での韓流の普及は漸進的同化ではなく、通り雨のような衝撃だった。

比較的保守的な傾向をもつ日本社会が、韓国の大衆文化を異常ともいえる形で受け入れた原動力は何だろうか。私は、その答えを、韓流のコンテンツの底辺にある韓国人の自然観が誘発した心理的衝撃に見いだす。韓流を通じて、日本人は韓国の人々の日常的な欲望体系に接して、驚きと「自我への疑問」を覚えたと思う。

韓流の受け入れの異様さと、それが誘発する自我への疑問は、変化を恐れる日本人に衝撃的快楽を与えると共に、内心には不安を感じさせたかもしれない。そうした異質性への潜在的アレルギーが、歴史問題などをめぐる葛藤とそれがもたらす「疲労感」と合致して、今度は「嫌韓流」という新しい潮流を起こした。こうした弁証法的なまでの軋轢に対しては、本書でいう半島と列島の自然観の衝突によって解釈するしかいない。

韓流と嫌韓流が拮抗している昨今の状況を見ながら、韓国人の自然観に対して日本人が感じたユーフォリア（幸福感）と、それが終わった後の空しさを感じ取る。日韓関係は、韓流ブームによって本当に「新しい時代」という表現をしてもいいほど良くなったのか。日本による韓国植民地支配一〇〇年目となる二〇一〇年に、韓国と日本の代表的な公共放送であるKBSとNHKが実施した共同調査の結果を見ると、実際にはそうでもないことが分かる。日本の韓国に対する支持は、過去二〇年間で大幅に改善され、「好きな人」が二八%から五〇%に跳ね上がり、「嫌いな人」は三二%から二一%に下がった。ところが韓国では、反対の推移が見られる。日本を「好きな人」と答えた韓国人は、過去二〇年間で三三%から二六%に減少し、「嫌いな人」は三七%から五七%へと大幅に増加した。

そして、日韓国交正常化五十周年を迎えた二〇一五年四月に、韓国のシンクタンク東アジア研究院と日本のシンクタンクの言論NPOが共同で実施した世論調査によると、韓国人の日本に対する「悪いイメージ」は七二・五%にのぼり、日本人の韓国に対する「悪いイメージ」も五二・四%にのぼったのである。

2 歴史と謝罪——事例研究②

私は、欲望を追求する人間と自然の関係によって、言語が大きく影響されると考える。例えば、人間の本能的感情を抑えて間接的に表現する婉曲語法(euphemism)は、その社会が規範として求める節度(social modesty)の程度によって異なる。朝鮮半島と日本列島の人々の自然観の差異は、言語の文化、語彙体系、語法などに鮮明に表れる。この差異は、いわゆる「歴史問題」をめぐる

「謝罪」に大きな影響を及ぼす。

ここでは、韓国が問題視する「日本の謝罪」について論じてみる。日韓の葛藤において、具体的な懸案と関係なく進行するのが、言語的な問題である。前述したように、韓国人と日本人の異なる欲望体系の一部分として出てきた言動の問題は、「謝罪」という言語行為と結びつき、日韓の葛藤における核心的な要素の一つになっている。

過去の歴史をめぐり、韓国では「日本が一度でも篤く謝罪をするなら、これ以上問題なしに新たにスタートすることができるのに」という考えを持つ人が多く、日本では「あれほど謝罪したのだから、もういいだろう。いつまで謝罪を繰り返さなければならないのか」という考えを持つ人が多い。特に、日本の首脳部を構成する保守主義者たちには、謝罪を要求する韓国や中国に対してこれ以上譲歩してはならないという論調が強くなった。

では、これまで日本政府を代表する立場で行われた謝罪にはどういうものがあったのか。以下の三つが主な「歴史的謝罪」と言われる。

・一九九三年八月四日、当時の河野洋平官房長官は「慰安婦関係調査結果」を発表し、「旧日本軍が直接あるいは間接的に関与した」と認め、「心身にわたり癒すことの難しい傷を負ったすべての方々に、心からのおわびと反省の気持ち」を表した。

・一九九五年八月十五日、当時の首相・村山富市は、「植民地支配と侵略」に対し、「痛切な反省の意」と「心からのおわびと反省の気持ち」を述べた。

・二〇一〇年八月十日、当時の首相・菅直人は、日韓併合一〇〇年になる年の八月を迎え、植民地占領と関連して「心からおわび」と表現した。

日本政府の最高の、あるいはそこに近い立場の三人が行った、以上の発言に共通する表現は、「心からおわび」という言葉である。これでも収拾ができず、結局は、二〇一二年八月十四日に李明博韓国大統領が「天皇が韓国に来たければ、独立運動家に謝罪せよ」と要求したことで、日韓関係は長い冷却の時期に入った。

では、日本の天皇の謝罪はなかったのか。今上天皇は一九九〇年五月二十四日に訪日した盧泰愚大統領を迎える宮中晩餐で、次のように発言した。

このような朝鮮半島と我が国との長く豊かな交流の歴史を振り返るとき、昭和天皇が「今世紀の一時期において、両国の間に不幸な過去が存したことは誠に遺憾であり、再び繰り返されてはならない」と述べられたことを思い起こします。我が国によってもたらされたこの不幸な時期に、貴国の人々が味わわれた苦しみを思い、私は痛惜の念を禁じえません。

ここで新しく登場したのが「痛惜の念」という表現であった。これについて、李明博大統領が右の発言をしたとき、「(日王が)『痛惜の念』などというよく分からない単語を持ってくるだけなら、来る必要はない。韓国に来たいのであれば、独立運動家を回って跪《ひざまず》いて謝るべきだ」とも語ったといわれる。

「痛惜の念」という表現に対して、李大統領が「よく分からない」と語ったが、韓国で漢字を勉強した世代の人であれば、「痛」と「惜」という文字の意味を分からないはずがない。ここで「わからない」という言葉の真の意味は、「受け入れない」ということであり、その理由は、この表現の中に自らの過誤に対して謝るという意味は含まれていないということであろう。

婉曲語法の政治学

では、韓国人の気がせいせいとする謝罪の表現はあるのか。韓国式のあからさまな謝罪の言葉を挙げると、「죽을 죄를 지었습니다」(死に値する罪を犯しました)というものがある。しかし、この表現は大げさなレトリックで、映画や文学作品でお目にかかるだけのドラマチックな表現である。国家の指導者のような責任のある人が公式的謝罪を述べるとなると、次のような選択肢がある。

チェソン(罪悚)ハムニダ　(申し訳ありません)
ソング(悚懼)スロプスムニダ　(恐縮です)
キップンユガム(遺憾)ウル　ピョハムニダ(深い遺憾を表します)
キップンサジェ(謝罪)ルル　ピョハムニダ(深い謝罪の意を表します)

といったところであろう。そして市民は、この程度なら「十分に強い」謝罪の意を表したと受け入れるはずである。「チェソンハダ（罪悚する）」という言葉は、罪を犯し、「体が縮こまる」（悚）という意味の漢字からなっている。「罪悚」に続いて「悚懼」は、体が縮んで（悚）、恐れている（懼）心理状態を表す。そして謝罪は、犯した罪に対して謝罪をするという分かりやすい表現である。

問題となるのが、この「遺憾」という表現である。心（憾）が残った（遺）という意味だが、この表現を誤って使えば、謝罪を受ける人は、腸《はらわた》が煮えくりかえることになる。人を殺した人の家族も遺憾、罪なく殺された被害者の家族も遺憾と、同じだからである。それでも、この言葉が公式的に最もよく使われる理由は、外交を含む公的または「文明的な」脈絡で規範的に使用する婉曲語法（euphemism）であるからである。ギリシャ語でeuphemiaとは、「縁起が良い言葉の使用」という意味であるとされ、これは毒舌や神聖冒瀆（blaspheme）の反対である。「お前死ね」がblasphemeなら「죽을 죄를 지었습니다」（死に値する罪を犯しました）もblasphemeである。

しかし、「遺憾」は国際的に通用する公式的謝罪用語である。遺憾の英訳になるregretとは「誤り、ある行動、損失、失望などに対する悲しみあるいは後悔の気持ち」（a feeling of sorrow or remorse for a fault, act, loss, disappointment, etc.）である。

一九七〇年十二月七日に、西ドイツの首相ヴィリー・ブラントが、ポーランドの首都・ワルシャワのホロコースト記念館を訪問し、言葉に代わってひざを屈した事件がある。韓国の人々がブラントの謝罪を「模範」として考える理由は、氏がホロコースト記念館でひざまずいたことである。しかし、ドイツの政治家の言語においては、一九九〇年に東ドイツの首相が使った「悲しみと恥」(sorrow and shame) という表現である。

遺憾や regret と比べて、「痛惜の念」も感情移入の面で決して弱くない。それを分かった上で韓国の人々が「痛惜の念」という表現をすんなり受け入れず不満を表している理由は、その表現の問題のみではなく、韓国人の言動の心理的土俵において受け入れないということだろう。これには韓国に存在しない「皇室」という制度に対する違和感ないし反発心が関連している。

では、韓国を強制的に占領して国語と氏名を奪い、三六年もの間支配した罪について、日本の政府や責任ある指導者が、韓国人に対して心から謝罪の意を込めて、外交的な言語が許す最も強い表現を使うとしたら、どのような言葉がありうるだろうか。韓国人の心情としては、天皇がひざまずいて「死罪を犯しました。許してください」と言ったら気が済むのであるが、これは不可能なことであろう。

第5章　抵抗する半島・無関心な列島

毎春、年度が始まる四月に、日本の新米企業社員たちが紺色スーツ姿で群れをつくっている光景をみると、新鮮味と躍動感を感じる。しかし、この光景は外国人、特に西洋人には違和感を与える。新入社員たちの例外なき紺色スーツを「日本人の集団主義」の可視的な例としてあげる文献もあるほどだ。

筆者がアメリカの大学院に留学した一九八〇年代の欧米の社会科学において、一番ホットな学問領域は日本学だった。英米社会の伝統と価値観に基づく資本主義が世界を制圧した戦後の時代に、戦争によって破壊された列島で「経済奇跡」を成し遂げた日本という社会は、政治学、経済学、社会学、人類学などさまざまな学問分野において大きな知的衝撃と好奇心を呼び起こしたのである。英米社会の価値体系や規範とは違うのに、「どうして」そういう奇跡が可能だったのか、とさまざまな仮説が提示された。分野によって概念的アプローチは多様だったが、一つの共通点があった。

西洋人が個人主義に基づいて思想や行動をもつのに対し、日本人は集団主義的であることだ。

日本人の集団主義が行動の結果的様相であるなら、その行動の原理は「規範合致性」（norm conformity）であるといえる。社会が常識のように共有する規範から逸脱せず、素直に合致する性質や傾向は、外部の人々には集団的に見えるわけである。「出る杭は打たれる」という諺が共有される日本社会は、「一匹狼」になることを避けて円満で平凡な人々が村を形成して暮らす共同体である。日本人の集団主義と規範合致性については異論の余地はある。しかし、民主主義を実現した他の社会に比べると、例外的とまで言えるくらい、その傾向が強い。そうした日本社会にとって、おそらく一番強烈な対照になるのが隣の韓国社会であろう。その対照が面白いのは、韓国社会も日本に負けないくらい「集団的」でありながら、規範合致性は低いからである。

一 規範を無視するか、従うか

1 規範と欲望

「歴史葛藤」が続くなかでも、日本を訪ねる韓国人が多い。日本を経験した韓国人たちがもつ印象のなかで一番共通することは、日本社会が「秩序整然」であるということだ。交通信号に違反しないし、列を作って順番を守るなど、秩序をよく守ることである。その日本から韓国に戻ると「基礎秩序を守ろう」という呼びかけがある。素朴にいえば、日本人は秩序をよく守るし、韓国人は日本人ほど守らないということである。

秩序とは何なのか。ただ交通信号に従い、列をよく作るということか。「社会生活が混乱なく営まれている状態。また、そのために必要な社会の制度や仕組み」というのが一般的定義である。その制度や仕組みには、政府などの組織、法律などの規律、人間関係に関する習慣や慣行、価値体系などが含まれる。それを「規範」(norms)と言い換えてもよい。前章で議論したように、人間は社会の秩序を守るために規範に照らして自分の欲望を節制する。

2 出世と規範

日韓国交正常化が実現された一九六五年に発表された韓国の大衆歌謡に「回転椅子」という歌がある。貧しさから脱出すべく皆が努力したその時代に、社長や検事など成功した人々が座る椅子を回転椅子と比喩したその歌の歌詞には、次のような句がある。

빙글빙글 도는 의자　くるくる回る
회전의자에　回転椅子に
임자가 따로 있나　もともとから主がいるわけない
앉으면 주인인데　座れば主だ

아 - 억울하면　　　あ……　くやしければ
출세하라 출세를 하라　　出世をしよう

限られた出世の機会を勝ち取るためには、他者と競争し、その競争で勝たなければならない。競争意識は韓国社会に深い根を下ろしている。ボストン大学で比較経営学を教えるある学者の調査によると、米日韓三国の家庭で子供たちに強調する教えが大きく異なるという。アメリカでは「何か新しいことをしなさい」(Do something new) と強調される一方、日本の家庭では大体「人に迷惑をかけるな」と教える。他方、韓国の家庭では「人に負けるな」と戒める。

この出世至上主義の要諦は「手段と方法を問わない」ということである。「韓流」のお陰で韓国のテレビ・ドラマを日本でも見ることができるようになった。そのドラマの主流のプロットは、自分の目標を達成するために手段と方法を問わず、競争の相手に対して陰謀、中傷、攻撃を加えることである。「韓流ドラマの元祖」といわれ日本でも人気を得た「チャングムの誓い」の基本プロットも、可憐な主人公に対して、巨大な権力をもつ悪の勢力が主人公を除去すべく加える陰謀と術策の連続である。

この議論のポイントは韓国伝統文化の批判ではなく、韓国社会に蔓延している出世指向主義の基盤が、社会が共有すべき規範からの離脱であるということだ。社会発展において主要二十カ国(G20)に入った韓国に、法律を含む規範がないわけがない。問題なのは、厳然として存在する規範が無視されるか、守られない風土があるということだ。こうした観察を裏付けるひとつの資料がある。二〇〇三年に韓国の大検察庁は面白い報道資料を発表した。韓国で偽証、誣告、詐欺の起訴が増加しているということである。その資料を要約すると、人口一人当たりの起訴数を日韓で比較してみると、偽証罪において韓国が日本の六七一倍、誣告罪が四一五一倍、そして詐欺罪が一七倍であるということだ。

ここで特に注目を引くのは偽証罪と誣告罪である。偽証罪は、ある人が自分の利益を守るために、他人に対して嘘を法廷で述べるか文書を出すということである。日本の法律で「虚偽告訴罪」という「誣告」とは、他人に刑罰や懲戒を受けさせる目的で虚偽の告訴を敢えて起こす行為を内容とする。こうした行為は、自らの選択で他人に不利益を与えるために法律体系を利用することである。その行為の根幹にあるのは、公的権威の無視ないし軽視である。そうした行為の発生率が、韓国で日本より四千倍以上あるという事実は、両社会での個人と個人との関係、さらに個人と国家権力という権威との関係を考えさせる。

二　革命なき列島、革命する半島

権威とは一般的に「人を服従させる威力」と理解される。ドイツの社会学者マックス・ヴェーバーは「妥当な支配」(Herrschaft) を可能とさせる権威の形態として三つを挙げた。一つは合理的・

合法的（rational-legal）権威である。近代国家の統治の元になる法律体系と政府の権能がその代表的なものである。もう一つは伝統的権威である。ある社会で長い間通用している伝統、習慣、社会的構造などに基づく権威で、近代国家の形成以前の君主の権力や日本の天皇の影響力などがその例である。第三の形態はカリスマ性に基づく権威である。宗教の教えや霊感などに基づいた影響力、もしくは個人の人格や風貌による影響力もこれに当てはまる。要するに、権威とはある時代にある共同体の構成員たちが互いに認めて正当性を獲得した支配価値体系であると理解してもよい。

しかし、人類の歴史には権威への抵抗というドラマが満ちている。幼い子供の親への反抗から始まるそのドラマの一番強烈なものが、政権という権威のかたまりを倒そうとする反乱やクーデターであろう。社会の支配的価値に対して、構成員たちが同じ態度を持つわけではない。ある人々は権威に批判や挑戦の態度を持たずに従順である。こうした社会は安定的かつ保守的であるが、進歩や革新に欠けている可能性がある。それと対照的に、ある人々は権威を否定しそれに挑戦する。無政府主義者や革命はこうして誕生する。

外見的に非常に似ている日韓両国民の一番大きな差異は、権威に対する認識と態度であるというのが、今の議論の要点である。政治の要諦は権威である。政治という行為もしくは現象を「希少価値の権威による配分」と定義するのが、政治学の基礎概念である。その権威の源泉が、国民の尊敬であれ、選挙を通じた権力の委任であれ、秘密警察に対する恐怖であれ、法律体系であれ、政治は権威を基にして稼動する。そして興味深いことに、長い歴史を通じて、日韓両国民は、政治的権威に対して非常に対照的な態度を示してきたのである。

1　革命なき日本

日本は、韓国よりはるか以前に政治的近代化を成し遂げた。一八八九年に大日本帝国憲法が公布されることにより、立憲政治が定着した。その先行条件として幕府体制の崩壊があった。一八六八年の明治維新によって、日本列島を二五〇年以上支配していた幕府政権の権威が否定された。しかし、その出来事を「維新」というが、「革命」とは言わない。漢字で「維新」、そして英語で「Restoration」と命名される理由は、征夷大将軍の政治権力と権威が天皇に回復（restore）されたということである。

明治維新以外に、日本の歴史で中央の政治権力を脅かした、革命に似たものがあったのか。二つが考えられる。一つは、一九三六年の「二・二六事件」である。一四〇〇人を超える若い将校と下士官・兵がクーデターを起こし、首相以下閣僚を殺害しようと起こしたこの大事件は、日本の歴史上まれに見るセンセーショナルな出来事であったことは間違いない。実際は、当時の日本を主導していた陸軍内部での権力闘争に伴う事件として、その後の日本政治の軍事化、官僚化を促進することになる。いずれにせよこの事件は、市民社会が権力構造を変えるという典型的な意味での政治革命とはかけ離れたものであった。

もう一つ考えられるのが「一揆」である。日本では中世以降、一九二二年までの約五〇〇年以上にわたって、数十件の一揆があった。この一揆とは何だったのか。『広辞苑』を見ると、一揆について「道・方法を同じくすること」「心を同じくしてまとまること」、そして「支配者への抵抗・闘争などを目的とした農民の武装蜂起」と定義している。この第三の定義に基づき、一揆を一つの革命と見ることもできるだろう。ところが、一揆は性質や規模において「社会的革命」(social revolution)、すなわち社会の性質や構造を変えるほどの変革をもたらしたことはなかった。一揆は、フランスやロシアで行われた農奴の反乱(peasant uprising)ではなく、「百姓」が特定のイシューに対し不満を表出した集団行動であった。既存の政治体制を転覆するという思想は、日本の百姓にはまったくなかったといえる。

そう見ると、中世以来今まで、日本で政権が幅広い市民階層の集団的意思によって変わったことはない。これは、近代に入ってからも同様である。明治維新によって近代政府が形成され、一八八五年に伊藤博文が初代総理大臣として登場した後、今の安倍晋三に至るまで総勢六三人の首相が存在した。その中で病気や事件により総理職から離れたケースは合計で七件に過ぎない。原敬、犬養毅、高橋是清の三人が暗殺に遭い、加藤友三郎、加藤高明、大平正芳、そして小渕恵三の四人が、病死または病気により執務不能となったのである。

革命なき市民社会の精神風土

西洋の政治学者が数多くの論文や著書を書くほどのこの「不思議」は、どう説明すればよいのか。

「権威への従順」という切り口で解説するこの章では、日本人の社会観から理解の糸口を探る。

日本の近代政治は国民のほぼ無条件に近い従順によって安定を謳歌してきた。一九六〇年代初頭の「安保闘争」があったものの、これは、政権を打倒するための市民革命ではなかった。そのような社会的雰囲気の中で、自由民主党（自民党）という保守政党は、戦後七〇年以上もの間、数年の「例外的期間」を除いて「一党支配」を続けることができたのである。つまり、日本の「近代政治」においては、民意を基にする「政権交代のない政治」が長い間持続してきたといえよう。

多くの政治家を輩出した日本特有の政治学校である松下政経塾の塾訓を見ると、最初の行に「素直な心で衆智を集め」と書かれている。韓国語には見慣れない「素直」という言葉は、日本人が最も尊敬する人物の一人である松下幸之助が強調した言葉である。松下の遺志を継いで作られたもう一つの機構であり、シンクタンクの役割を担っているPHP研究所が出した資料によると、松下が言った「素直な心」とは、「寛容にして私心なき心、広く人の教えを受ける心、分を楽しむ心」であるという。これが韓国人を含む外国人が惹かれて賞賛する日本人の心である。この心を羨望する台湾の人々は「日本精神」という独自の概念まで作った。

だが、その精神は革命を放棄する精神でもある。日本人の生活観、価値観をよく要約している「素直」という言葉からは、正義や挑戦や変革といったことが感じとれない。日本人を評価する形容詞は多い。平和的、静か、綺麗好き、丁寧、親切、謙虚、などなど。日本の男性に対する決まった賞賛は「優しい」であり、女性に対する決まった賞賛は「かわいい」である。日本の人を賞賛するために、勇敢であるとか、正義感に満ちているとか、挑戦的であるとか、革新的であるとか、といった表現が使われるのは聞いた記憶がない。

日本人が崇拝する歴史上の人物である聖徳太子が作成した「十七条憲法」の第一条は、「和を以て貴しとなし、忤《さか》うることなきを宗とせよ」と教えている。これらの教えを重視する社会風土の中で成長し、寛容な心で私心を抱くことなく、分をわきまえ、与えられた現実を楽しみ、他人に迷惑をかけない人は、平和な共同体を維持し、街をきれいにし、指示通り真面目に働き、模範通りに物を組み立て、素晴らしい産業を形成することができる。しかし、彼らができないことがある。それは権威に挑戦し、既存の秩序を変え、正義の名のもとに他人を懲らしめることである。

結局、日本には革命がなかった。おそろしい自然に圧倒され、隣人と仲良くし、大きな声で自分の利益を唱えない日本人は、旅も「小さな旅」を楽しんで、生活が窮屈になっても「このままで良い」と我慢する。そういう風土と行動原理は隣国との関係にも反映される。死ぬまで一度も訪ねることのない竹島という岩の塊について、右翼が「日本の領土なのに韓国が不法占拠」していると騒げば「ああそうか」と思う。でも、韓国政府や市民団体が「独島は韓国の地」と叫んでも、韓国観光を楽しみ、韓国ドラマのビデオを借りるのに大きな支障がなければ「竹島なんか」どうでもいい。もし韓国の記者がマイクを突きつけて「独島は韓国のものなのに、なぜ日本の領土だと言うのか」と聞けば、小さな声で「すみません。申し訳ない」と「建前」で謝れば物事は「済む」。

こうした態度は、日本人が共有する社会的な行動原理、すなわち、自分の個人的な感情や欲望などにより物事を判断せずに、慎む精神に起因していると思う。このように、感情と言葉と行動を控えて、与えられた秩序に従う精神世界には、やはり伝統的な権威の頂点である皇室がある。永い年月を貫いて皇室の権威が存続され、「天照大神」以来「万世一系」が維持されているという、世界で「唯一無二」の国家になった。

このような視点から、日本人は韓国人の行動を、即発的だと皮肉に批判する。韓国に勤務した経験がある日本の外交官が「韓国人には独島スイッチと呼ばれるものがある」と言ったという。つまり、「いくら仲が良い相手でも、ふとしたことで心の中にある「独島スイッチ」がオンになると、急にボルテージが上がり「反日的」になる」ということである。そこに最近ではもっとボルテージの高い回路のスイッチが現れた。「従軍慰安婦スイッチ」である。

ある断絶——エリート層と非エリート層

では、日本人がそんなに温柔なのに、なぜ日韓間の「歴史葛藤」は治まらないのか。それを説明するには、日本社会の特徴としてある断絶が上げられる。その断絶は、歴史問題などの外交的葛藤に声を出す少数と、沈黙する多数である。この断絶は、両側に能力とか身分的な分離（divide）があるわけではなく、沈黙する習性から脱皮しない多数と、物事を是々非々する積極的な少数の断絶、と理解するのが妥当だろう。これはアメリカなどで見るエリート層と非エリート層の分離とは異なる。

アメリカ社会をエリート社会として規定する人が多い。少数のエリートが大衆を導いていく社会ということである。社会をリードするエリート層に入るために、アメリカ人は競争をする。したがって、この競争が社会的に納得できるルールによるものであると、公正（fairness）であることを担保するのが、米国社会の重要な関心の一つである。アメリカ社会の上層部と下層部は、競争の結果として区分されるが、下層部から上層部に上がることができる機会が保障されており、民衆がその機会を追求し努力するという点で、断絶した社会であるとはいえない。

日本はアメリカとは非常に異なる形態のエリート社会であると思う。物事を言う少数が、沈黙する多数をリードする。この奇形的なエリート主義がアメリカと異なる点は、多数派から少数派に移動する動機が弱いということである。この少数派をエリート層というのであれば、日本の非エリート層は、エリート層に対して嫉妬や競争心を強く抱いていない。したがって、日本社会は外形的には競争社会であるが、内面的には非競争的な社会であるといえる。

これらの現象は、すでに明治維新以降に見え始め、知識人と大衆の断絶と解釈する者がいる。一例として、歴史評論家の渡辺京二は、日本の近代化から派生した最も深刻な問題を「文化的分裂」と規定し、「我々の近代では、知性的なもの、合理的なもの、進歩的なもの、批判的なものは、決まって下層社会に対する特権として現われた」と評した。ここで推論できる論点は、知識人をはじめとする日本のエリートが、国家権力に抵抗するよりも、国家権力の機能に忠実であるというものである。「事務的、官庁的機能」に忠実な日本のエリートが、戦前に軍国主義を支え、戦後には

「経済奇跡」の牽引車となったのは周知の事実である。それを非エリート層は認めてきた。現在の日韓関係においての歴史論争でも同じ現象が見える。

2 革命ありきの韓国

それに対し、現代の韓国政治は、闘争と革命の連続であり、その動力は、民衆の政治参加であった。上の議論の連続線上で言えば、韓国には沈黙する多数がなく、エリートと非エリート共に大きな声で自分たちの主張を唱えてきた。こうした伝統は長いもので、その中で「既存の権威と利益体系の破壊＝正義」のような政治哲学の方程式が作られた。李氏朝鮮時代には「民心は天心」という掛け声の下で反乱を試み、戦後に共和国を作ったあとは「生きていけない。変えよう」（못살겠다 갈아보자）というスローガンの下で政権を倒そうとした。

そうした社会潮流の中で、一九四八年に樹立された共和制において一〇人の大統領が誕生したが、引退後に「普通の市民に戻る」という夢を実現した人は少ない。そればかりか、一人が殺害（朴正熙）、一人が自殺（盧武鉉）、一人が亡命（李承晩）、そして二人が裁判所で有罪判決（全斗煥、盧泰愚）を受け、最近退いた李明博に対しても訴訟が提起され、朴槿恵は監獄の中で判決を待っている。金大中は大統領になる前に日本で拉致され、後に死刑宣告を受け、李承晩政権後の尹潽善《ユンボソン》は軍事クーデター後に憲法停止で大統領職を失った。つまり、特別な事件がなく、大統領の任期を無事に終え、市民に戻った人は、金泳三、李明博の二人に過ぎない。まさに「政治の渦」（vortex）が演出されてきたのである。

その裏には民が権力と権威に挑戦する長い歴史がある。一九四八年に「大韓民国」という近代国家が形成される前には、二つの王国が朝鮮半島を統一していた。一つは高麗国で、もう一つは朝鮮王朝であった(「統一新羅」については、韓国の人々の間でいまだにその「統一」の正当性について合意がないと考えられる)。朝鮮半島が三つに分けて統治された「三国時代」を一つの王国に統一した高麗は、九一八年から一三九二年まで四七四年間存在した。その間にはエリート層の政変、そして農民と賤民の反乱と蜂起が多かった。十四世紀に入り、親明派と親元派の抗争が起こった高麗は、倭寇や元との戦いで功績をあげて台頭していた武人李成桂のクーデター(威化島回軍)によって終わり、李氏朝鮮王朝となったのである。

李成桂を太祖として一三九二年に建国された李氏朝鮮は、下関条約により清から独立国であることを認められ、一八九七年に「大韓帝国」となり、終焉を告げた。その結末の直接的なトリガーは、一八九四年に起きた東学党の乱(甲午農民戦争)であった。だが、その前にも政権を脅かす動きが絶えず起きた。韓国の政府系組織である「韓国コンテンツ振興院」の調べによると、一三九二年から朝鮮が本格的な激動期に入る一八八一年の間の四九〇年間に、**表12**のように一五四件の事件があった(http://www.culturecontent.com/content)。

結局三年に一回のペースで、国権に挑戦する事件があったということである。

表 12　朝鮮社会における政変、変乱、民乱

政変（政治エリート層によるクーデターの試み）	28 件
変乱（非政治エリート層によるクーデターの試み）	98 件
民乱（平民や賤民による反乱）	38 件

競争するエリート主義

表12のような多数の政変、変乱、民乱は、社会全体の構成部分が縦と横の両方向に分離して葛藤したということを意味する。近代社会に入る前の段階に存在していた朝鮮社会は、性理学的価値観により、「公」に対する自律的な個体としての「私」が許可されていなかった。その反面、「血筋」という原初的な関係を基本に、孝の倫理に基づいた親族集団としての家門が社会の構成単位であった。相互不信により競争する人々を統合した力は、契約関係ではなく、力と権威を持った中央の朝廷であった。生まれつき身分が区分され、上部の士大夫（士）が「農工商」に携わる平民とその下の賤民を統合して治めていた。しかし、上下に序列を形成した身分の間の葛藤、地方の間の葛藤、そして何よりも「四色党派」といわれるエリート層の分裂による葛藤と対立が激しく繰り広げられた。

やがて朝鮮社会は大日本帝国の支配期を経て、日本をコピーした高度な中央集権的官僚制国家として再編成された。その後、韓国では国家が社会を統合・支配する唯一で超越的な権威として君臨してきた。このような社会では、家族の構成員間で共有する絶対的な相互忠誠心と信頼は「希少価値」として働いた。その希少価値体系は原理適用の外縁を拡張し、「血縁」の排他性を同郷、学校の同門、さらには軍隊の戦友などに適用した。そして、出世した人は「電話一本で誰にも

繋がる」特殊な人間関係のネットワークを形成した。その排他的な「我々グループ」の動力は、国民社会を多数多様な「利益集団」に準ずる単位に分割したのである。

その結果、現在の韓国および朝鮮半島には地域（慶尚対湖南）、理念（保守対進歩）、世代（中老年対青年）、そしてイデオロギー（南対北）の葛藤が続いている。一九六〇〜八〇年代の軍事政権時代には、独裁と民主化をめぐる葛藤があったが、一九八〇〜九〇年代には、労使の葛藤があった。そして一九九七年の通貨危機以降には、大量失業、所得の二極化による貧富の葛藤が尖鋭的になった。社会統合の可能性が見えないことに、問題の深刻さがあるのである。利益の葛藤に感情の葛藤が複合されて、分裂と反目がエスカレートしている状態である。

こうした歴史の中で、韓国では社会を統合する信頼が形成されなかった。家族間の信頼は無条件的であるが、その外にいる他人は不信の対象である。最高の教育を受けた財閥のトップが、成人になった息子が暴力を受けたとして、組織暴力団を雇用し報復を加える行為の核心には、家族愛がある。これは、歪んだ例外的な場合ではあるが、韓国の家庭が見せる家族愛がテレビ・ドラマに表現され、海外では感嘆と賛辞の対象にもなっている。

つまり、韓国社会の信頼は、排他的で、差別的で、嫉妬心が強く、分裂的な信頼である。味方でなければすべてが潜在的敵であり、打倒すべき対象になる。だから、社会で生存し、なおかつ出世をするためには、成功の可能性のある人的つながりの「ラインを察知してそこによく並ぶ」ことが大事である。ニュースに頻繁に出てくる「特定犯罪加重処罰法」の違反者の多くが、韓国における名門の学校、特に高校の同級生グループが多い理由はここにある。成人になる前に三年ないし六年を共に過ごした中高校の同級生の間には、彼ら特有の家族のような「信頼」があり、この信頼は、彼らに常識や法律を超越する行動をとらせる魔力を持っている。しかも彼らには、その魔力を現実に適用することができる知識と地位と「人脈」があるのである。このような論理が特定の地域の縁に拡張され、大統領を作る「キングメーカー」集団さえ形成したことは、韓国人であれば誰でも知っている事実である。

権威への挑戦

こうした人的繋がりを決定的な「政治的資産」とみなす韓国の人々、特にエリート層に入る人々は、成功を治めるために手段と方法を問わない。その姿勢にとって常識と規範は邪魔になる可能性が高く、したがってそれを無視するか省略する必要がある。この姿勢が国家レベルで貫かれれば、権威の否定につながる。

韓国社会が直面している統治の危機において最も核心的な部分は、権威が動揺しながら常に挑戦を受けているということであろう。権威という概念は、韓国社会を長きにわたり抑えつけた怪物であった。一九六一年に入ってからほぼ二〇年間続いた軍事政権による「祖国近代化」を、政治学者たちは「官僚的権威主義」(bureaucratic authoritarianism)と命名した。これは、社会を運営する、すなわち、価値を配分する意思決定と執行能力が官僚を中心とする少数に集中され、そのような体系を維持するため、必要に応じて市民の自由に抑圧を与えることができる体系であった。

しかし、その権威は挑戦を受けた。試行錯誤と市民の犠牲によって強固だった国家権威が多数に分散されて民主化を達成した。ところが、いつの時点からか明確ではないが、やがて権威そのものが分散され、ついに失われたのである。社会学者ジョ・デヨプなど九人の教授が編んだ『韓国社会はどこに行く』(2005)などの本は、このような世相を明らかにしている。これらは韓国で行われている「脱権威の暴走」を顧みて、既存の権威が何であったか、そして新たに模索する必要がある権限がいかなるものなのかについての議論を提供する。

では、韓国の人々はどういう権威にどういう形で反抗するのか。この質問への答えは第一部で議論した「恨み」と関連して探る必要があるだろう。要するに、韓国人はただ権力のみに対して反抗するのではなく、「恨み」、すなわち「自分が理想と思う状態への到達を妨げるものに対する被害意識と否定・破壊情緒」の表れと関連して抵抗するのだと理解したい。こうした意識・情緒の対象となるのは、法律とか政権などといった可視的、認識可能なものに限られない。目に見えない、人に説明できない抽象的で主観的なものも含まれる。「正義」がその代表である。

以下で私は韓国人の権威への挑戦と抵抗に関して、三つの事例をもって詳論したい。(1)個人レベルでの社会的空気の否定(自殺)、(2)過去に決まった協約の否定(一九六五年体制の否定)、そして(3)同盟国との関係の否定の三つである。

三　形式的権威への対抗——事例研究③盧武鉉元大統領の自殺の心理分析

二〇〇九年五月二十三日、元韓国大統領である盧武鉉が自ら命を絶った。二〇〇八年二月に大統領職から降りてから、一年三カ月が経過した時点の出来事だった。享年六十三歳、まだ若くて健康だった。誰も予想しなかった彼の自殺に韓国社会は大きな衝撃を受け、悲しみ、そして疑問に包まれた。一体なぜ？　この疑問はいまだに解けていない。

氏の死亡への疑問がさらに増幅されるのは、その死の形だった。彼は自殺の当日の朝、地方にある自宅の背後の岩に登った。そこで同行した警護員からタバコを一本貰って吸った後、高さ三〇メートル、傾斜角七〇度の岩の上から身を投げたのだ。

1　「これは運命だ」——倫理的ナルシシズム

出世の最高峰といってもよい大統領まで務めた六十三歳の男が、なぜこのような不可解な死に挑んだのか。そのミステリーを解くためにもっとも重要な鍵は、彼が死の一時間二〇分前に残した遺書にあるかもしれない。その遺書には次のような文章がある。

너무 많은 사람들에게 신세를 졌다.　あまりにも大勢の人にお世話になった

나로 말미암아 여러 사람이 받은 고통이 너무 크다.
앞으로 받을 고통도 헤아릴 수가 없다.
여생도 남에게 짐이 될 일 밖에 없다.
너무 슬퍼하지 마라.
삶과 죽음이 모두 자연의 한 조각 아니겠는가.
미안해하지 마라.
누구도 원망하지 마라.
운명이다.

私のせいで苦痛を受ける人が多すぎる
これからの苦痛も測り知れない
余生も他人の荷物になることしかない
あまり悲しまないのがよい
生と死とはみんな自然のひとかけらでは
ないのか
すまなく思う必要はない
だれも怨む必要もない
これは運命だ

家族と政治的同志たちが自分のせいで検察の調査を受けることとなった事実を鑑みるとき、これはあまりにも「心情的」な自殺の理由である。その時、氏は検察の取調べを前にして自分の潔白に自信を示していた。であれば、プライドに傷が付くことがあっても、検察の取調べと裁判という「手続き」（=形式的権威）を通して無実を証明すればよかった。

その代わりに家族を残して自殺するという極端な方法を取ったことを、私は何かへの抵抗と解釈したい。その「何か」とは何なのか。誰よりも高い道徳的立場を堅持してきたという一種の倫理的ナルシシズムから「不当な社会的空気」へ抵抗したのであろう。

イ・ウンソンという哲学者は盧武鉉の自殺を次のように要約した。

彼は不義な過去が清算されていない中で形成された韓国社会の既得権勢力に立ち向かって、それも同じような特権や反則という方式を通じてではなく、原則と常識の方式で民主主義をつないでいこうとした。しかし、それは大きな打撃を受けて無力になり、挙句の果てに死んで去った。

(2009, p. 32)

この解釈によると盧武鉉の死は自殺ではなく韓国社会の既得権勢力による殺害に等しい。心理学者黄相旻は、こうした既得権勢力の「政治報復に対する果敢な勝負手」であって、それを可能にした心理状態は社会の規範から離脱したことであったと分析した。

自身をターゲットとして締めつけてくる政治的報復に対して、果敢に勝負手を投げたのである。盧元大統領は自殺という形の死を選んで、検察を前に立てて旧政権の恥部を暴こうとする新政権というものの意味を、韓国社会に明らかにしようとした……「原則」と「常識」が通じる社会を叫んだ彼であったが、彼と考えを共有できない人々にとって、彼は規範から離脱した「破格」そのものであった……既存の社会規範と秩序に従うよりは新しい秩序を作ろうとした。

(2009, pp. 102-3)

こうした社会学的解釈から離れて、精神医学者シン・スンチョルは、盧武鉉の自殺を道徳的ナルシシズムと強迫観念をもって説明しようとする。円満ではない性格をもつ父と恨みの多い母が構成する貧しい家庭で育った彼は、成長しながら現実における劣等意識が道徳的優等意識に変わり、成人になってからは「弱者」の側に立つというある種のナルシシズムに陥った。「社会に対する意識をもつこととなりながら膨らんだ彼の不満は、社会的弱者として既存の不当な社会的権威に対する強い敵愾心とともに、被害意識として拡散した」（シン 2009, p. 301）。そうした彼が一流大学出身のエリートが支配する社会で、地方の商業高校を卒業し、独学で司法試験に合格して「人権弁護士」になったのは、自然の流れだったかもしれない。

2　抵抗としての死

人権弁護士あがりの国会議員盧武鉉は、社会的禁忌を楽しんで破り、それは権威主義の息苦しい空気に抑圧されていた人々に新鮮な衝撃を与えた。一九八九年にあった全斗煥元大統領に対する国会での「第五共和国聴聞会」において、新米議員だった盧武鉉が全斗煥に名札を投げるシーンがTVで放映されたのが、盧武鉉が大統領になるプロセスのはじまりだったといわれるくらい、彼は破格と禁忌を演出した。大統領盧武鉉の秘書官だったユン・テヨンは後に次のように回顧した。

大統領になった後も「禁忌に対する挑戦」は続いた。むしろもっと熾烈になった。彼は「大統領らしさ」と表現される権威的で形式的な文化を変えようと絶えず努力した。マスコミの批判が度重なったことにもかかわらず、大統領としての重々しさに固執しなかった。庶民的表現を楽しみ、形式的な儀典を拒んだ。と同時に、検察やマスコミなど既存の権力と垣根を作るか、葛藤関係を維持した。

(ユン 2014, p. 95)

こうしたナルシシズムに照らしてみると、自身に対する批判は彼の「道徳的優越意識に対する脅しであり、自身の確たる超自我に対する脅し」でもあった。こうした強迫観念をもつ彼は、言語において「危ないくらい率直なレトリック」を好んだし、「行き過ぎる率直さは単純な率直さと異なって自己防御方策のひとつ」であったという(シン p. 310)。こうした「閉鎖的ナルシシズム」と強迫観念をもっていた盧武鉉は、自分に寛大な人ではなかった。そして、自らが外に要求するほど自身にも同じものを要求する「生真面目な率直さに閉じ込められた」彼は、自身と自身の同志たちの道徳的優越性への挑戦に、自殺をもって対抗したのである。

一国の大統領、特に「帝王的大統領制」と呼ばれる既得権の頂点に立った人を「孤立者(outlier)」と称する事態が、このイシューの意外性と複雑性を物語る。結局、「原則と常識」を守ろうとした氏は、それが守れない韓国社会の堕落に反抗して「非常識的」としか言えぬ方法で「新しい秩序」を作ろうとしたということである。

四　協約という権威への対抗

1　ある沈黙――従軍慰安婦問題をめぐって

二〇一五年十一月、韓国の朴槿恵大統領と日本の安倍晋三総理がソウルで顔を合わせた。両国民が待ちに待ったことであった。その貴重な会談で、両国関係改善の決定的な優先事項になってしまった「日本軍慰安婦」問題を「年内」に解決するという「話」が出た。しかし、その「話」の中身について、韓国側は「解決」という言葉を使ったが、日本側は「妥結」のために引き続き努力するという旨を明かした。結局、この問題は解決に至らず、日韓の認識の不一致のもうひとつの事例になってしまった。日韓関係の最重要イシューになってしまった、この敏感な問題について、私は議論を展開させる意図も能力もない。しかし、この敏感な問題を事例としてあげ、韓国での「権威への抵抗」のもう一つの類型を説明したい。

太平洋戦争末期に起きたこの不幸な出来事が、なぜその戦争の終戦七〇周年の時点でも、日韓関係を脅かす最大のハードルとして持続しているのか。慰安婦被害者たちが次々と死去して、生存者が五〇人以下になり、八十歳を超えた老人たちの「死のカウント・ダウン」になっている昨今の状況に至るまでに、日韓両国の政府と国民は何をやってきたのか。日本政府の謝罪、アジア女性基金など、この問題については小さい図書館を埋めるくらいの議論や論争の記録がある。

　そうした議論や論争を貫く一つのテーマは、市民団体の影響力である。人口の合計が二億に近い日韓両国の関係を麻痺させているこのイシューが世に誕生した経緯を反芻すると、不思議と空しさを感じることとなる。まず気が付くのは、この問題を世界の関心に「登録」させたのは、韓国人ではなく日本人であるということだ。その人物は他ならぬ吉田清治である。一九七七年に元陸軍労務報国会下関支部動員部長を自称した彼は『朝鮮人慰安婦と日本人』という本を出版した。この出版が後に『朝日新聞』によってスクープされ、世の中に大きな衝撃を与えたのは周知のことである。

　当時は朴正熙政権が韓国を統治していた。韓国人女性に対する強制連行による性暴力とは爆弾的なイシューであるが、当時の韓国社会は関心を寄せなかった。この謎についての典型的な説明は、親日的な朴政権がそれを抑えたということである。アメリカで活躍する韓国系米国市民の運動家の一人は、朴大統領の夫人であった陸英修氏が「その恥ずかしい話が世の中に出ないように」圧力をかけたと、筆者に語った。

　その証言の信憑性はともかく、慰安婦問題が韓国での社会的論点として浮上したのは、一九八八年であった。韓国を代表するミッション系女子大学である梨花女子大学の英文学科の教授をつとめていた尹貞玉という女性学者が、一九八〇年から日本で慰安婦に関する調査をはじめ、一九八八年に「韓国教会女性連合会」が主宰する「女性と観光文化セミナー」で、日本での調査結果を発表した。これが韓国での慰安婦関連市民活動の原点であった。その後、韓国教会女性連合会に「挺身隊研究委員会」が設けられ、一九九〇年には現在では世界的に知られている「韓国挺身隊問題対策協議会」（略称、挺対協）の結成に繋がった。元従軍慰安婦である金学順氏が一九九一年八月十四日に自分の経験を中心に慰安婦の「真相」について公に「証言」したのは、この挺対協の事務室であった。

この証言が決定的な転機になったと言われる。金学順氏は自分の不幸な過去について沈黙を守っていたが、一九九〇年に日本政府が動員への直接関与を否定する態度に怒りを感じ、公に語ることとなったということである。韓国の「国家記録院」によると「韓国の日本軍慰安婦は二〇万余りと推算されるが、国内では二一二名が登録」したという。一九四五年に「解放」されてから一九九〇年までの四五年という歳月の間、被害者たちは皆沈黙を守っていたが、やがて一人が口を開いたということである。その時、金学順氏（一九二四年生まれ）は六十六歳だった。二〇万人、もしくは二一二名の中で、四五年が経過してからたった一人が初めて語ることとなったというのは、何か腑に落ちないことである。

では、現在では世界的話題になった慰安婦問題について、なぜ韓国では一九九一年まで当事者による証言がなかったのか。この不思議に対する模範的な答えは、以下の通りである。朴正熙（大統領任期一九六三―七九）と全斗煥（大統領任期一九八〇―八八）という二人の軍人あがりの鉄拳政治家の下でこの問題は封じ込められていたのだが、「水泰愚」というあだなが付くほど柔弱な軍人出身の大統領盧泰愚（大統領任期一九八八―九三）の下で噴き出した、ということである。しかし、この説明は、韓国社会を自ら体験した人に対しては説得力が弱い。「軍事独裁」が一番強かったといわれる一九七〇年代にも数多くの労働運動、大学生デモ、市民暴動があった。さらに、日韓関係に関する市民運動が、政権による直接的な阻止や弾圧の対象になるというのは、韓国市民の歴史感情から鑑みると考えにくい。

吉田清治の嘘に基づいた本と尹貞玉という研究者のレポートから出発して、今は国連の主要なアジェンダにまでのぼりつめたこの問題を振り返ってみて、総じて浮かび上がるイメージは、政治の失踪である。一九六五年の日韓の国交正常化から五〇年という長い歳月が流れ去る期間に、韓国政府はこの問題が世界的なイシューとして膨らむことを防止することも管理することもできなかった。

2 過去の否定

現下の韓国政治には、さまざまな危機が内包されている。それは相互容認と妥協を基礎とする政治が失踪した危機、国政を円満に営むことのできないリーダーシップの危機、そして政治家を含む社会構成員の間の不信という危機と言ってよい。利益と信念が衝突する「対決的民主主義」が横行する中で政治の正当性は低下し、「統治の危機」(governability crisis) が深刻化している。

この危機が日韓関係において現れたものが「一九六五年体制否定論」であるといえる。一九六五年の日韓基本条約体制は、日韓両国民の自由意思によるものであるというより、国際政治が作り出した産物といえる。この体制は、韓国で軍事政権が執権した時期には守られたが、「民間政権」が権力を握るとともに亀裂が生じた。特に、リベラル派の学者や知識人の間で「冷戦の日韓癒着」と位置付けし、その「腐敗構造を是正」しようという動きが活発になった。

そういう見方を代表する学者の一人である金昌禄《キムチャンロク》は、一九六五年体制を「三五年間に及ぶ日帝の韓半島支配をどういうふうにみるかという最も核心的な問題をうやむやにした粗雑な縫合の結果」と評価し、「二〇〇〇年代に入って、一九六五年体制はやがて寿命が尽きる直前の状態に至る。それに決定打を打ったのが、他ならぬ憲法裁判所と大法院という韓国最高の司法機関である」と述べた（2013, p. 93-96）。

ここで「決定打」といわれる判決とは、二〇一一年八月三十日に下された韓国憲法裁判所の決定である。同裁判所は、原爆被害者と慰安婦についての日韓請求権協定に関する両国の意見の相違を韓国政府が積極的に解決しない「不作為」を、憲法違反であると裁いた。さらに、二〇一二年五月二十四日、韓国大法院（最高裁）は、日本で敗訴した広島三菱徴用工被爆者事件と新日鉄徴用工事件の韓国での控訴審判決を差し戻したのである。この差し戻しは韓国のみならず日本や中国を含む海外の法曹界や市民運動コミュニティーに大きなインパクトを与えるものであった。

ここでさらに不思議なことは、韓国政府もこの流れに同調することとなったことである。韓国の外交部が発刊した二〇一四年版の「外交白書」には、次のような文章があった。

わが政府は韓日間の過去史問題の象徴的懸案になった日本軍慰安婦被害者問題の解決のために

努力を持続してきた。日本政府は、慰安婦問題が韓日請求権協定によって全てが解決され、アジア女性基金などを通じて誠意のある措置を取ったと主張している。しかし、韓日請求権協定は基本的に日本の植民地支配の賠償請求のためではなく、サンフランシスコ条約第四条に基づき、韓日両国間の財政的・民事的債権・債務関係を解決するためであったので、日本軍慰安婦問題など日本政府・軍などの国家権力が関与した非人道的不法行為に対しては請求権協定によって解決されたとみなすことができない。

私はここで韓国外交部の見解に対する是非を語れる能力も立場もない。ただし、論争の余地があるのは、日韓請求権協定の第二条一項である。その条項は次のように規定している（傍点は筆者）。

> 両締約国は、両締約国及びその国民（法人を含む）の財産、権利及び利益並びに両締約国及びその国民の間の請求権に関する問題が、千九百五十一年九月八日にサン・フランシスコ市で署名された日本国との平和条約第四条（a）に規定されたものを含めて、完全かつ最終的に解決されたこととなることを確認する。

右の傍点がついた文章には「含めて」という文言があるため、特定の方向で内容を定めることが難しいということだ。日韓の間の条約や取り決めには「もはや」とか「含めて」とか「完全かつ最終的に」のような曖昧な文言が決定的な所に居座っている。

ここで私が問題意識をもつのは日韓の協定ではなく、韓国政府の歴史的同一性ないし一貫性である。二〇一四年の韓国外交部が否定するもの、すなわち一九六五年体制は、二〇〇〇年時点までは問題がなかった。三五年間に日韓の間に葛藤がなかったものを「新しい時代」に入り再評価するということである。

経済学では貨幣の価値に関連して、「悪貨は良貨を駆逐する」というグレシャムの法則がある。それとは異なった文脈で、消費者の選好が時期によって変わる状況で、その「時際的葛藤」(inter-temporal conflict) をどういうふうに解決するかという問題もある。わかりにくい法律においても、二つの時間的前後関係にある法規が、ある法的事実に適用可能であるとき、どちらを選ぶべきかを定める法を「時際法」という。普通には、同一の形式的効力をもつ法規の間では「新法は旧法を変更する」という原則が適用される。こうした時間の経過がもたらす変化において選択するという行為は、その主体が時間の経過にもかかわらず同一性と連続性を持つことが前提である。

しかし、政治では、経済で可能な市場行動者の利益計算による選択ができない。先に述べたように、政治とは「希少価値の権威による配分」であるので、ある政府の決定を同じ国家の政府が「時際的」事情変更を理由にして変えることは、以前の政府の権威を否定することとなる。これは国内を越えて外国との関係が絡むとき、もっと深刻になる。国家間の条約や協定において、その当事者になる国家が時間の経過によって事情が変更したからその取り決めを守れないという場合、その取り決めの他の当事者の同意が必要である。その同意がない状態で取り決めの遵守を撤回するのは、不法か非法である。さらに、その協定を結んだ昔の政権の正当性を、今の観点から認めないので、その政権が結んだ外国との協定は守らないというなら、それは国家社会の同一性と連続性を否定することとなる。

現下の日韓関係の軋轢の主要な原因のひとつとして、韓国社会における政治的連続性の否定があるといわざるを得ない。特にドラマチックなのは、朴正熙政権で形成された日韓関係のパラダイムが、その娘の朴槿恵大統領の政権に入って否定される結果となったということである。同じ国民社会が形成した過去の政権を否定することは、既存の権威を否定することである。上の事例でうかがえる韓国社会の大きな特徴は、権威を否定する傾向である。これから詳論するように、韓国の長い歴史の中では、「権威の否定＝正義」というある種の認識論が、人々の脳裏に深く根づいた。

五　同盟という権威への抵抗

整合性という言葉は日常生活の中で多く使われはしないが、学問においては重要な概念である。これは行動主体や体制を構成する内部的要素が相互に調和していることをいう。言い換えれば、矛盾がなく一貫性のある状態や性質を指す。

日韓関係においての最近の葛藤を論じる上では、両国の同盟国である米国との関係がしばしば取り上げられる。その理由は、戦後米国が世界秩序を作る中で主導した一九五一年の「サンフランシスコ体制」にある。半世紀前に作られた国際体制への是々非々が浮上するなかで、同盟国である米国に対する日本と韓国の姿勢が見えてくる。

両国の市民社会がアメリカとの関係を設定する様子には、世界体制との整合性という面で、あまりにも劇的な対照が見られる。その模様が鮮明に示されるのが、日本の親米と韓国の反米の強烈な対照である。

1　日本の親米

一八五三年六月三日、日本の徳川幕府は、大きな衝撃と恐怖に包まれた。東京湾の浦賀港の前に、黒煙をあげる巨大な船が出現したからであった。この怪物は、アメリカ海軍インド洋艦隊所属のサラトガ戦艦だった。この黒船の出現に、終末に向かっていた徳川幕府は、開国か鎖国かの決定的な岐路を迎え、最終的に開国を選択することになる。開港を要求するアメリカ大統領の親書を伝達するために現れた黒船艦隊は、日本外交の親欧米路線、特に親米路線の始発を知らせる事件であった。政治的には、幕藩体制の終息を促したこの事件は、外交においても大きな意味を持つ。一つは、日本政府としては初めて欧米諸国を相手に本格的な外交交渉をするようになったことであった。これは、後で議論する日本外交の「機能主義」の一つの源泉と理解できる。もう一つは、国力、特に海軍力が外交の決定要因という砲艦外交（gunboat diplomacy）の効力と価値を、自ら体得したことであった。この時から約二〇年間、日本は相当数の艦艇を建造することになる。

明治維新の元勲として西郷隆盛、木戸孝允と共に「維新の三傑」の一人に数えられる大久保利通が、近代日本は西洋勢力からの独立を維持するだけでなく、「海外開明の治」をなさねばならないと提唱したのは、このような背景からであった。大久保をはじめとする明治維新の元勲の意志は、伊藤博文、山縣有朋、井上馨などに受け継がれ、富国強兵、殖産興業という近代化路線に現れている。この路線で日本が成功したことにより、アジアに対する支配欲を行動に移すことができる力を養うことができたのである。明治指導者たちのこうした「和魂洋才」の流れが近代日本を作り、その親西洋路線は戦後には親米と直結したといえる。オランダ、ポルトガルなどからの近代知識の輸入、世界大戦以前のイギリスとの同盟、ドイツと手を握り起こした世界大戦、そして敵から同盟に変身したアメリカとの関係がそれである。実際、日本は日英同盟、日米同盟を通じ、今日に至ったのである。

日本の例から浮き彫りになる重要なポイントは、日本の親米が整合的であるというものである。つまり、日本のエリート層の親米という戦略的選択、市民社会のこれに対する従順、そして感情を排除した実利主義、機能主義という内部的要因が、それぞれ調和しているということである。総じていえば、日本が一貫して示してきた親米主義には、海洋国家日本の世界体制との整合性が溶け込んでいる。日本がアジアで優れた位置を占めることができたのは、海洋国家として欧米との関係を外交の基軸にしたおかげであった。

国家レベルにおける日本人の機能主義は、戦後の国際体制の中で、その体制をリードするアメリカに全面的に依存しついて行く、いわゆる日本で「随米外交」と呼ばれる、戦後の外交方針とぴったり合致するものである。「親米保守」という政治用語が意味するように、先進国の中で最も保守的な政治傾向を持つ日本で「親米」とは、保守理念の中心軸として作用する立場であり、思想となった。

圧倒的な産業力、軍事力で第二次世界大戦を終結させたアメリカという新興覇権国は、世界の自由経済秩序を確立しようとし、そのために共産主義諸国と対立して冷戦体制を形成する。その際、アメリカの悩みはアジアであった。太平洋を超えて、ソ連と中国という巨大な共産主義国が支えているアジアを統制するのは不可能であった。このような判断からとった選択が、ついこの間まで敵国として戦った日本を同盟国とすることであった。

このようなアメリカのグランド・デザインを実現できる幸運の要素があった。まさに、吉田茂という外交官が日本の指導者になったのである。歴史において過ぎたことに「もし」という仮定(historical if)を設定するのは、意味がないかもしれないが、日本が敗亡した一九四五年の時点で、民族主義的または左派的傾向を持つ政治家が日本をリードしていたとしたら、戦後のアジア史は、今と全く異なっていたことだろう。

現在の日本の対外関係を決定するにあたり、最も重要だったのは、吉田ドクトリンであった。第二次世界大戦が終わった後、日本の前には二つの選択肢があった。一つは、敵国であったアメリカと手をつないで、アメリカの世界秩序の形成を助けることであり、もう一つは、中国と手をつないで、日本がアジアの盟主になる道であった。ここで吉田政権が選んだのは、アメリカとの同盟であった。このドクトリンは、三つの要素で構成されていた。第一に、日米関係を外交の基本とする。第二に、平和憲法を導入して武装を放棄する代わりに、防衛をアメリカに任せる。第三に、その代わりに経済建設に重点を置く。この選択が、日本の成功につながったのは、大きな幸運であった。*

＊吉田の親米保守主義は、独島・竹島問題とも密接な関係がある。吉田は職業外交官出身の政治家であった。一八七八年に生まれ、一九〇四年に外務省入りし、約二〇年を中国で働き、駐英大使を最後に一九三九年に外務省を出た彼は、広島に原爆が落とされた一カ月後の一九四五年九月に外務大臣のポストについた。これはまた、彼にとって政治的な幸運であった。戦勝国アメリカとの連絡責任を引き受ける「終戦連絡事務局総裁」に就任したことにより、吉田はアメリカとの関係を厚いものにし、四六年五月には、総理大臣兼外務大臣に就くことになる。この時、今でも続いている日米関係の原型が決定されることになる。そして当然ながら、これは日韓関係にも重大な影響を及ぼすことになる。韓国政府が樹立した一九四八年、朝鮮戦争が勃発した一九五〇年、サンフランシスコ講和条約が締結した一九五一年、そして、韓国で軍事革命が起こり、朴正熙政権になった一九六一年に、彼は常に首相として日本の政治を左右していた。そのため、独島・竹島問題も吉田の時代に決定されたものであった。日本が、韓国に返還すべき領域から独島が抜けるようにするのに、決定的な役割をしたアメリカの外交官シーボルト（Willam Seabold）を活用したのは、まさに吉田であった。吉田との関係を重視したシーボルトが決定した勧告案が、一九五〇年にアメリカ国務長官特別顧問であったダレスにより確認されたことをもって、今日の日本が竹島の領有権を主張する根拠が設けられたのであった。

このような点から、李承晩と吉田の反目と葛藤は、独島問題を理解するのに重要な手がかりになり得る。

もう一度、歴史的なifを想定するとしたら、当時の李承晩と吉田が、あれほど互いに無視し、嫌っていなかったら、独島・竹島問題は今日とは他の様相を呈していたことであろう。李承晩が平和路線の策定を強行した心理の中には、吉田との葛藤と競争心があったと見ることができる。

2 不思議な韓国の反米

かつて、アメリカは日本の敵国であった。一九四一年の日本による真珠湾攻撃からはじまり、四年後に戦争が終結するまでの間に、米軍三五万四千人、日本軍一七四万人が死亡した。その太平洋戦争の終焉から五年後に起きた朝鮮戦争で、アメリカは韓国の味方として戦い、そのなかで犠牲になった米軍の数は、戦死した三万七千人を含む計一三万七千余人が死亡・負傷、行方不明、または捕虜になるはめになった。アメリカの立場からすれば、三五万人の兵士を失った旧敵国の日本が忠実な親米の同盟国になり、救援するために三万七千人の兵士を失った韓国が反米を標榜している今日の現実は不思議であろう。この不思議をどう理解すればよいのか。ともにアメリカとの同盟を国家生存の軸とする韓国と日本の市民社会が示すアメリカへの態度を比較することは、日韓関係にも関わる両国民の認識を理解することにおいて重要な手がかりになる。

韓国で、反米運動が日常化している。最近の記憶を探ると、狂牛病に抗議する蠟燭デモ、韓米自由貿易協定（ＦＴＡ）の反対闘争、済州島海軍基地の阻止闘争など、アメリカと直接・間接的に関連する懸案に対する反対運動が止まることを知らない。「駐韓米軍撤収」は反米デモの定番メニューになる。韓国での反米は、イシューごとに利益や立場を貫徹するための運動にとどまらず、一つの社会的潮流または風土として定着した感じがする。韓国の反米運動の日常性と急進性は、一九八〇年の光州民主化運動以後、運動圏の学生が、アメリカを軍事独裁政権の背後勢力と規定し、反米闘争を展開して以来、数回の転機を迎え、拡大・再生産されてきた。一九八〇年代後半の大学街での政治的・理念的な反米運動が、一九九〇年代に入ってからは、具体的な争点をめぐって展開され、これに市民社会運動団体が加わり、社会的に広がったのである。

韓国での反米運動は、アメリカが主導する世界秩序、つまり、新自由主義的世界化に反対する反グローバリズムの流れと、南北関係に着目した民族主義という、二つの流れが合体したものだということができる。外交問題と関連して注目すべきことは、アメリカ主導の世界秩序、すなわちグローバリズムに対する反対である。

日韓の対米関係の対称性を示す良い例が、アメリカ産牛肉の輸入である。以下ではこの事例を比較してみる。

牛肉と反米

韓国人が日本人より肉、特に牛肉が好きだということは周知の事実である。二〇一〇年の統計を比較してみると、韓国はアメリカ産牛肉八万五千トンを、日本は九万二千トンを輸入した。人口一人当たりの輸入量は韓国が多いが、全輸入量では日本が多い。しかし、ここで比較してみようとするのは、アメリカ産牛肉に入っていて問題になった狂牛病（ＢＳＥ）の牛肉騒動である。

二〇〇三年、アメリカで狂牛病が発生し、アメリカ産牛肉の輸入は日本でも中断されたが、二年の空白期間を経て二〇〇六年に再開され、一万二千トンが輸入された。韓国でも、二〇〇三年末に輸入が停止されたが、日本と同じく二〇〇六年に「三〇カ月未満、骨を除去した肉」という条件つきで再開され、狂牛病に対する関心と報道が増加した。ところが、二〇〇八年初めにアメリカで牛を虐待する動画が流れたのをきっかけに、インターネットを通じた狂牛病に対する誤った情報の流布もあって、アメリカ産牛肉は空気からも感染する狂牛病を持っているなどという誤った内容が伝わりもした。これに多くの韓国人が怒り、五月には大規模なデモが行われ、李明博大統領に対する批判が高まった。このような過程が延々と拡大する中で、反米市民運動に発展したのである。

アメリカから同じ牛肉を輸入する日本では、二〇〇六年に輸入が再開されて一万二千トン、二〇〇七年には三万四千トン、二〇〇八年には五万四千トン、二〇〇九年には六万九千トン、二〇一〇年には九万二千トンのペースで、輸入が再開されて以降五年間で、年平均二五％ずつ増加した。アメリカの輸出業者が、韓国と日本に対して肉を選別して送ったという命題が成立しないとしたら、牛肉の輸入のようなイシューについて、韓国と日本の姿勢を比較してみることができる。アメリカ産牛肉の輸入をめぐって、日本では市民集会やデモはなかった。その代わりにあったのは、韓国でのデモに関する詳しい報道であった。

その模様と現象を分析した川瀬俊治、文京洙著『ろうそくデモを越えて――韓国社会はどこに行くのか』という本が出た。この本の趣旨は、牛肉の輸入をめぐって繰り広げられた蠟燭デモは、韓国の市民社会の縮小版であるということである。つまり、そのデモは、牛肉と食生活に関する問題に留まらず、韓国社会の保革葛藤、そして親米と反米という名分の戦いであった。この関連で言われるのは、在韓米軍がたびたび犯罪を起こし、韓国での世論を悪化したという点である。

駐留米軍が引き起こす事故

ではここで、日本と韓国に駐屯する米軍とのそれぞれの関係を見てみよう。在韓米軍は、在日米軍よりも多くの問題を引き起こしているのだろうか。

日本の防衛施設庁の資料によると、駐屯が始まった一九五二年から二〇〇七年の間に、二〇万件を超える事件および事故により、一〇八八人の日本人が命を失った。年間平均三五〇〇件以上の事故が発生し、二〇人が死亡したのである。他方、韓国では上の時期に当てはまる統計資料は見られないが、一九六七―二〇〇二年の三六年間で、約一九万件の事件および事故があった。日本で年平均三五〇〇件、韓国で年平均五三〇〇件だとしたら、確かに韓国の方が多い。

一方、世間の耳目を集めた事故を見ると、韓国では装甲車による女子中学生の圧死、飲酒ひき逃げ死亡、女性への性暴力などであり、日本では集団少女レイプ、飲酒運転による女子高生死亡、軍用機墜落などで、内容においてはほぼ同じである。しかし、確実に違うのは、これに対する市民社会の反発の姿である。日本の場合には、事件が発生した地域で、住民がプラカードを持って米軍基地前で抗議をすることで終わるが、そこに集まる人の数は大概千人以下である。これに対し韓国では、事件が全国的な関心事としてデモに発展する。

軍事同盟のために米軍が駐屯している過程において発生する事件は、韓国の反米と日本の親米を分ける決定的な要因ではないだろう。だとしたら、韓国の反米と日本の親米はどこから来るのか。私はその答えを、地政学的な要因によって形成された深層心理の中での、アメリカが主導する世界体制に対する信頼、ひいては整合性において見出すべきであると考える。

日本における一貫性のある親米と比較すると、韓国の反米は「機会主義」と誤認されかねないほど矛盾と非整合性が大きい。アメリカに対する韓国の態度は、親米でもなく反米でもない。また、蠟燭デモなどからうかがえる社会の傾向は、機能主義的戦略性に立脚したものでもなく、名分主義的情緒に立脚したものでもない。同じイシューに対して市民社会が真っ二つに分かれ、それぞれが全く別の「名分」を主張する。保守系のメディアは、市民集会の動機に疑問を表し、李明博政権に対する挑戦行為は「国民的自殺行為」であると批判する。他方、革新系メディアは、蠟燭デモは市民の純粋で自発的な参加によるものであり、「インターネットと広場を土台にした、市民の連帯とコミュニケーションの民主主義」を具現するものだとしている。

六　統治の「危機」と統治の「不在」

先に紹介した事例を観察すると分かる最も大きなポイントは、韓国社会の統治の難しさ、いや、統治の危機である。その様子が最も鮮烈に示された事例を挙げるなら、ソウルの日本大使館の前に設置された少女像かもしれない。この小さい銅像は、ただの建造物ではなく、二〇一七年現在の日韓関係のカナメのようなものになった。日韓関係の改善の「条件」として、その建造物の撤去を日本政府が要求しているが、それに応じたくてもできないのが韓国政府の現状である。

1　少女像と統治の危機

ソウル特別市鍾路区にある日本大使館の前に作られた、青銅でできた小さな少女像。今は世界的に知られることとなった市民団体「韓国挺身隊問題対策協議会」（略称は挺対協）が主導し、ソウルの日本大使館前で行われる「水曜集会」の一千回目を記念して二〇一一年十二月十四日に作られたものである。治外法権で保護される外国公館の前に、抗議の意思を込めて設けられたこの銅像は、今では韓国と米国の主要都市に、その類似のバージョンを次々と持つようになった。その銅像の意義について、私はここで議論しようとは思わない。

しかし、このイシューを政治的および国際政治的な観点から吟味する必要がある。一つはこの建造物がもともとは「不法」なものであるということだ。挺対協がこの銅像の建造への許可を申し入れたとき、管轄の役所であるソウル市鍾路区庁は「政府機関でなければ道路などに施設物を設置することはできない」という却下の公文書を送った。しかし、少女像の設置が強行された後に、同区庁は「許可の可否に関わらず、建築物が公益に損害にならなければそれを強制的に撤去することはできない」という態度を取った。要するに、鍾路区庁という行政機関が市民団体に負けたわけである。その敗北の理由は、「日本大使館の前に従軍慰安婦の像を立てて抗議する」という挺対協の「道徳的優位性」が「些細な行政の理屈」を圧倒したということである。

この像をめぐり、日韓両国の市民はもちろん、政治指導者まで互いに険悪な言葉を交わしている。独島・竹島という領土問題をめぐっては、全国民が合唱をするように「独島は我らの領土」という歌を歌い、さらには、歌手やタレントなどの有名人が、はるばるそこまで泳いで行ったりもする。愛国心と民族主義に陶酔した韓国人は、これを当然のこととみなす。しかし、最先端の外交的懸案に関して、「普通の人」がこのように腕をまくりあげて外交に影響力を行使するのを、海外で見るのは難しい。日韓関係に特有な現象であるといえる。

広い視野で見つめてみると、一九六五年の日韓国交正常化以来、日韓外交は、常に全国民が関心を持って行動することで、外交に介入する準備ができていたことが分かる。現在の日韓関係の土台となった国交正常化も、一四年間の交渉を要した。その過程で大規模な学生デモが日常化された。このデモで大学生代表として活動していた人たちの中から、政治家李明博や詩人金芝河のようなスターが誕生したりもした。

では、反日が韓国で全国民化、日常化されたのは、三六年間の植民地支配から受けた抑圧と屈辱からなのか。この当然の質問も、他の場合と比較すると再考してみる必要を感じる。隣国の支配を受けたのはアイルランド、オーストリア、ポーランドなど多くの事例があるが、韓国と同様に日本の支配を受けた台湾と比較すると、そこに横たわる大きな違いを理解できることだろう。

韓国の反日感情の強烈さと持続性に対する疑問とともに浮かぶもう一つの考えは、両国の指導層はなぜ過去六〇年間も葛藤を調整できず、今も解決の糸口が見えないのかということである。つい数年前まで、日韓には政治エリート層や政府レベルで、敏感な懸案を「水面下で」調整できるチャンネルがあるという認識が広がっていた。しかし、最近の状況を見ると、先進国なら近隣諸国との間に当然存在する非公式の調整チャンネルは、日韓間には存在しないか、あっても作動しないと考えたほうが正しい。その代わりに出てきたのが、韓国では「民族主義の表象」を自負する芸能人や市民団体であり、日本では「保守」として生計を立てる学者、評論家、ジャーナリストたちである。

公権力に取ってかわる人々

独島・竹島問題において、韓国政府と日本政府が平行線を走り、何の解決策も提示できないのには、大衆の領土民族主義の熱気に対して、政治家や公務員があえて物事を率直に言えない現実的な制約もあるが、社会のエリート層が市民社会を先導していくことができる知的・道徳的権威を失ったという側面を見過ごすことはできない。これは、特に、「国家権力が市民社会と疎通する権威」の不在との関連が深い。この「疎通する権威」は、道徳的権威と技術的権威を軸とするもので、過去の権威のように隠密のものではなく、議論され、「対話関係」の中で形成される権威である。

独島・竹島問題と関連して、この「疎通する権威」が欠けている代表的な事例が、金章勳《キムジャンフン》という一人の歌手の活動においてよく見えてくる。彼は、歌手として限られた時間と資源にもかかわらず、独島問題、慰安婦問題などに関連して、アメリカに巨額の広告を掲載し、独島までの水泳を敢行するなど凄まじい活動ぶりを見せてきた。彼の破格の活動は、多くの韓国人たちの賞賛と支援を得ている。他方、彼の活動の効用や国際社会における韓国の「品格」と関連して、否定的見方をする人もいる。彼は、活動の目的を「国民に独島に対する警戒心」を維持させ、「独島が韓国領土であることを知らせるため」としている。しかし、どのような「警戒心」なのか。言葉がわかりはじめた幼い子供のときから、韓国人なら「独島はわが領土」ということを知らないはずがない。

歌手金氏のような活動を展開する団体も多い。その中で一つを挙げると、「バンク」(VANK: Voluntary Agency Network of Korea) という民間団体がある (http://www.prkorea.com/)。「外国へ韓国についての広報と交流を通じるサイバー民間外交官」の役割を果たすということの組織は、一九九九年に作られたNGOである。この団体の主要な活動の内容は、次のようなことに関するウェブサイトを作って、韓国の立場を複数の言語で紹介することである。

●グローバル歴史外交官養成アカデミー（アジアの紛争に関連する内容を正しく学んで地球村でグローバルな問題を解決する世界的リーダーを育てる教育サイト）
●サイバー独島仕官学校（韓国の歴史、領土、文化などを正しく学び、韓国を世界に知らせる広報大使を育てる教育サイト）

こういう活動は韓国の市民たちに大いに歓迎されるが、韓国政府、特に外交を担う外交部の方針や政策と必ずしも一致することではない。「公共外交」（public diplomacy）と呼ばれるこういう活動は、むしろ韓国の政権の国政運用を妨害するか混乱させる側面もある。

こうした個人や団体の世界での「広報」活動は、動機としては素晴らしいものかもしれないが、そこから読み取れるメッセージのひとつは、韓国社会のエリート層が韓国市民社会に対して「疎通する権威」をもっていないということである。これはある種の「統治の危機」であると言わざるを得ない。

統治の危機

外交問題は政府が解決することであるのに、なぜこのように市民団体の活動によって二国関係が悪化しなければならないのか。日韓関係は、なぜこのようにポピュリズムが左右する関係になったのか。この質問を「統治の危機」という概念から省みる必要がある。

統治の危機（governability crisis）とは、一九六〇～七〇年代にアメリカ、ヨーロッパ、日本などで起きた社会経済的な変化が、政府の統制力を深刻に落とし、行政の民主性と正当性さえ疑われる状態に追い込んだという主張を代表する言葉である。もともとこの概念を提示したクロジエ（Michel Crozier）などは、国政に対する大衆の過度の関与と要求が、政府の能力を超える過負荷現象（overload）となることを論じ、資本主義の構造的矛盾などを指摘した。

学問的論争とは別に、最近になってからは、政府や国際システムの「統治の危機」を指摘する見方が多い。統治の危機は、国家権力と市民社会の関係という脈絡で議論するのが妥当である。統治（government）の危機は、国家権力を構成する政府機関と、それを運用する政治家、官僚などのエリート層の権威に対し、市民社会が疑問と不信感を抱いて、その正当性を否定するものだからである。この統治の危機は、日韓両国で異なる事情で現れている。

2　日本の統治不在

「先進国の中で最も安定した」政治を具現してきた日本では、政治学の教科書的な原理がよく適用されえない。歴代日本政権と政府機関が享受してきた安定は、市民社会が自発的に権威を付与して形成されたのではなく、ほぼ無条件にうなずき、服従することで維持されてきたものだからである。このような奇妙な現象の根底には、日本人に権威、すなわち既成権力への抵抗という経験がないということをすでに論じた。

これとは別に、最近の日本の政治をめぐり、「劣化」という言葉で言及されている。政治体制と政治家の品や質が低下したということである。そのような政治の劣化は、日本人自らの政治に対する無関心と、既成権力に対する無条件の追従にあったという反省を起こしている。人気があった政治家・田中角栄を、大疑獄事件で刑務所に閉じ込められた状態において国会議員選挙に当選させたり、小渕恵三元首相が脳梗塞で倒れるや否や、彼を支持していた地域住民の同情が発動、氏の二十五歳になる娘を衆議院議員に当選させたりするなどの「応援会政治」が、政治の劣化を招いたと感じられるようになったのである。今は解消されつつあるが、一九五五年から二〇〇九年までの五五年間、日本を支配した自民党の幹部は大概、祖父、父、叔父などから選挙区を受け継いで国会議員になり、国政の指導者となった「世襲」議員たちであった。

戦後の日本政治の代表的な現象である市民の「無関心」と、それに伴う政治の「漂流」は、もしかすると、戦前の度を超えた権力の集中と過剰政治に対する、長い視野での反作用なのかもしれない。戦前の明治憲法では、天皇が国家の主権者として統治権全体を掌握するシステムであった。国務大臣は、総理大臣を補佐するものではなく、天皇を補佐するものであった。したがって、総理大臣は、複数の国務大臣という同等の同僚の中で、一番前にいる者（primus inter pares）に過ぎなかった。このような議院内閣制は、戦後も実質的に継承される一方、天皇は国政の統括者から「象徴的存在」に落ちた。その結果が権力の「希釈化」であり、これが「統治の不在」につながったといえる。

政治の劣化とは、言葉を変えると、統治の不在である。社会の価値配分を決定する強大な権力を持つ政治家集団が、自身の利益と切磋琢磨の過程を通って選ばれるのではなく、血縁や義理などによって形成される。その政治家を前に立て国政を左右するのは、「本物のエリート」である「キャリア組」と呼ばれる官僚である。こうした政治の仕組みは、民主主義の根幹である実力主義（meritocracy）とはかけ離れた、奇妙な形のエリート主義であった。そして、日本市民社会は、自分たちを支配する政治エリートを統制することをやめ、かつての城内の殿様および彼を支えるサムライ階級とは距離を置き、場外の下町でそれなりに平和と快適を享有した歴史的な記憶に囚われているように見える。

3　韓国の統治危機

二〇一二年二月に、「韓国青少年政策研究院」が小中高生を対象に実施した調査結果によると、高校三年生の五八％が「他の国で暮らしたい」と答え、韓国の政治については、一七％のみが肯定的に答えたという。一方、同年に実施された全国の大学生の意識および人物評価調査では、大学生が最も不信に思う集団は「政治家」で、最も信頼する集団としては、市民団体を挙げている。この調査が示唆している最大のポイントは、韓国市民社会は政治エリートに不信を抱くだけにとどまらず、それを排斥するということである。

「統治の不在」を経験している日本の場合、政治家に対する不信は高いが、若い学生が「日本を離れて暮らしたい」とか「政治家よりは市民団体を信じる」といったような世論調査の結果を聞いたことがない。政治家への信頼より、無関心が原因だからであろう。「大韓民国」を頻繁に叫び、「我が国」という代名詞をほぼ公式用語のように使う韓国人が、日本人より愛国心が低いというのは、あまりにも逆説的に聞こえる。

韓国におけるエリート層への不信という「言説」を最もよく示しているのが、いわゆる「ノブレス・オブリージュ」の不在であろう。長官をはじめ、政府高官を任命する国会聴聞会で、本人や子供たちが不当に兵役義務から逃れることは、定番メニューとして登場する問題である。世界で唯一「戦争が一旦止まっている」状態にある国の指導者の話である。これは、現在の韓国人よりもはるかに民度が低かった一九五〇年の中国で、毛沢東が長男を朝鮮戦争に投入し、戦死させたことと、あまりにも対照的である。朝鮮戦争では、アメリカの有力者の子弟一四二人が参戦し、三五人が死亡・傷害を受けた。

一方、李承晩大統領の夫人フランチェスカの戦中日記によると、朝鮮戦争当時、子を戦場に送らないようにしようと、有力者たちは当時の駐韓米国大使ムチョーに米国ビザを頼んだという。しかし、これが不可能であることを察知するやいなや、日本観光に送ったというのである。人類が作った辞書のなかから、こうした行動に最も合致した語彙を探し出すとするなら、「卑怯」だろう。その卑怯は、太平洋戦争にあたり、天皇から赤紙をもらった喜びで涙を流した日本の青年と比べると、あまりにも劇的な対照となる。これは戦争の是非に関することではなく、人間としての栄誉心(sense of pride)に関することである。

韓国社会の「ノブレス・オブリージュ」の欠損は、六〇年前だけに限定されるものではない。二〇一〇年に実施されたOECD加盟三〇カ国を対象とした先進化指数の調査において、韓国はノブレス・オブリージュの項目で最下位を記録している。「権力者は泥棒」という考えは、今日もソウル市内を麻痺させる数万人のデモ隊の脳みそに深く埋め込まれている。

韓国での政治エリートに対する不信は、昨日今日の話ではない。二〇年前の資料を探してみても、韓国政治に関しては、「不信」という語彙が一種の「登録商標」のように浮かび上がる。だとしたら、果たして韓国における政治不信の本質は何であろうか。韓国政治の何が問題なのか。私は政治権力の正統性に対する挑戦、不正が核心であると考える。君主を「天」と儒教が教えた李朝時代においても、最高権力に対する民衆の挑戦は続き、「民心が天心」という考えが定着し、一度民心が権力を捨てれば「やっていられない、取りかえよう」というスローガンの下、権力を崩壊させた。「やっていられない、取りかえよう」は、全琫準《チョンボンジュン》が率いた一八九四年の東学農民革命から、二〇一二年十二月に実行された第一八代大統領選挙に至るまで、韓国の絶え間ない秩序変革、旧体制(アンシャン・レジーム)不信の底辺に流れる民衆の心理であるといえる。

4　市民社会と国際関係

韓国と日本の関係は、一種の二重構造を形成していると思われる。一方において、独島・竹島問題、従軍慰安婦問題などをめぐる外交懸案を見ると、すぐにでも国交を断絶しそうな雰囲気である。

他方、市民レベルではさまざまな分野での相互関係が深化し、「切っても切れない」関係へと進化している。国際政治学でいう相互依存の二つの特徴、すなわち、敏感性と脆弱性の両方を備えた関係である。「敏感性」とは、一国における変化に、他の国が敏感に反応するしかないということであり、「脆弱性」とは、他国の変化への対応に基づいて、自国の利益に死活的な影響を受けるということである。このような外形的な関係の増大だけを見れば、日韓関係は基本的に良好であるといえる。

しかし、国境を挟んで、基本的な価値を共有する他の二国関係と比較すると、内容と質においてまるっきり異なることが分かる。過去の歴史的葛藤を内包しながらも、イギリスとフランス、ドイツとフランス、イギリスとドイツ、ドイツとオーストリアなどの二国関係においては、両国民の間に常識の共有と相互尊重があり、相手の言語や文化に精通しているなど、強固な市民文化のインフラがあることが分かる。ところが、国交正常化から五〇年が経過した日韓関係では、このような現象が見られない。食べ物、飲み物、ドラマ、音楽などによって構成される「韓流」が日韓市民交流の希望であるかのように語る人もいるが、このことは逆説的に、日韓関係の安っぽさ、底の浅さ、脆弱性を物語っているとも思える。

宇宙の森羅万象は、固定されたものではなく、変化する。日韓関係も例外ではない。一九四五年に、加害者・被害者の関係が終わり、一九六五年に国交を正常化した韓国と日本の関係は、これまで変化し続けてきた。関係が断絶されたような期間があり、両国に保守政権が定着して「癒着」とまで呼ばれた時期があったかと思えば、対等なパートナーの関係を模索する時期を過ぎ、最近では新しい不信と暗闘の時期にさしかかっているようである。

第6章　対立する歴史認識——機能主義の日本・当為主義の韓国

この章では、日韓関係に決定的な影響を与えている要因としての、歴史観の関わりについて詳論したい。同じ寝床で異なる夢を見る様子、すなわち共にありながら意見を異にすることを「同床異夢」という。ところが、世界の情報が瞬時に共有される二〇一七年において、日韓両国は多くの歴史家が研究した既知のことについても、まったく別の解釈と立場をとる「同事異知」の争いを演出している。歴史的事実が整理されていないアフリカの部族国家でもないのに、世界中に知られた二国が絶えず展開するこの不可思議な葛藤を、どのように理解すべきなのだろうか。

歴史とは、過ぎ去ったことに関する、ある主体の理解や記録である。その主体は、個人から国家まで無数である。個人の場合、自分の人生を振り返って得る理解、悟り、感懐は、人によって異なる。であれば、複数の個人のかたまりである国家の歴史に関する理解や感懐を、特定な形や内容にまとめることは、当然、難しい。よって歴史に対する理解、解釈、観念などと定義できる「歴史観」は、抽象的で可変的なものになる。特に、他国との関係に関する歴史への理解と解釈は、さらに難しくなる。競争の意識、排他的国民感情などが介入するからである。日韓の間ではこれが「歴史認識問題」という大きな課題になっている。こうした難しさを承知した上で、日韓関係を歴史観の関わりという観点から読み解いてみたい。

一　歴史認識の根本的対立

この原稿が完成に近づいた二〇一七年に、日韓両国は一九六五年の「国交正常化」から五〇年以上経ったのに、葛藤を深めるという奇異な風景を演出している。その「非正常化」の根本要因は、やはり歴史認識の問題である。世界のどこにも見られないこの稀な問題の原因については、多様な見方がある。韓国を代表する歴史関係のシンクタンクである「東北アジア歴史財団」の理事長を務めた鄭在貞《チョンジェジョン》教授は、その原因を「相互無知」に求めつつ、次のように言った。

（韓国の）中高校の韓国史教科書は近代韓日関係史（一八七三―一九四五）については五〇頁あまりに渡って記述しているが、同時代である現代韓日関係史（一九四五―現代）には一頁も割り当てをしない。現代韓日関係史をよそにすることは、日本の教育も同じである。こういう背景から、両国の国民は現代での相互関係について無知、誤解、そして歪曲の沼から脱しにく

い構造に閉じ込められている。(2014, p. 14)

そして、日本側の問題として「植民主義的韓国史観」の問題を次のように指摘する。

日本人が韓国の歴史と文化を貶めて韓国人の能力と資質を無視することには、広くて深い背景がある。特に近代日本で脱亜入欧の風潮が蔓延するなか、韓国は後進国あるいは野蛮国などの汚名を被って日本と常に比較され、日本の優秀性と特殊性を浮き彫りにする好材料として活用された……こうした所謂「植民主義的韓国史観」は学校教育と言論媒体を通じて大部分の日本人に浸透して、韓国侵略と支配を正当化する論理として働いてきた。(p. 291)

こうした見方とほぼ反対の考えもある。たとえば、言論人として長く韓国に滞在した『産経新聞』元ソウル支局長の黒田勝弘は、韓国人が侵略者に対して「道徳的優越感」をもって抵抗するという「抵抗史観」と、それに謝る日本の「贖罪史観」が戦後の日韓の歴史認識の構造であるという(1999)。

こうした「道徳的優越感」が存在するのであれば、それには二つの根拠があると思われる。一つは、他人の侵害によって被害を受けたという「犠牲者心理」(victimhood)が道徳的優越感につながる事例は歴史に多い。外交官出身の学者東郷和彦は、韓国人の中に「蓄積」された「恨」を次のように列挙して、その被害意識の原因を説明する（東郷・波多野 2015, pp. 11-12）。

①屈辱感。華夷秩序で自分より低位のものから支配された記憶

②裏切り。韓国の「独立の保障」を目的に始まった日露戦争から、わずか五年後の韓国併合

③強圧。併合前および併合初期における武断的政策や弾圧

④皇民化。一九三〇年代後半以降、韓国人を日本人に同化させようとしたこと

⑤皇民化が一定程度浸透したこと。韓国人でありながら日本国籍であったことから、日本兵として対米戦争を共に戦ってしまうというおぞましい記憶を持つにいたったこと

哲学者小倉紀蔵は、韓国人の道徳的優越感を李氏朝鮮の「朱子学」の伝統において見出し、その概念を「道徳志向性」ととらえる。それは現実において「道徳的」なのではない。小倉の言葉を借りると、「〈道徳志向性〉は、人びとのすべての言動を道徳に還元して評価する……韓国人が「われらこそは道徳的な民族であって、日本人は不道徳な民族である」と主張するのは、韓国人が道徳的だからではなく、道徳志向的だからなのである」（2011a, p. 16）。

こうした歴史認識の差異は日韓関係の安定的な維持に大きな障害となる。同じイシューについて双方がまったく異なる観点や意識構造からアプローチすることもあれば、同じ言葉に対して異なる解釈に固執する場合も展開される。一つの例をあげよう。この原稿を書いている二〇一五年現在、日韓の外交当局の間では「強制」という言葉について論争している。二〇一五年七月五日に日本の明治産業遺産のユネスコ世界遺産登録が決まった。その決定に際しては、一部分の施設における第

二次世界大戦期の朝鮮からの徴用工に関する記録を残す、という日韓の間の政治的決着があって可能となった。しかし、その後、英文の合意文の中にある forced to work という表現をめぐって、両国の最高レベルの政治家たちが論争を繰り広げたのだ。日本側は、登録される施設で過去の一時期朝鮮からの労働者たちが「自由意志に反して働かせられた」という線で譲歩し、右の英語表現を採用することに「合意」したという。これについて韓国側は、右の表現は、実際に「強制労働」(forced labor) があったことを日本側が認めたとみなすことができるという立場である。これに対して日本側は、秘密の交渉で合意したことについて韓国が後から変えるという意味で「裏切りである」という立場だ。

この事例が示すことは、同じイシューについて日韓両国の外交当局すら異なる解釈や行動を取るほど、両国の認識体系が異なるという事実である。過去の事件や現象などを含む歴史をどのように把握し、認識・評価するかは、人類の永遠の課題である。歴史に立ち向かう人の立場や価値観などに応じて、同じ事件が全く異なる形で解釈される。この歴史的解釈の違いによる対立が、世界のどこよりも日韓関係で大きく注目されている。私はこれは「根本的な相違」であると思う。その相違の根源は、前述してきたように、地政学的要因に基づく。日韓の歴史認識の根本的な対立が一番鮮明に表れる側面として、私は日本の「機能主義」と韓国の「当為主義」というように、対称的に概念化したい。

1　日本の機能主義

機能主義（functionalism）または構造機能主義（structural-functionalism）という言葉は、さまざまな学問分野において複数の意味で使われるので、使用に際しては慎重にならざるをえない。だが、本書では、難しい方法論的な概念ではなく、社会科学で採用されている最も標準的な意味、すなわち「（さまざまなレベルにおける集団などの）システムを構成する部分は、そのシステム全体との機能的関係として理解できる」と定義しておこう。

この定義によると、「軍隊と呼ばれる構成要素が国家社会というシステムに存在する理由は、それが殺戮という機能をシステムのために実行するから」なのである。一見、機械的に聞こえるこのような命題は、私たちの生活の中にいくらでも見つけられる。アラブ社会であれば「石で打ち殺さなければならない」連続殺人犯にも、民主主義社会では国が税金を使って国選弁護士を選任し、その弁護士が被疑者に法律の保護という機能を提供するということなどによって、その社会システムが存続しているのである。

機能主義的思考は、日本の外交に関する認識や行動のさまざまな分野で見出すことができる。竹島・独島のような領土問題、従軍慰安婦、在日韓国・朝鮮人、略奪文化財の返還など、日韓の主要な懸案に対する日本政府の姿勢にそれは現われている。日本外交における機能主義のエッセンスは、日韓の歴史問題は一九六五年の国交正常化によって全てが機能的に「決着」がつけられたということである。こうした発想は、三六年間の日帝の占領も「実際は朝鮮に有益な機能を果たした」という命題にも繋がる。このような機能主義的思考は、西欧の論理が世界の普遍的論理となった現在の世の中においてはなおのこと、非常に強力な力を発揮しているのだ。

2　韓国の当為主義

これに対して韓国人や政府の歴史認識や行動は、当為主義という概念に集約することができる。認識や価値判断において、現実（what is）よりも当為（what ought to be）に焦点をおくものである。現実より当為を重んじるためには、名分が重要である。名分は英語ではdeontologyが最も近いといえる。ここでギリシャ語のdeonとは義務、責任（obligation, duty）のことを指す。韓国では「명분을 쌓는다」（名分を積む）とか「명분이 없다」（名分がない）などの表現をよく耳にする。名分とは何か。日本語では「大義名分」という四字熟語として使われ、「身分・立場などに応じて守らなければならない本分」などの意味をもつ。一方、韓国では「人が道義的に守らなければならない道理」という意味で理解されるのが通常である。また、日常的には「表面上の理由や口実」という意味で使われる。

漢字文明圏における名分とは、中国の朱子学に観念的ルーツがあるといえる。朱子学は、人間どうしの間の関係に関する思想である。朱子学の代表的な教えである「三綱五倫」の五つの倫理原則を見ると、親と子の間には親しみ（父子有親）が、主君と臣下の間には義理（君臣有義）が、夫婦の間には区別（夫婦有別）が、大人と若者の間には序列（長幼有序）が、友人との間には信頼（朋友有信）がなければならない。つまり、人間間の関係（名）には、それに伴うそれ相応の責任、役割、義務、行動原理（分）があるということである。これらの価値判断がまさに大義である。

3　機能主義と当為主義の衝突

機能主義を追求する日本人は、韓国人の当為（名分）主義に違和感を覚え、非難したり皮肉ったりする。韓国人が、現在と将来の問題を過去の歴史に立脚して判断するというのである。つまり、韓国人が機能と形式を無視して名分にしがみつき、原理主義的な態度に固執するということである。具体的な手順やプロトコル（処理方式）を無視し、特定の理屈や原則に固執して他人にこれを要求するのが原理主義である。

名分と大義を判断基準とする人は、自分は道徳的優位を占めていると考えやすい。したがって、権威的である。そして、その権威への挑戦を容認しない。同じ利益を共有する人たちの集団的権威は社会秩序を形成すると考え、これに対する挑戦を容認しないのである。道徳的優位性という暗黙の意識の底辺を成す名分主義は、手順や機能を劣ったものと見て、無視したり違反したりしやすい。「法より拳」とか、「悪法は法ではない」とか、法律には反しないが道理に沿わない「不敬」といった言い方は、韓国人が手順よりも本質と名分を重視する証左と見ることができる。自分たちのもくろみの正当性を確保するために、名分が操作され利用されることもある。特に、名分が集団的利己主義や民族主義と結びついたときに、誇張や偽善が入り込む恐れがある。あるイシューの周辺状況や歴史的文脈などの要素を総合的に熟考せずに、抽象的名分にしがみついてこれに固執するとき、その人や集団の立場は脆弱になるしかない。

ひとつの例をあげよう。二〇〇八年の末に、アメリカのノースウェスタン大学で、世界各国のCEOの交渉能力を調査した結果、韓国が一六カ国の中で最下位を占めたという報道があった。その理由は、韓国人は交渉に臨んでその内容や予想される結果などを重視するのではなく、名分や体面が重要な動機として作用するからである。こうしたことについて黄相旻《ファンサンミン》という心理学者は、韓国人にとって「交渉の最終目標は、体面や地位の維持という交渉の外的基準がより強く作用している」と述べた。また類似する脈絡で、朴魯馨《パクノヒョン》は、「実利を追求するとしたら、交渉で関連争点を条目ごとに検討し、その長所と短所を議論しなければならないが、韓国人の権威主義的な上下関係から、そのような過程は見いだすことができなくなった」とし、その結果、「交渉後進国」を作ったと明らかにした（『韓国経済新聞』二〇〇八年六月二日）。

韓国人は、人間関係を優先するため、自分の目標と利害関係が変わった場合、必要に応じて合意条件を変更するのが当然だとみなすほど、合意文書や書面約定に寛大だったりおろそかだったりするということである。

二　日本の機能主義

1　手続きと形

機能主義的な思考は、日本特有の形式主義、そして国家運営における圧倒的な官僚主義とつながっている。したがって、日本人の機能主義的な考え方は、外交と対外行動に限定されるものではなく、日本社会を支配する傾向が外交に反映されていると見なければならない。これは、形式主義と表現することもできるが、ここでの形式主義とは、西洋の論理で使われる形式主義（formalism）というよりは、日本特有の「手続き主義」と表現する方が正確である。

日本学を研究する人々において、日本を指す「和」という概念を用いて、日本文化は「和の文化」であり、その中核は、西洋が個人を重視するのに対し、日本文化は「集団の秩序と安寧、そして礼儀と作法」を重視する文化であると述べる見方が代表的である。ここでのキーワードである「秩序と作法」とは、手続きが確立され、これを遵守することにより到達されるものである。ここで「手続き」という概念の重要性が浮き彫りになる。少し誇張して言えば、日本は手続きに始まり、手続きで終わる国である。小さな部屋一室を借りる場合でも、不動産業者は契約書の裏にある小さな文字の内容を長い時間をかけて全て読み上げ、客がこれを聞いて署名することを要求する。普通の韓国市民なら想像もできない光景である。

その手続きへの拘りは、日本の長所でもあり弱点でもある。日本の外交政策に現れた機能主義的思考は、実際に一般市民の生活感覚や文化という土壌に根を下ろしている。日本文化には、形式が担保する安全性と効率性、そしてその総体の結果としての実用性に基づいた機能主義的な思考が深く存在しているのだ。

2 機能主義の文化的土壌

機能主義的思考の事例は、日常生活のなかでいくらでも発見することができる。「日本で輝いているのはパチンコ屋」と外国人たちは言う。人が少ない地方に行っても、パチンコ屋は輝きを失っていない。日本文化を知らない人がする誤解の一つは、パチンコ屋をマカオやラス・ヴェガスにあるようなギャンブル施設と同一視することである。駅の近くならどこにでもあるパチンコ屋に通う人々は、別にギャンブラーではなく、普通の人が多い。タバコの煙の中に、玉が飛び出すゲーム機を覗き込む人がぎっしりと詰まっている。この賭けをしに来た人の中には、帰宅するサラリーマン、買い物のついでにちょっと立ち寄った主婦、毎日の日課のように出てきた老婆など、さまざまな種類の平凡な市民がほとんどである。パチンコは、日常を少し破って賭けることが与える快感を満たすという機能を提供してくれる形として定着したと思われる。

光景は異なるが原理は同じことを、海外でも見ることができる。一つの例を挙げてみよう。二〇一一年三月に韓国の人気俳優ヒョン・ビンが、韓国南部のある地方都市の浦項《ポハン》で海兵隊に入隊したときのことである。当時韓国のマスコミはこれを大々的に報道したが、その映像を見ると、中年の日本人女性たちが群がり手を振りながら「ヒョン・ビンを軍隊に見送る」場面がある。その女性の中には、韓国が初めてであることはもちろん、浦項はなおさら見知らぬところである人もいた。夫を出勤させ、子供たちを学校に送らなければならない女性たちが、韓国行きの飛行機が飛び立つ国際空港まで日本国内で長い時間を旅し、仁川《インチョン》に降り、そして浦項まで訪ねてくるこの光景を、どのように解釈すべきだろうか。

「韓流」の促進を望んでいる人は、韓国の大衆文化の優秀性を論じ、日本の社会学者は、日本家庭の解体を論ずるかもしれない。しかし、日韓関係を分析する私の立場では、日本人の機能主義の考え方を挙げたい。日本の地方の女性たちが韓国俳優の入隊を見るために長い道のりに出るには、相当な決意が必要だろう。その決定の中核にあるものは、「私の好きな韓国俳優が（日本にない）軍に入隊する光景を見てみたい」という欲求を、何としても満たさなければならないという心理である。つまり、彼女たちは欲求充足の機能を実行したわけなのだ。

日本人の生活の中での機能主義を仔細に観察した西洋人がいる。日本社会が明治から現代へと進む時期であった一八八二年から一八九九年までの一八年間、日本に住んでいたフランス人画家で風刺画家のジョルジュ・ビゴー（George Bigot）は、数百点の絵画を残している。その絵は、西洋人の目に映った日本人の生活についてさまざまな主題を扱っている。その中でも、次の二つの絵は、

ビゴーが描いた日本人

図3

図4

私がこの本で言おうとする日本人の機能主義をよく描いていると思う。

図3は、公衆浴場で男の三助が裸の女性客の背中を流している光景である。ふんどし一枚で股間を隠し、女性の体を拭く彼の表情には、きまり悪さや恥ずかしさの気配はなく、むしろ仕事をこなす職人の淡々とした姿勢がうかがえる。一方、背中を出して座った女性も、萎縮したり、恥ずかしがったりする気配がない。彼らは垢をこするサービス（機能）を売買しているだけである。

図4の男は、ふんどしを締め、下は革靴に靴下を履き、上は洋服を着て麦わら帽子をかぶり、手には日傘と扇子を持っている。海岸を散歩したい欲求を満たす機能を実行しており、彼は通り過ぎる西洋人兵士を見つめている。

3　思考の区画化

こうした事例は、日本人の思考が区画化されたものであることを思わせる。韓国のアイドル俳優や歌手を一目見ようと、日本の国際空港の待合室があふれるほど全国から日本女性が集まる日、日本政府は植民地時代に朝鮮からの従軍慰安婦の強制的動員はなかったので、そのような問題にこれ以上こだわらず日韓友好を前向きに考えなければならないと発表する。こうした不一致性や非一貫性は、日本人の機能的思考を知ってこそ初めて納得の糸口が解けると考える。私はこれを「思考の区画化」と解釈する。これは、人生を機能中心に分けて考える、つまり、列車の乗客車両、貨物車両、食堂車両などのコンパートメントがあるように、異質の要素が区画され共存し、それによって物事を判断できるという発想であり価値観である。

一方では韓国を非難し、他方では協力を模索する日本政府の行為を、韓国人は二重的であると非難するが、日本人としては自然な区画化であるかもしれない。日本が韓国との外交に計算こみのカードを突きつける行動の根源には、この機能主義的な思考がある。韓国が一九九七年に通貨危機に陥ったとき、ブリッジローンを提供した事例を日本の政治家やジャーナリスト、識者たちは常に記憶しており、必要なときにこれを突きつける。このような思考の最も代表的な例が、中国との関係である。中国の政治は嫌いだが、経済協力をするべきだという「政冷経熱」というスローガンが、そのような思考構造を代表する言葉である。

拙著『竹島密約』で明らかにしたが、日韓国交正常化のために領土問題を秘密の取り決めで「棚上げ」したことを含めて、日本の外交や政治に密約が多いのは、この脈絡で理解できる。自民党政権時代の福田赳夫と大平正芳が党総裁について結んだ、いわゆる大福密約をはじめ、国内政治上には大小の密約が多い。また、外交においても、朝鮮半島に対する日本の統治とフィリピンに対するアメリカの統治を認めて結んだ一九〇五年のタフト・桂密約（日本では協定）、日韓国交正常化交渉の過程で、領土問題に関連し締結した一九六五年の竹島・独島密約、太平洋戦争後にアメリカに占領された沖縄を日本に返還するさいに、アメリカが軍用地として使用していた土地の回復費用を、公式的にはアメリカが負担することになっていたにもかかわらず、日本が負担することを秘密裏に約束した一九七一年のいわゆる「沖縄密約」などを挙げることができる。

約束というものに形を与え尊重する形式主義、そして、その形式が表す機能を教条的に重視する機能主義の伝統の中で、日本人は国内政治と対外関係において多くの密約を作りだした。日本の法律用語を借りれば、密約とは陰謀や策略ではなく、約束に形式を与えるため信頼を基に「外観」を付与しておくものである。

4 機能主義外交の根源

日本の外交が機能主義的であるとするなら、その根源は何だろうか。私は主な決定要因として「万国公法」というものを挙げたい。万国公法とは、西洋から伝来された一つの冊子に過ぎない。

一八三六年に米国の法律家出身の外交官であるヘンリー・ホイートン（Henry Wheaton）が『国際法原理』（*Elements of International Law*）という本を出した。その本は当時の国際法のバイブルのようにみなされたグロティウスの『戦争と平和の法』に次ぐ重要な著書として評価された。この本が東洋の言語に翻訳されたのは、一八五〇年に中国に入り活動していた宣教師で学者のウィリアム・マーティン（William Martin）によってであった。天津条約文の起草に関与するなど、中国語に堪能であったマーティンは、一八六二年にホイートン本の翻訳に着手し、一八六四年に中国語の翻訳が完成されたという。

ところが、『万国公法』が普及したのは中国ではなく日本であった。中国語の翻訳書が出て間もない時期に日本に伝えられたこの本は、維新の指導者たちに愛読されたという。特に勝海舟の手に入り、彼の弟子であった坂本龍馬をはじめとする幕末から明治の志士たちに紹介されたのである。明治維新の指導者に『万国公法』がアピールしたのは、その本の「国際法的観念」が中国を中心とする「華夷秩序」に取って代わった点である。清を中心とする世界観と価値観の代わりに「すべての国の上に立ち、国家間の行動を平等に拘束する国際規範」は、明治の指導者たちが求めた新しい世界観に合致した。その思想は日本が平等なメンバーとして国際社会に入る道を開いたのである。

新世界に目覚めた日本が国際社会へ参入するということは、西洋列強と「均等に」アジアでの権益を主張するということであり、『万国公法』はその論理的土台となることができる。そして、新しい国際法レジームに応じた外交方針を打ち出した明治日本は、一八七一年に清との修好条規、一八七六年には朝鮮との修好条規を締結し、東アジアで近代外交を展開することとなった。国内では富国強兵と殖産興業というスローガンの下で力を培った日本は、周辺地域秩序の改編に乗り出し、清およびロシアとの戦争に勝利を収め、地域的覇権を握ることとなったのである。

防衛大学総長を務めた政治学者の五百旗頭真は、戦後の日本外交の源流として戦前の外交路線に現れた「ヘロデ主義」という概念を動員する(2005)。つまり、歴史学者のアーノルド・トインビーが『歴史の研究』(*A Study of History*)で論じた狂信者(zealot)とヘロデ主義者(Herodian)の比較を引用し、西洋勢力に直面した明治の指導者たちが外勢を拒否する攘夷の狂信主義に従わずに学習を通じて西洋の文物を受け入れた日本の近代化を「ヘロデ主義の勝利」と表現している。五百旗頭の解釈によると、戦前のこのヘロデ主義外交は英米を中心とする「列強との協調」と、それを機能的に支える条約であったというのである。陸軍を中心とする狂信主義者たちの名分主義を抑え、開化派の機能主義が勝利したのであり、満州事変から対米戦争という例外的な狂信者の過渡期をへて、戦後には「霞ヶ関正統外交」に昇華したという。戦後の機能主義的外交につながる戦前の「ヘロデ主義外交」の基礎を築いたのは、陸奥宗光、小村寿太郎、弊原喜重郎という三人の外交官といえる。この三人は、日清戦争、日露戦争、そして日本の軍国主義の勃興という三つの転換期において、名分や理念より実利を中心とする外交を展開したという点で、日本外交の一つのパラダイムを敷いたという。

西洋の伝統と価値体系に基づく国際法を重んじる日本外交は、近代日本にとって非常に都合のよい武器となったといえる。国際法の基本精神である「約束は守るべきである」(pacta sunt servanda)は、他国との関係において既得権を確保した側には心強い原則である。アジアで既得権をどんどん拡大しようとした近代日本において、密約を含めて外国と多数の条約や協定を結んでいく中で、外務省で「条約局」がエリート部署になったのは当然だった。かつての外務省条約局は機能主義外交の象徴とも言える。

これは後に日本に既得権を奪われた側、特に韓国との外交的葛藤の重要な要因となる。素朴に言えば、力がなかったので「自由意志に反して」条約や協定を結んだ側は、後からそれを否定したくなる。それを支える法理的理屈が「事情変更の原則」や「強行規範への違反」である。日本に対してかつての力の劣勢をある程度克服した韓国(特に若い世代)が、一九六五年の日韓正常化体制そのものを否定する動きを見せる所以はここにある。

三 韓国の当為主義

1 理想状態への執着

現実(what is)より当為(what ought to be)に固執する人は、自分が置かれた状況と関係なく、自分が求める理想状態に対して心理的な執着をもつ。そういう心理状態は、肯定的な面では「向上心」を生む。韓国が人口に比べて学問、芸術、スポーツなどの分野で頭角を現す人が多い所以はここにあるかもしれない。そういう現象を日本では韓国人の「ハングリー精神」という概念で説明する人が多い。しかし、今の韓国社会はもはやハングリー精神とは関係がなくなった。韓国社会が日本より豊かであると錯覚する若い韓国人が多いのが現実である。

では、ハングリーでもないのに、なぜ理想への執着が続くのか。もっと根本的な原因は心にあり、その核心は韓国人の脳に刻み込まれた「結果ありき」の心理であると思う。ある結果、すなわち理想状態を考えてその実現を急ぐ人の心理には、前に述べたように「悔しければ出世しよう」という社会の風潮がある。その理想状態とは、他人との比較に由来する。孤立した島で永遠に住む運命を持つ人間には他人との比較がないし、よって他人の目に映る本人の理想状態は存在しない。「当為」は社会的動物のみに当てはまることである。

「芸術は長く人生は短い」という諺があるが、ヒポクラテスが言った原語のラテン語では Ars longa, vita brevis であり、ここで ars とは職人が自分の仕事を完成させることを意味する。要するに（人の前での）成功を修めるには人生は短いという悟りであり、嘆きである。物事をせき立てる風土は、この心理から生まれる。こうした脈絡で、韓国人の心情と行動を鋭く分析した李圭泰《イギュテ》は、韓国人の「パリパリ（早く早く）」と言う現象が「結果型」の行動原理であると理解した。これは前述した日本の形式主義とは対照的に、形式に拘らず結果を追求することである。李が「早く早く病」に関して書いた『朝鮮日報』（一九九五年七月五日）の記事には、次のような特徴が挙げられている。

●仕事や活動において、結果を見て物事の上下を判断する
●結果さえ良ければ万事良しとするため、反社会的、反法律的行為や手抜きに鈍感になる
●目の前の短期的な結果を追求するため、長期的な戦略に欠けている
●結果を早く達成するのに邪魔になる手順、規定、安全などの規則を、なるべく無視し欺こうとする

二〇一四年四月におきた旅客船セウォル号の沈没事故のとき、家族を失った遺族たちは大統領の責任を追及したが、その事故の原因は韓国人全員の脳みそに染みついている結果ありき主義であろう。最近、戦後日韓関係の原型を作った一九六五年の国交正常化体制を否定する韓国の若手の知識人たちは、その条約が「結果優先主義の拙速なものであり日韓の癒着であった」と批判している。しかし、彼らは、その結果優先主義こそが彼らの「成功」を生み出したDNAであることを知らないか、知らん顔をしている。

李圭泰が描いた韓国人は、日本人とほぼ正反対といっていいほどである。同じようなこととして、社会学者の崔在錫《チェジェソク》は、韓国人の「適当主義」に注目し、これを「カボチャ主義」とも呼んだ。つまり、「カボチャのようにまんまると」適当に生きようというものである。誰もが尊重しなければならない形や手順、規範より、人の間の「関係の原理」を重視する認識を表す言葉である(1999)。

2　当為主義と情緒外交

いまだに国際政治学の主流のパラダイムとして通用している「現実主義論」(realism)では、外交とは国家の利益を最大化する努力であり、その国益とは「力で決められる」(defined in terms of power)という。この命題の背後に含まれる多様な意味合いの中の一つは、外交での実利を得るためには感情を介入させてはならないということである。国家の行動とは本然的に利益を追求する人間の計算が総合されるもので、感情が働く余地はないということだ。そういう認識を例えて韓国のマスコミはしばしば「敵との同衾」という表現を使う。実利を得るためには嫌な男に体を許すこともありうる、という強烈な言葉である。

しかし、韓国の外交において、この言葉は行動には移されない。いや、少なくとも日本との外交では通用しない。日本に対する韓国の国家としての行動については「情緒外交」や「感情外交」であるという指摘がしばしば提起される。「日本を見下ろす国は韓国しかない」という冗談が韓国の識者たちにはある。それだけ韓国の対日態度や行動は冷静さに欠けているということである。

ところが、感情を完璧に排除した外交行動などは実際にはない。問題は種類と程度であろう。感情というものを政治や国際関係の分析から無視してきた英米の政治「科学」(political science)においても、近年、「感情の政治」(emotional politics)とか「感情の外交」(emotional diplomacy)を議論し始めている。二〇一〇年以降のギリシャと欧州連合の間の債務返済をめぐる駆け引きを見ると、国の運命を左右する経済外交に感情が深く関与していることがわかる。今まで数十年もの間報道されてきた中東のあらゆる葛藤は感情が中心的な原動力になっている。こうした例において認められる感情とは、憤り、同情、罪の意識、優越・劣等感などである。

では、日韓外交で、具体的に日本に対する韓国の行動に染み込んでいる感情とは何か。恨み、悔しさ、嫉妬、競争意識など色々あるだろう。しかし、日韓関係に一番強力かつ持続的に影響を及ぼす感情体系は「当為論」であると思う。日韓関係や日本の行動は「こうあるべきだ」、「こうでなければならない」と規定される感情である。この感情体系、もしくは心理を分解すると、被害心理、補償心理、願望、執着、幻想など複数の構成要素があるだろう。それらの構成要素が具体的外交イシューにおいて主張として表明される。「日本政府は謝るべきだ」、「日本天皇は謝るべきだ」、「元従軍慰安婦や元徴用工には謝罪して補償すべきだ」、「日本の教科書は改正すべきだ」など韓国の立場に立ちつつ「当為」を前面に打ち出すわけだ。こういう主張が受け入れられる可能性がなくても、それを語ることで被害意識を癒し、道徳的優越感を感じるという側面もあるだろう。

こうした当為論が外交行動にはっきりと現れた例として、韓国政府系シンクタンクである「東北アジア歴史財団」の公式的意見を挙げることができる。同財団の独島研究所ホームページを見ると、「私たちの主張」というタイトルで次のような宣言がある。

日本の独島領有権主張は、帝国主義の侵略戦争によって侵奪された独島と朝鮮半島に対する占領地の権利、さらには過去の植民地領土権を主張するものである。これは、韓国の完全解放と独立を否定するのも同然である。日本が独島領有権を主張するたびに、韓国国民は日本の朝鮮半島侵奪という過去の不幸な歴史の記憶を思い出す。

現在、独島には韓国の警察、公務員と住民四〇余名が居住しており、毎年一〇万人を超える国内外の観光客が独島を平和に訪れている。私たちは日本と共に正しい歴史認識を土台に、二十一世紀の北東アジアの平和と繁栄の構築に協力して行けるよう願っている。そのためには、日本が独島に対する間違った領有権主張をやめなければならない。それこそが、独島が原因で起こる日韓間の対立を解決できる唯一の道である。

(http://www.historyfoundation.or.kr/?sidx=85&stype=1#chapter04)

この二つの段落を見ると、独島が韓国領土である具体的な根拠を提示するというよりは、「日本が独島に対する間違った領有権主張をやめなければならない。それこそが、独島が原因で起こる日韓間の対立を解決できる唯一の道である」という宣言である。

そして、その当為性の根拠は、歴史に立脚している。つまり、韓国の主張は歴史的当為性を核心としているのである。この主張の核心的ポイントは、独島が歴史的に韓国の領土であり、日本が主張する一九〇五年以降の領有権説は、当時の日本が帝国主義的な侵略行動の一環として、自国の領土に強制的に編入したという背景から理解するとき、これは不当であるというものである。

こうした主張は数十年前にさかのぼる。一九五四年十月、当時の外務長官・卞栄泰《ピョンヨンテ》は、日本が独島・竹島問題を国際司法裁判所に届けようと提案したことに対し、「独島は日本の韓国侵略の最初の犠牲者である。解放と共に、独島は再び私たちの胸に抱かれた。独島は韓国の独立の象徴である。この島に手を出す者は、すべての韓民族の頑強な抵抗を覚悟せよ！　独島はわずか数個の岩の塊ではなく、我々民族の領海の錨《いかり》である。これを失って、どうして独立を守ることができようか！　日本が独島奪取を図ることは、韓国の再侵略を意味するものである」と宣言した。

当時、このような事情をよく知っていた金溶植《キムヨンシク》駐日公使が、一九五四年十月二十八日に日本政府に伝達した文書には、現在まで貫かれている韓国政府の立場がよく表れている。当時の『京郷新聞』を見ると、「韓国政府が何度も明らかにしたように、独島は昔から韓国の領土であり、現在もそうである。日本政府が国際司法裁判所に提出予定の提案は、法を利用した最も不当な闘争をしようとする他の企みに過ぎない」とある。最近では、日本の外務省条約局長出身の外交官・東郷和彦も「韓国人にとって独島問題は、領土問題ではなく歴史問題である」とした。

3　当為主義の抽象性と脆弱性

こうした当為主義が抱える「本質的な不安」は、その抽象性にある。当為論に立脚した名分は、口げんかにおいては倫理的優位性を占めることができるが、現実性において弱い。韓民族の歴史は周囲の大国による干渉と圧迫の中で綴られて来た。そういう環境で、根本的に「不完全な」世の中が強いる根源的な矛盾を受け入れた上で実利を追求するという現実主義の機運が弱くなった。その代わりに完璧な理想を言葉と理念でつくりあげ、それをめぐって争う理想主義者たちの世界を作り上げた。世の中はあくまでも不完全なので、その現実を受け入れてから、限りのある資源や機会を分かちあうという現実主義を、名分主義者たちは受け入れようとしない。その結果、道徳と理想を論じはするが、実際には実現可能な実利を達成していない場合が多かったのである。

この非現実性は、「国民」とか「民族」といった雄大で揮発性の高い主題と合体すると、脆弱性と危険性が増してくる。名分主義的な民族主義が勢力を伸ばしている社会では、「愛国」という言葉が伝家の宝刀のように使われる。「愛国」という絵の具で描かれれば名画になり、「愛国」という絵の具で書いた名札をつけて出れば出世しやすい。名分は検証することができないからである。朝鮮の歴史の中で名分に基づいた外交がどれほどの国益を侵害し、最終的に朝鮮の敗北につながったかを示す事例については、いちいち並べ立てる必要はない。したがって、現実性の欠如した名分主義は、ともすれば虚構的とか偽善的であるといえる。

儒教的名分を重視した朝鮮では、意思決定において妥協や交渉ではなく、名分を共有するグループ間の暗闘と相互排除が日常化したのは、自然な帰着だっただろう。このような過程から、現実を重視する実利主義や実用主義は、権威を前面に出した名分に押しやられてしまう伝統と文化が形成された。朝鮮時代の学識ある人たちが論理と名分を重視したため、政争の核心は常に論理と名分の戦いだった。論理と名分は、広い支持基盤を得られる最高の手段であり、国を引っ張っていく力の中心であった。これは、今でもテレビでほぼ毎日流れている歴史ドラマで見ることができる。互いに異なる名分を持って権力を争う重臣たちが王に対し、「洞燭《トンチョク》（上の者が下の者の苦しい事情を推察すること）せよ」と実際に恫喝する場面は、韓国人の脳裏にくっきりと刻まれているのである。

四　領土紛争と言葉――独島・竹島問題

独島・竹島問題は、歴史観の衝突の議論に関する恰好の事例だ。「日比谷公園くらい」のサイズの小さい岩礁の塊を前にして、日韓の双方が「歴史的、法的」に「固有の領土」だと主張している。しかし、よく見ると韓国の主張は歴史的な背景を強調しており、日本の主張は法的な立場を強調していることが分かる。つまり、当為主義的主張を繰り広げる韓国に対して、日本は機能主義的正当性で対抗している。

1　日本と韓国の言い分――日韓基本条約をめぐって

日韓双方とも、竹島・独島が自国の「固有の領土」であると主張している。特に、韓国側は、独島は韓国領土であり、「紛争」の対象にもならないと主張している。つまり、当為と名分の前に些細な理屈や証拠などを提示することを無視する、ということである。私には韓国側の主張を批判するつもりはないが、日韓の間に「領土紛争が存在しない」という韓国の言い分には説得力がない。

塀を挟んだ二つの家のどちらかが土地の区画について異議を申し立てると、その状況は自ずと「紛争」になる。日韓関係においては領土紛争があるということが一九六五年の日韓基本条約で明示されている。他ならぬ「紛争の解決に関する交換公文」である。

基本条約の付随協約の一つである文書で、韓国側書簡は「両国政府は、別段の合意がある場合を除くほか、両国間の紛争は、まず、外交上の経路を通じて解決するものとし、これにより解決することができなかった場合は、両国政府が合意する手続に従い、調停によって解決を図るものとする」と書いた。それに対して、日本側書簡も同じ文面を書いている。

拙著『竹島密約』でも詳しく議論したように、一九六五年の条約は一四年間という世界最長の交渉期間を経て結ばれた。その締結の最後まで障碍として残っていたのが竹島・独島をめぐる紛争だったのは、日韓両国民の常識である。当時の両国政権はその障碍を「すったもんだの末」に秘密の取り決めで、その解決を後世に委ねるために、「解決せざるをもって解決した」という政治的決着で「棚上げ」したのである。

では、今日において、領土葛藤を最前線で取り扱う両国の外務当局はどういう言い分をもっているのか。日本の竹島領有権主張は、次の二つのポイントに集約される。

●一九〇五年に日本政府の地方自治団体である島根県が、竹島を行政権が及ぶ地域に編入することで、日本の領有意思を公式的に明らかにした。

●一九五一年に署名されたサンフランシスコ講和条約の条文を起草する過程で、日本が韓国に返還する必要がある領域から竹島が除外されており、これはアメリカ政府も確認していた。よって一九五二年には、日本に駐留するアメリカが竹島を日本領土と見なし、そこから爆撃訓練をした。

この二つの命題の基をなす考え方は、機能主義と形式主義といえる。つまり、竹島に対する領有権は、日本の公権力と国際体制と呼ばれる二つの力の機能に由来するものであるということだ。実質的内容において、日本が大陸を侵略する過程で両国の間に存在する島を日本領としたのは「申し訳ない」ことであるが、国際政治は厳しいものである。国力をベースとして竹島・独島を日本領としたのが、後で国際条約の機能によって正当化されたことを、韓国が無視することはできない、ということである。

上のことについて韓国外交部はまったく別のことを主張している。日本の主張の一番強力な根拠になるサンフランシスコ条約の関連条項、つまり二条（a）項の内容を否定しているのだ。韓国外交部の主張をそのまま紹介すると次のようなものである。

サンフランシスコ条約とは、第二次世界大戦を終結させた連合国と日本が締結した条約です。その条約の第二条（a）項は「日本は韓国の独立を認めて、済州島、巨文島および鬱陵島を含む韓国に対する全ての権利、権源及び請求権を放棄する」と規定しました。これは韓国の三千余りの島嶼の中でいくつかを例示したに過ぎないし、独島が直接的に明示されていないのだから、独島が韓国の領土に含まれない、ということと見なすことはできません。

結局、日韓両国の政府は、同じ条約の条文に対して異なる解釈を提示し、現在の領土葛藤を維持しているということである。では、その条約の原文はどうなっているのか。

Article 2 (a) Japan recognizing the independence of Korea, renounces all right, title and claim to Korea, including the islands of Quelpart, Port Hamilton and Dagelet.

確かに、竹島・独島の当時の英語名だった Liancourt Rocks（リアンクール岩礁）という表現は入っていない。結局、日本政府はその条文をそのまま、言い換えれば「狭義的」かつ「機械的」に解釈しているわけである。本書で言う機能主義、形式主義に合致する解釈である。他方、韓国政府は「三千余りの島嶼の中でいくつかを例示したに過ぎないし、独島が直接的に明示されていないのだから、独島が韓国の領土に含まれない、ということと見なすことはできません」という「広義的」かつ「文脈的」な解釈を取っているわけである。この「文脈」とは、韓国が信じる正義という文脈、という意味である。

「狭義的」かつ「機械的」であり、徹底して機能主義的な日本の主張は、韓国から見ると名分に合わない話である。歴史的に韓国領土であることは明らかであり、当為論的に韓国が所有すべきである独島に対し領有権を主張する日本の行動を「不謹慎な野心」と表現する。韓国の学界や言論界も独島領有権の歴史的な根源と国際道義上の大義名分を主張し、日本の機能主義的な主張を破廉恥だと弾劾しているのが実情である。つまり、日本の竹島領有権の主張は「恥を恥とも思わない非常識な」行動ということである。さらに、韓国の主張にたいして、国際司法裁判所で是非を問おうという日本の態度は「名分上」受け入れ難い「言語道断」であり、言葉にならないほど道義を捨てることなのである。

2 文言をめぐる芝居

このように英語の including に竹島・独島が含まれるかが日韓の領土紛争の核心であることを知るなら、一編の悲喜劇を見るような気分になる。ところが、英語の言葉一つに日韓外交がぶら下がる芝居は他にも複数ある。

二〇一五年七月五日、ドイツのボンで開催された第三九回ユネスコ世界遺産委員会において、日本の「明治日本の産業革命遺産――製鉄・製鋼、造船、石炭産業」が世界遺産一覧表に記載されることが決定された。それを発表する日本外務省のホームページには、世界遺産登載と関係する次の文言が入っている。

本件の登録決定後、我が国は、世界遺産委員会の責任あるメンバーとして、国際記念物遺跡会議（イコモス）の勧告に真摯に対応していく姿勢を示すため、発言を行いました。この発言は、これまでの日本政府の認識を述べたものであり、一九六五年の韓国との国交正常化の際に締結された日韓請求権・経済協力協定により、いわゆる朝鮮半島出身者の徴用の問題を含め、日韓間の財産・請求権の問題は完全かつ最終的に解決済みであるという立場に変わりありません。

(http://www.mofa.go.jp/mofaj/press/danwa/page2_000104.html)

後世の人々は、この文章が明治日本の産業革命遺産とどういう関係があるのか、疑問を持つだろう。特に、国際記念物遺跡会議（イコモス）の勧告に「真摯に対応していく姿勢を示すため発言」とは何なのか。その発言の原文を見ると、次のようである。

Japan is prepared to take measures that allow an understanding that there were a large number of Koreans and others who were brought against their will and forced to work under harsh conditions in the 1940s at some of the sites...

要するに、右記の施設で一九四〇年代に朝鮮半島と他の場所から来た多くの人々が「自己意志に反して過酷な条件で働かざるを得なかった」(against their will and forced to work under harsh conditions)ということである。

本件と関係のなさそうなこの文言が入ったのは、施設の世界遺産登載に反対する韓国政府との熾烈な水面下での交渉の末合意に至った背景からである。実際に、韓国外交部は、この文言が入ったことを「外交的勝利」と位置づけ、次のように発表した。

われらの正当な憂慮が忠実に反映される形で決定された……日本政府は「過去一九四〇年代に韓国人等が自己意思に反して動員され過酷な条件下で強制的に労役をした」事実……を発表しました。

しかし、こうした韓国の意図はさらなる日韓葛藤の素材となった。日本代表団の声明で「forced to work（働かされた）」という表現に落着したのは、安倍総理が国交正常化五〇周年を迎えた日韓関係改善、日米同盟強化のための日米韓の連携などを考慮した「大局的な政治判断で外務省がまとめた」と伝えられる。しかし、韓国が後から「強制労働」（forced labor）があったことを日本政府が認めた、というコメントを出した。それに日本が反発した。その反発の理由は、今後韓国とアメリカなどで日本政府と日系企業を相手に元徴用工とその遺族による損害賠償に利用される恐れがあるからだ。

こうした論争についての判断は、本書の関心事ではない。問題なのは、言葉の解釈をめぐっておきる日本の形式主義と韓国の当為主義の衝突がまた浮き彫りになったということである。英語の表現forced to workが「必ずしも強制労働を意味しない」という日本の立場はあまりにも機械的で形式的な解釈である。日本側としては、その労働は「自己意志に反する」ものではあったが、その労働に至る経緯には強制性がなかった、と言いたいわけだろう。こうした解釈は、「狭義的」で「法的」（de jure）な姿勢を露呈する。これに対して韓国の主張は、forced to workとは「事実的」（de facto）に解釈すれば、誰が見ても「強制労働」を意味するものであり、それを否定するのは卑怯なことであるという姿勢である。こうした見方の衝突は、単なる言葉の解釈の相違ではなく、日韓の国益や名誉にかかわる重大事項である。また、両国の認識と態度の不一致は葛藤と相互不信の根源として残る可能性が高い。

ここで注目すべき点は、日本の形式主義および「法的」（de jure）な立場と、韓国の当為主義ないし「事実上」（de facto）の立場の衝突は、現在の日韓関係の原型を作った日韓基本条約から底流に流れている根本的問題であるということだ。

3　いまだに続く「もはや」論争

日韓が植民地支配と被支配の関係を清算して今日の平等な関係を持つことができる土台を作ったのは、一九六五年の日韓基本条約である。一九五一年十月に始まった日韓「国交正常化交渉」は、一四年という期間に七次にのぼる長い交渉を経て、一九六五年六月に完結した。その間に韓国は朝鮮戦争を経験したし、日本では一九五五年の保守大合同によって自民党支配体制が形成された。時は新覇権国家アメリカが率いる冷戦構造が世界全体で固定化される時期だった。そういう背景で、日本の佐藤栄作政権と韓国の朴正熙軍事政権は、米国の圧力を受けながら国交正常化を急ぐことができた。「日本国と大韓民国との間の基本関係に関する条約」と五つの付随協約が、協定及び交換公文形式の約定で作られた。この条約体系は、当時の国際および両国の国内政治に起因する要素が多かった。代表的な例は、交渉の最大の障碍だった竹島・独島という領土問題が、秘密協定をもって「棚上げ」されたことである。

しかし、当時最も注目を浴びていたのは、両国の政府と国民が互いに持っていた財産およびそれに相当する権利の「請求権」問題だった。それを定めるためには、日本による朝鮮の併合以来、互いがもっていたはずの全ての権益や権限を客観的に見極める「起点」が必要だった。それを決めたのが次のような基本条約第二条である。

千九百十年八月二十二日以前に大日本帝国と大韓帝国との間で締結されたすべての条約及び協定は、もはや無効であることが確認される。

(It is confirmed that all treaties or agreements concluded between the Empire of Japan and the Empire of Korea on or before August 22, 1910 are already null and void.)

この大事なイシューを決める核心的なポイントとなったのは、交渉の中で浮上した「もはや」という漠然とした副詞だった。「ある時点を決めて、その時点以前の利害関係は、無効」としようとする両国の政治家たちの意向だったのである。* 英語でalreadyと訳された「もはや」と、無効を意味する法律用語null and voidがキーワードとして入ったこの条文について、当時からすでに日韓双方は異なる関心と思惑を持っていた。

*この副詞に着眼したのは、竹島密約交渉を日本で纏めた河野一郎であったと、当時の『読売新聞』ソウル特派員をつとめた嶋元謙郎が私に言った。それを聞いた朴正熙大統領は「さすが河野先生だ」と感嘆しながら賛成したという。この交渉が行われた一九六四年当時、日本ではすでに「もはや」という副詞が流行っていた。一九五六年に経済企画庁がだした「経済白書」は「日本はもはや戦後ではない」と宣言したのである。この前例が河野に影響したのかは分からないが、「もはや」という副詞は日本史で重要なキーワードになっていた。

この二つが組み合わされたalready null and voidという表現が条文になり、条約第二条は、「一九一〇年八月二十二日以前に大日本帝国と大韓帝国との間で締結されたすべての条約及び協定は、もはや無効であることが確認される」となった。その時、この表現に対する日韓両側の関心は異なっていた。坂元茂樹の表現を借りると、以下のようである。

旧条約の失効の時期について、日本側は「alreadyという字句を入れることによって、少なくとも一時的には有効であった時期があるというわが方の立場を表明した次第です」（後宮アジア局長）と国会で答弁した。これに対して、韓国側はnull and voidという表現は国際法上の慣用句、、、として無効を最も強く表現する用語であり、「already は無効の時点に関して何ら影響を及ぼしえないのは、条約解釈上からもその他の常識からも明白である」（李東元外相）と答弁し、当初から無効との立場を維持していた……先の答弁から判明するのは、韓国側が"null and void"という表現に重点を置いて解釈しているのに対して、日本側の論理の橋頭堡は"already"という文言の存在であるということである。（傍点は引用者）（2004, p. 316）

結局この解釈の違いは、植民統治の性格に関する解釈に逢着する。韓国の解釈をとると、植民統治は不法で、日本の解釈によると植民統治は合法である。結局、日韓双方は「過去を清算して新しく出発する起点」について曖昧なままに国交を「正常化」したのである。

この曖昧さには、不可避に近い事情があった。一九六四年に入った当時の日韓両国の政権には、日韓国交正常化を急がなければならない動因があった。共通には新しい世界覇権国家として登場した米国の政権が、世界レベルで共産主義を抑圧する「鉄のカーテン」を東アジアでも敷くので、日韓両国が迅速に関係を正常化して米国の同盟国として働くことを促していた。「もはや戦後ではない」日本の自民党政権は、東京オリンピックに象徴されるように、アジアの新しい盟主としての立場を固めながら、共産主義を朝鮮半島で封じ込めるためには、新しく誕生した韓国の軍事政権と関係を正常化する必要があった。また、韓国の朴政権は、軍事政権に対する国民の反発を抑え、政治的正当性を確保するために宣言した「経済開発五カ年計画」を実行するためには、産業化の呼び水的な資金が必要だった。

そういう背景から、両政権は充分に理解した上で「曖昧な」条約を締結したのである。しかし、その曖昧さが半世紀も経たあとに日韓関係の足枷になるとは、予想しなかっただろう。

五　戦後補償裁判の心理分析——事例研究④

借金の支払いを求める貸し手に「全てを清算」する場合、「これをもって完全に清算しました、もう二度と要求しないでください」と念を押すだろう。この普通の表現が条約文になったのが、「財産及び請求権に関する問題の解決並びに経済協力に関する日本国と大韓民国との間の協定」という名の協約である。一九六五年の日韓基本条約の五つの付随協約のなかで一番重要なこの協定の第二条は、次のように定める。

> 両締約国は、両締約国及びその国民（法人を含む。）の財産、権利及び利益並びに両締約国及びその国民の間の請求権に関する問題が、千九百五十一年九月八日にサン・フランシスコ市で署名された日本国との平和条約第四条（a）に規定されたものを含めて、完全かつ最終的に解決されたこととなることを確認する。
>
> （傍点は引用者）

ここで「請求権」という言葉を吟味する必要がある。請求とは、一方が他方に金などの支払いを求めることである。先の条文で、請求をめぐる根拠はサンフランシスコ平和条約第四条（a）の規定である。その条文は以下の通りである。

日本国及びその国民の財産で第二条に掲げる地域にあるもの並びに日本国及びその国民の請求権（債権を含む。）で現にこれらの地域の施政を行っている当局及びそこの住民（法人を含む。）に対するものの処理並びに日本国におけるこれらの当局及び住民の財産並びに日本国及びその国民に対するこれらの当局及び住民の請求権（債権を含む。）の処理は、日本国とこれらの当局との間の特別取極の主題とする。

これに基づいて、日本は朝鮮半島に存在する日本国民の請求権を放棄し、植民統治に対する対価として韓国に一定の金額を支払うこととなったのだ。しかし、当時の自民党政権はその金を「請求権資金」と呼ばず、「独立祝い金」などと呼んだのである。いずれにしても、この「完全かつ最終的に解決」、すなわちもう二度と請求権は発生しないという念押しの下で、第一条でいう「現在において千八十億円に換算される三億合衆国ドルに等しい円の価値を有する日本国の生産物及び日本人の役務を、この協定の効力発生の日から十年の期間にわたつて無償で供与するものとする」ことが行われたのである。

1 「完全かつ最終的」が崩れた契機

金を渡す前に日本政府が念を押して、それに韓国政府が同意したことが公式的な協定で表明されたが、その鍵になる「完全かつ最終的」という副詞句は形骸化されることとなる。その契機は意外なことであった。

一九九一年八月十四日、金学順という元従軍慰安婦が初めて自分の経験を公に証言するという出来事があった。今日世界レベルで起きている日本軍慰安婦論争の始まりといっても過言ではない出来事だった。その証言の余波は多岐にわたることとなるが、その一つは、日本で野党側が国会で追及することだった。その渦中で、当時外務省条約局長の柳井俊二が行った参議院予算委員会での答弁の次の部分は重要である。

「いわゆる日韓請求権協定におきまして両国間の請求権の問題は最終かつ完全に解決したわけでございます。その意味するところでございますが、日韓両国間において存在しておりましたそれぞれの国民の請求権を含めて解決したということでございますけれども、これは日韓両国が国家として持っております外交保護権を相互に放棄したということでございます。したがいまして、いわゆる個人の請求権そのものを国内法的な意味で消滅させたというものではございません。日韓両国間で政府としてこれを外交保護権の行使として取り上げることはできない、こういう意味でございます。」

（傍点は引用者）

さらに、一九九二年三月九日に衆議院予算委員会で当時の内閣法制局長官工藤敦夫が「外交保護権の放棄が個人の請求権の消滅には何ら影響を及ぼさない、とすれば、全く影響を受けていない個人の請求権が訴権だけだという論理が成り立つか否か」と質問したことに対して「訴権だけというふうに申し上げていることではないと存じます。それは、訴えた場合に、それの訴訟が認められるかどうかという問題まで当然裁判所は判断されるものと考えます」と答弁した。

こうした証言を行った柳井俊二や工藤敦夫両氏は察知していなかったかもしれないが、世の中では大きな流れが形成されつつあった。金学順の証言から一九九二年末までの一年半という短い期間に、一四件にのぼる「対日過去清算訴訟」が裁判所に提出されたのである。この現象は広い視野でみると、戦後の「冷戦」体制の中の司法のあり方の変貌ともいえる。ドイツと日本による国際人道法違反の被害者の賠償請求を無視し、加害者国を免責することで形成された冷戦体制が崩れたことによって、世界レベルでの変化を意味した。

2　冷戦構造の崩壊と新たな波動

一九八九年の冷戦構造の崩壊は、国際政治のみならず国際司法にも大きな転換を齎《もたら》した。日韓関係においては、一九九〇年代初めから旧日本軍慰安婦を含む韓国の被害者たちが、法廷で過去清算を要求することとなったのである。こういう事態は新しい潮流を予告するもので、その潮流の中で河野談話（一九九三）や村山談話（一九九五）が現れたと言ってよい。この流れのなかで目立つのが、戦後補償裁判である。一九九〇年代に入って、ドイツと日本を対象とする戦後補償裁判が広範に提起された。

海外の動きは韓国にも流れてきた。日韓国交正常化以降、韓国政府は「請求権資金」は「わが民族の血の代価」であると位置づけ、それを活用して経済建設を成し遂げた。しかし、歴史は変わる。その論理を韓国の子孫が否定することとなったのだ。いわば、「一九六五年体制の否定」である。前述したように、法学者金昌禄《キムチャンロク》は、「一九六五年体制が三五年間に渡る日帝の韓半島支配をどういうふうに見るかという最も核心的な問題を紛らした粗雑な縫合の結果」で「一九六五年体制はやがて寿命が尽きる直前の状態に至る」といった（2013, p. 94）。この新しい動きの中核は、「腐敗した国際的な政治癒着」に対する、後から来た「司法が裁く」という考えであろう。そのような見方の出発点は、戦後補償訴訟を単なる法律事案ではなく、国際政治の必然的構成部分と捉えることである。

3　司法による政治の是正

日韓国交正常化が樹立してから七年が経った一九七二年に始まった元朝鮮人徴用工の日本に対する訴訟は、冷戦構造の崩壊を経過しながら数多く提起された。だが、八〇件を超える日本での訴訟は、原告側の「完敗」と言ってもよいものであった。しかし、歴史は動いた。二〇一一年八月三十日、韓国憲法裁判所は、原爆被害者と慰安婦について、日韓請求権協定に関する両国の意見の相違を韓国政府が積極的に解決しない「不作為」を、憲法違反と裁いたのである。さらに、二〇一二年の五月二十四日、韓国大法院（最高裁）は、日本で敗訴した広島三菱徴用工被爆者事件と新日鉄徴用工事件の韓国での控訴審判決を差し戻したのである。この二つの判決は、徴用工問題のみならず歴史に対する訴訟において、新しい流れを作り出した。

日本と韓国において原告側で活動する弁護士たちが「被害者救済の大道」と賞賛する韓国大法院の判決は、どういう経緯で現れてきたのか。そこに辿り着くには、いくつかの出来事があった。初めの関門は、日韓会談文書の韓国での公開であった。被害者たちは二〇〇四年二月にソウル行政法院で、韓国政府を相手に日韓会談文書公開を要求する訴訟を提起した。その訴訟で勝利を得て、翌年に韓国政府は会談文書を全面公開した。公開された文書の分析の結果として浮上したことは、一九六五年当時、日韓両国政府が日帝被害者問題を妥当な形で法的に処理しなかったこと、そしてその過程で韓国政府の対応に便宜主義が働き、過ちがあったことが明らかになったことである。

二つ目に、二〇〇五年の文書公開は、六年後に被害者側に大きな関門の一つを開けてくれる出来事に繋がった。先に述べた、二〇一一年八月三十日に韓国の憲法裁判所が韓国政府の「不作為」責任を認める判決を下したことである。同裁判所は、日本軍慰安婦被害者と原爆被害者が提起した、日韓請求権協定の解釈において生じた法的紛争を韓国政府が放置してきたという不作為の違憲訴訟で、被害者の請求を引用し、不作為違憲決定を下した。したがって、日本政府と韓日請求権協定第三条にともなう解釈上の紛争を解決するように、韓国政府に促した。この決定は、日韓請求権協定の限界を同協定の手続きを通じて解決せよという趣旨である。

三つ目は、翌年に開かれたもっとも大きい関門である。二〇一二年五月二十四日、大法院は日本企業に対する責任を認定する判決を下した。二〇一二年五月の韓国大法院の差し戻し判決によって行われた再審を経て、ソウル高等法院（被告：新日鉄）と釜山高等法院（被告：三菱重工）は、二〇一三年七月十日と三十日に、相次いで原告勝訴判決を下した。これは、韓国のみならず日本を含むアジア全体の法曹界で画期的判決と受け止められた。両判決の核心は、先に議論した「一九六五年体制」の「政治性」を司法が「是正」したことである。二〇一二年の韓国大法院の判決は、原告側の弁護士や社会運動家たちにとっても「予想外」だったといえる。それだけ革命的だった。その革命の波にのって、戦後日韓関係の基礎を揺るがす「司法による政治是正」が次々に行われた。これによって「完全かつ最終的」という話は昔話になったのである。

4　二種類の平和

日韓の間には、戦争を処理した「平和条約体制」による「法的」（de jure）平和はあるが、その戦争の中身と関連する「歴史問題」が残存し、「事実上」（de facto）の平和はいまだに定着されていないという、人類史にも稀な現象が続いている。その揺らぎから派生する一番大きな現象が、日本政府や企業に対するアジアの市民の「戦後補償」訴訟である。

終戦の後に、日本と韓国は共に新しい近代国家として歩み始めた。現行の日本国憲法は一九四七年五月に施行されたし、大韓民国の現行憲法には九回の改正があったが、一九四八年七月に公布された制憲憲法を土台とする。一九六五年の日韓国交正常化より十数年も前に制定されたものである。それだけ長い憲政民主主義を謳歌してきた両国が、歴史の被害者に対する補償という「人道的」義務を半世紀以上の歳月の中で解決していなかったことをどう理解すべきか。この素朴な質問に対して、韓国での被害者訴訟の代表的な弁護士である崔鳳泰《チェボンテ》は「腐敗した政治の不作為」があったという。

韓国のリベラル系の弁護士や法学者は、日本法廷の不作為を指摘する。韓国大法院の二〇一二年判決によって流れの方向が大きく変わった戦後補償訴訟は、一九九〇年代から日本の法廷で行われており、日本の司法府の判断を日本政府や企業が尊重していたら、出す必要がないということになる。たとえば、韓国大法院の判例法理は日本最高裁判所の法理判断と基本的に一致するものであるという。要するに、韓日間の法理的判断は、被害者個人の請求権が存在するということでは一致している。ただ差異は、日本の司法府は自発的責任履行を促しているもので、「韓国司法府はこれを裁判上、強制する判決をしただけ」ということである。

韓国側の不作為と関連して、二〇一二年の大法院判決は右に見た通りである。その判決は、日本法廷の判決が韓国人の個人的請求権を縛らないという趣旨にとどまらず、日韓関係における主な法理紛争にも重要な意見を述べた。一つは、「日本政府の責任」に関する解釈である。二〇〇五年の日韓会談文書公開を仕切った「韓日会談文書公開及び後続対策関連民間共同委員会」は、「請求権協定の法的範囲」について、「日本政府・軍など国家権力機関が関与した反人道的不法行為」に対して「日本政府の責任が残っている」という決定を下した。

この「二〇〇五年政府意見」を二〇一二年の大法院の判決は、否定しながら拡大解釈を提示した。すなわち、「日本の国家権力が関与した反人道的不法行為」はもちろん、「植民地支配と直結する不法行為による請求権も消滅されていない」と裁いた。さらに、それに関連する「大韓民国の外交的保護権も放棄されていない」と判断した。さらに、同判決は、一九六五年の日韓基本条約が曖昧にした「植民支配」の性格についても述べた。すなわち、「日帝強占期の日本による韓半島の支配は規範的観点からの不法な強占に過ぎず、日本の不法的支配による法律関係の中で大韓民国の憲法精神と両立できないものはその効力が排除される」とのことであった。

日韓の間に竹島・独島をめぐる領有権論争がいまだに続くなかで、日中韓の重い課題として現れた徴用工賠償問題は、他の「歴史問題」とは異なる次元の挑戦になる。以上で議論した密約とは別の形で、この問題においては日本の機能主義と韓国の当為主義が衝突している。この論争は単なる過去の問題ではなく、韓国と日本という成熟した民主主義国家がそれぞれ、お互いが過去に「棚上げ」した不作為をめぐり、国家と社会の関係、国内政治と国際政治の整合性、正義と実利の融和など、人類社会の根源的疑問を改めて抱くこととなるからである。

日本の知韓派学者たちが、韓国文化が決定的に日本と異なる点の一つとして、法と倫理の一体性を論じているのは、注目に値する。これは、日韓間の主要な葛藤懸案にすべて該当すると思われる。韓国は、日本の植民地時代に行われたいくつかの過ちについて、日本政府が倫理的な行動だけでなく、法的措置をとることを要求している。これに対し、日本政府の公式スタンスは、一九六五年の日韓国交正常化条約により、すべての懸案が「決着」したというものである。倫理と法を分離する考えを基に日本政府は、常に自分の行動を説明するにあたり、「断固とした」とか「毅然とした」といった形容詞を使うが、これは法が倫理より優先される機能主義的思考を表出するものといえる。

過去の歴史をめぐり、韓国と日本が今も言い争っている。韓国は当為主義の立場から法と倫理の責任が一体で不可分であるという態度をもつ。それに対して、日本は倫理と法律を厳密に分けるので、感覚の違いが発生しているわけなのである。

第三部　北朝鮮の地政心理——二律背反の文明

비로봉 그 봉우리 예대로 있나
흰구름 솔바람도 무심히 가나
발아래 산해만리 보이지 마라
우리 다 맺힌 슬픔 풀릴 때까지
수수만년 아름다운 산 못 가본 지 몇몇 해
오늘에야 찾을날 왔나
금강산은 부른다

毘盧峯、その峯は変わりがないのか
白い雲とそよ吹く風はいまも無心なのか
足の下に広がる山海万里をみせないで
我々の悲しみが溶けるまでには
数々万年　美しい山に行けなかった時間
今日訪ねることができるのか
金剛山は呼んでいる

この詩は、韓国人の中でクラシック歌曲では断然トップの人気を誇る「懐かしい金剛山」の第二節である。韓国で軍事政権ができた一九六一年に、無名の詩人と音楽教師が作ったこの歌は、今は、民族統一を願う朝鮮半島の人々の心境を代弁する歌のようになった。特に、冷戦の最中の一九七二年に韓国と北朝鮮の政権が「南北共同声明」と「南北赤十字会談」などを推進しながら「解氷ムード」を演出していた時、この歌は「統一主題歌」と呼ばれ、北朝鮮の人々からも広く人気をあつめた。金剛山は、南北を分断する三八度線以北の北朝鮮にある標高一六三八メートルの山で、その名前は仏教の「金剛般若波羅蜜経」から由来したという。

統一を象徴するその山に「我々の悲しみが溶けるまで」は行きたくても行けない辛さを歌う、この歌を愛唱する朝鮮半島の人々の現実はどうなっているのか。日本列島の本州より狭い半島の中には二つの国があり、合計一五〇万人にのぼる兵士がいつでも戦争を再開できる状態にある。朝鮮半島の南北関係を集約する一つの言葉があるとしたら、私はそれを「二律背反」と呼びたい。そして、その二律背反の源を探るには、北朝鮮を眺望するのが一つの道であろう。

この本の草稿を書いている最中の二〇一六年五月の上旬に、北朝鮮では「党大会」が開催された。一九八〇年にあった朝鮮労働党の第六次党大会以降三六年ぶりだった。この党大会の主な目的は、三十三歳の青年である金正恩を「朝鮮労働党委員長」として担ぎ出すことであった。これによって、金日成―金正日―金正恩と続く三代世襲が完成した。二十代後半で「党第一秘書」となり、四年五カ月の「遺訓統治」という過渡期を経て、「唯一領導体制」が形式的には出来上がったのである。大会の閉幕式では、参加者全員が「金正恩と運命を共にする」ことを誓う「宣誓書」を採択した。

こうした政治共同体を、日本列島と平面的に比較することには無理がある。だが、朝鮮半島と日本列島を論じながら、北朝鮮についての論議を省略することもできない。したがって、この第三部は、北朝鮮の「地政心理」を独自のテーマとして取り上げ、朝鮮半島と日本列島の比較において、一つの参考として資することを目標とする。

政治学、経済学、社会学などの社会科学の方法論を議論する上で、「蘭の科学」(orchid science)という言葉を聞くことがある。蘭という花の最大の特徴は珍しさにある。蘭は珍しければ珍しいほど価値が高い。要するに「稀少性」が生命なのである。ところが、この原理は社会科学の方法論とは正反対になる。社会科学は、一つの現象を説明することにおいて、なるべく多くの事例を調査して「一般化」に到達しなければならない。しかし、北朝鮮は世界でももっとも閉鎖的、かつ統制された社会である。アクセスできる情報が極めて少ない北朝鮮の「地政心理」を語るには、方法論的には大きなハードルがある。そのハードルを乗りこえる方法は、複数の事例研究から共通的と思われる発見を抽出するか、一つの事例を深く掘り、その中に潜んでいる理屈や原理を取り出して概念化することである。この第三部では、北朝鮮の内治と外交の「地政心理的」特徴を貫くテーマとして「二律背反」という概念を選び、この概念の普遍的適用の可能性を探ることとする。

第7章　北朝鮮の人々、自然、風土

日本で「北朝鮮」と通称される「朝鮮民主主義人民共和国」は、朝鮮半島の北半分に存在する共同体である。ここで「共同体」という言葉に留意したい。現在、「国家」の形をもって存在する北朝鮮は、朝鮮戦争の「停戦協定」によって一九五三年七月に作られた「軍事分界線」の北側の地域を、ロシアと中国が支援する政権が掌握することによって形成された。世界レベルの冷戦の結果として生まれたものだが、その冷戦が「崩壊」した今でも、朝鮮半島の分断は続く。

朝鮮民主主義人民共和国は一九九一年九月十七日に国連加盟を果たした。それによって朝鮮半島には二つの国連加盟国があり、その二つの国は「休戦状態」の中で戦争に備えている。だが、日本は北朝鮮を国家として承認しない。朝鮮民主主義人民共和国は日本が承認しない唯一の国連加盟国である。こうした状況を踏まえ、本書では、方法論的に、北朝鮮という共同体を韓国と切り離して別途に論じることとする。

一　北朝鮮人、韓国人、そして「民族」

普通の日本人にとって、朝鮮半島の南半部と北半部に住む人々は「同種」の人間であろう。ところが、北朝鮮の人々と同じ人種であるという命題について、韓国生まれの人々の間には認識や態度において幅がある。朝鮮半島に存在する合計七千五百万の人々が同じ「民族」であるかについて、韓国人の間には葛藤と複雑な心境がある。

民族は一般的に「言語・人種・文化・歴史的運命を共有し、同族意識によって結ばれた人々の集団」と理解される。この民族という概念は、朝鮮半島の人々には特別な重みをもつ。言語、人種、そして文化は同じだが、民族が選択もしなかった「歴史的運命」によって二分されたという意識がある。こうした現実に対する恨みや願望が作動し、朝鮮半島の人々は民族という言葉につよい執着を見せている。しかし、その執着が行動に繋がることは別問題である。

まず、朝鮮半島の南北の人々は同じ民族であるが、同じ「国民」ではない、というのが政治的現実である。また、北朝鮮を韓国と分離して議論する妥当性には歴史的背景もある。朝鮮王朝以降、太平洋戦争の終息までは統一的な共同体だったが、紀元前の「三国時代」から分割が存在していた。半島の北半部の高句麗と南の百済及び新羅の間には、風土や人々の心性において意味のある差異が存在したのである。これには、地理的条件が影響を及ぼしたこともあるが、隣国との関係を含む地政学的与件が大きく作用した。現在の北朝鮮が形成されている高句麗のあった地域は、中国と陸と海でつながっている。南においては、百済があった西部には平野が広く、穀倉地帯を形成しているが、新羅があった東側は山地が多い。

こうした地理的及び地政学的条件の差異が、今の南北の人々、そして南北関係を理解する鍵になると、私は考える。比較的狭い半島という地域の中に住み、生活様式、心理的習慣、文化などを共有したが、人間と自然の関係についての理解、さらに政治的価値観において、共通点が少ない状態で、外部の勢力による「分断」が七十年以上を経た。その結果、朝鮮半島の人々が言及する民族という言葉には、「想像」の面が多い。

米国の社会学者ベネディクト・アンダーソン（Benedict Anderson）が言った「想像された共同体」(imagined community）という概念が示唆するように、ここで想像とは、仮想や幻想を意味するのでなく、現実から離れた「特殊な種類の文化的人工物」（cultural artefacts of a particular kind）なのである。宗教などの時空を超える価値を共有できない人々の集団が、歴史という「同質的で空しい時間」（homogeneous, empty time）を経過しながら、元来の民族という概念がもつ価値の超越性を、世俗的な考え（secular mode of thoughts）で代置することである（2006, p. 4)。

そのような世俗的考えについては、政治的経験を共有しない朝鮮半島の南北の人々の間に差異が目立つ。その一つの結果として、南北の統一についても北と南の人々の考えは相当異なる。北朝鮮の住民のほとんどが統一を望んでいることに比べて、韓国の人々の考えは変化している。例えば、

表13　韓国市民における南北統一に関する意見（単位：%）

	2007年	2011年	2015年
必要	63.80	53.70	51.00
どちらでもない	21.10	25.00	24.20
不要	15.10	21.30	24.80

ソウル大学の統一平和研究所が市民千名を対象として二〇〇七〜一五年に行った調査によると、「統一の必要性」に関する質問に関して、過去八年間に**表13**のような変化があった。

このような朝鮮半島の事例は、英国と比べると面白い対照になる。The United Kingdom of Great Britain and Northern Irelandという正式名を持つ英国の主流を構成するイングランド人とスコットランド人は言語と宗教が同じであるが、独立のために投票を行う騒ぎがあるほど、同じ民族意識をもたない。だが、同じ国家共同体の中で同居している。同じ価値体系と政治的理念を信奉するからである。他方、朝鮮半島の二つの共同体は、民族意識と言語を共有するが、まったく異なる政治的理念を基盤に生活を営んでいる。

二　北朝鮮の地理と人々

1　朝鮮八道と「道民性」

北朝鮮の面積は一二万三、一三八平方キロで、朝鮮半島の面積の五五%にあたる。朝鮮半島の南北の長さは約一、一〇〇キロであるが、北朝鮮が中国と接している境界線は、その長さより遥かに長い一、三五三・二キロである。それに比べてロシアとの境界線は一六・二キロに過ぎない。ロシアより八十四倍長い国境線をもち、さらに黄海という狭い海の向こうに居座る中国との関係は、北朝鮮の人々の「地政心理」を理解するうえで第一次的意味を持つ。

視線を内部に向けると、北朝鮮の地理の一番大きな特徴は、山が多くて地形は険しいということである。中国の三国時代の歴史書である『魏書東夷伝』は、かつて高句麗があった地域を「大きな山と深い渓谷が多いが、広い野原がないので、人々は山の傾斜に住みながら渓谷の水を飲んで生きている。肥沃な土地がないので、懸命に農業を営んでも食べていくのが難しい」と記述されている(イ・ジュンソン 2011, p. 123)。実際に、朝鮮半島で高度二〇〇〇メートル以上の山のほとんどが北朝鮮の東部に位置する。東高西低の地形の北朝鮮の川は、東から西に流れて黄海に入る形になっている。したがって、西側の低地に大きな平野が形成された。特に、首都の平壌を囲む平壌平野は、朝鮮半島の中でも屈指の穀倉地帯になる。

韓国では、他人と良い関係を築くために、対話で避けるのがよいといわれる三つの主題がある。政治、宗教、そして出身地である。すでに議論したように、朝鮮半島の人々は過酷な地政学的環境の中で、渦巻きのような国内政治に晒されてきた。だから、政治の話は喧嘩になりやすい。また、現代の韓国は宗教過剰の社会である。人口が五千万人くらいだが、半分は「宗教」をもっているという。韓国政府の文化体育観光部が二〇一二年に発表した「韓国の宗教現況」という報告書による

表 14　朝鮮八道の略述（反時計回り順）

	『八域志』（1714）	『わが民族同士』（北朝鮮、2006）
平安道（ピョンアンド）	淳厚	猛虎出林
咸鏡道（ハムキョンド）	勁悍	泥田闘狗
黄海道（ファンヘド）	獰暴	石田耕牛
江原道（カンウォンド）	峡氓多蠢	岩下古佛
慶尚道（キョンサンド）	質実	泰山喬嶽
全羅道（チョルラド）	狡険	風前細柳
忠清道（チュンチョンド）	専趨勢利	清風明月
京畿道（キョンギド）	凋弊	鏡中美人

と、二〇一一年の時点で韓国には、七〇種類以上の宗教が、合計五六六の「団体」を形成している。この団体に名前を登録した信者の数は、二四九七万人にのぼる。その「宗教人」たちは互いに排他的でありながら、「占い師」などの迷信のサービスを利用する人が多い。だから、宗教の話も喧嘩になりやすい。

そして地域性である。朝鮮半島外の人々にとって、合わせて八千万の半島の人々の中でも地域によって心性が異なるという命題に接する機会は少ないだろう。ところが、「地域感情」という言葉が、現行の韓国政治を論じるうえで最も重要な要素である。朝鮮半島に住む人々は、地域によって心性が異なると信じている。今日の韓国の政治を議論する上で重要なキーワードは、慶尚道をなす嶺南地方と全羅道をなす湖南地方の対立、そしてその中でキャスティング・ボートを握ろうとする忠清道をなす湖西地方の話である。こうした「道民性」の話の源流は、「八道」で構成された朝鮮王朝以前からあった。日本にも「県民性」という概念があるが、朝鮮半島での「道民性」というテーマは、郷土の昔話のレベルではなく、今も熾烈な政治葛藤の素材である。

では、同じ民族でありながら、軍事的に対峙している北朝鮮の人々を韓国人はどのように思っているのか。朝鮮半島の人々は、自分たちの「道」という行政的区分に関連して、心性をどのように理解するのだろうか。このテーマは政治的に敏感なので、普通には話せることがあっても、学問や公式調査の対象にはならない。ところが、朝鮮半島の人々の道民性に関する認識がうかがえる貴重な資料がある。一つは、朝鮮時代に官吏として朝鮮のあらゆるところを回った李重煥《イジュンファン》（一六九〇―一七五二）という人がまとめた『八域志』（1714）という文献である。もう一つは最近の二〇〇六年のもので、北朝鮮が運営するウェブサイトである「わが民族同士」に二〇〇六年六月に載せられた記事で、各地方の「気質」についての北朝鮮の人々の認識を「四字熟語」の形で要約したものである。

『八域志』は、朝鮮八道を平安道から反時計回りの方向で記述したので、それに沿って紹介する。まず、北朝鮮をなす主な三つの道を見てみよう。

平安道

李重煥は、平安道人の心性が淳朴で厚い（淳厚）といった。それから、北朝鮮の人々は平安道人の心性を「森からでた猛虎」のようで、勇猛で胆大で力に満ちているように描く（猛虎出林）。二つの描写とも、平安道については非常に肯定的であることが分かる。
中国との関わりが多かった平安道は、開放的であると同時に、中国の朝鮮半島の入り口のような地理的条件をもっていたので、その模様を描く詩が多く見える。その気勢を見せる一つの根拠は「鉄甕城」である。鉄甕城とは、高麗の時代に中国からの侵入に備えて寧辺郡に作られた城である。面白いことに、この地域には現在北朝鮮の核実験施設がある。朝鮮王朝の詩人である権韠《クォンピル》（一五六九―一六一二）は、鉄甕城を賛美する詩で次のように詠った。

君不見鉄甕之城余万丈　　君は見たか、万丈を超える鉄甕城と
崇墉巨壁天下壮大　　高くそびえる壮大な城壁を
一夫按剣当要衝　　一人が剣をもって要衝に立つと
千人蟻附不得上　　蟻の群れのような敵が上がれない城
横臨薩水負太白　　前には薩水、後ろには太白山
雄峠西方作保障　　雄大な峠が外侵から守る

平安道は朝鮮半島の外に向けては国防が焦点になるが、国内的には朝鮮の開国神話の主人公である檀君王倹以来、朝鮮半島の政治エリートが集まるところでもあった。特に、平安北道の定州は軍事的要塞だった。また、北朝鮮で起きた歴史上最大の反乱であった「洪景来の乱」（一八一一―一

八一二）が起こったのも定州だった。その定州を守る地方官の心境を、朝鮮王朝後期の詩人趙秀三《チョスサム》（一七六二─一八四九）は「登定州城楼」で次のように描いた。

薩水東来山漠漠　東からは薩水が流れ、山は漠々
宣川西去路茫茫　西は宣川にいく道が茫々
平生未献治安策　一生国家の治安策に貢献できず
漫欲操文弔戦場　やるせなく文で戦争を哀悼するのみ

咸鏡道

咸鏡道の人々にとっては公正なものではないだろうが、平安道に比べて否定的描写が多い。李重煥の『八域志』は、咸鏡道の人々が「強くて」（勁）「荒々しい」（悍）とした。また、現在の北朝鮮の人々は、咸鏡道が泥畑で闘う犬のごとく、強靭でしつこいという認識を示した。かつては咸鏡道は「関北」と呼ばれた。現在、朝鮮半島を分ける「軍事分界線」の東側で南北に渡って広がる江原道の北端にある「鉄嶺関」という峠の北にある地域、という意味でつけられた名称である。朝鮮の人々の脳裏にまず浮かぶ「関北」のイメージは、高い山と寒い国境地帯である。険しい山岳、厳しい寒さ、そして満州からの異民族の度重なる侵入は、人間の定着を難しくした。

朝鮮後期の文臣だった洪良浩《ホンヤンホ》（一七二四─一八〇二）は、珍しく関北に関する詩を「北塞雑謡」

と「朔方風謡」で残した。一番多いのは、満州との境の風物である。咸鏡道を南北に横断する摩天嶺山脈の気勢を歌った詩は、次のとおりである。

咸関為児兮鉄嶺関為孫　　咸関は子供、そして鉄嶺は孫とし
壮我北門張威権　　我が国の北門を壮大にし、権勢を威張る
霊気散為物之英　　神霊な気運が散り、万物の精英になり
玉出岡兮珠出淵　　岡から玉が出て、淵からは珠が出る

他方、洪良浩の詩には北塞の生活の辛さを語るものもある。次の詩は、長く飼った牛をわずかな布のために満州との国境の市場で売る農夫の悲しみを描く。

牛兮善飼豆　　牛には豆をよく食わせて飼ったのに
来月将汝清市赴　　来月には汝清市に行って
持与千斤大牛　　千斤にもなる大きな牛をもって
換来数匹短布　　わずか数匹の布と交換する。
非不知牛可惜　　牛をあげることの哀惜を感じても
布無用弱国之故　　国が弱いので無用な布を売る

黄海道

黄海に面している黄海道については、割と議論が少ない。黄海道人に対する『八域志』の記述は「酷くて（獰）乱暴（暴）」であるということだ。これも相当否定的な評価である。しかし、今の北朝鮮の人々の認識は、石の多い田んぼを耕す牛（石田耕牛）のように忍耐心が強くて勤勉であるということで、割と肯定的である。二つの評価の三百年の間の変化は、黄海道特有の地政学的条件から鑑みる必要がある。黄海道の代表的な町は海州で、朝鮮時代には中国との通商の中心地だった。その港町の商人たちは朝鮮にとって必要だったが、「士農工商」という位階秩序の一番下にある商人階級にたいする支配階層（士）の評価は低かったはずである。しかし、その位階秩序がなくなり、海外の文物を理解して物の理《ことわり》を分別する黄海道の人々は「勤勉で信頼できる」人々へとイメージが変わった。特に韓国の人々は黄海道人について、「海州商人」という言葉を使い、商売がうまいというイメージをもっている。

慶尚道、全羅道

この章の関心事は北朝鮮であるが、話を南の方に向けてみる。『八域志』の記述を見ると、南において肯定的な描写があるのは慶尚道のみである。すなわち、実質的で（質）誠実である（実）ということだ。

これと大きな対照になるのが、全羅道に対する評価である。その地方の人々の人性は狡猾で険しいということである。全羅道人に対する北朝鮮の人々の印象は、「風前細柳」という表現に圧縮されている。この表現は二通りに解釈できる。肯定的には、全羅道の人々の才能が優秀であり、特に芸能と文学に優れているということである。実際に、現在の韓国の芸能界を牛耳っているのは全羅道の人々であると信じる人が韓国に多い。しかし、否定的には、全羅道の人々が風の前でふらふら動く柳の如く、変わりやすいし、機会主義的であるという偏見を示す面もある。

こうしたドラマチックな対照は、いまだに韓国政治の中心的な問題が「嶺南」（慶尚道）と「湖南」（全羅道）の対立である事実と重なる時、非常に深刻な話題になる。慶尚道出身が多い韓国の歴代大統領の中で、唯一金大中だけが全羅道出身である。韓国の近代政治の中で、全羅道は野党の基盤である。

忠清道、京畿道、江原道

こうした中で、キャスティング・ボートを握るのは忠清道である。

忠清道に関する『八域志』の評価は、専趨勢利である。忠清道の人々が自分の本音を言わずに、有利な機会を追って実利を取ろうとする傾向があるということだ。こうした「偏見」はいまだに韓国で通用する。北朝鮮の人々が持つ忠清道のイメージである「清風明月」とは、人々が純粋で優しいという肯定的意味と、言行が緩くて競争心がないという否定的な意味もある。

現在の京畿道は評価しにくい。その理由は、朝鮮王朝以降、「漢陽」（今のソウル）への人口集中をはじめ全ての価値の一極集中が激しく、住宅街（今はベッドタウン）として京畿道への移転が多かったことにある。しかし、それ以前の京畿道の伝統的なイメージは、皮肉を込められているのが注目を引く。朝鮮時代に作られた『八城志』は、京畿道の人々の姿を凋《しぼ》んでかつ弊《つか》れていると描写した。このイメージは、王朝がある漢陽に物資を供給しながら生きる下町の人々の印象を取り上げたものだろう。また、北朝鮮の人々に残っている京畿道のイメージも皮肉的で、「鏡中美人」のように華麗で行儀作法はいいが、中身と実利がないということである。

こうした揶揄をまったく反対の視角で受けているのが江原道の人である。『八城志』は江原道のイメージを「峡氓多蠢」と表現した。すなわち、深い谷の中に住む百姓（氓）が、たくさんの虫のごとく愚か（蠢）であるということだ。ところが、これは中央の官吏の目に映ったイメージで、朝鮮時代の普通の人々の見方は「岩下古佛」という表現で北朝鮮の人々の中に残っている。すなわち、千年を超えて風雨に耐える石仏のように忍耐心が強く質朴であるということだ。

2　アジアのエルサレム——朝鮮半島とキリスト教

以上の議論は、朝鮮半島史の「西側先導性」という側面につながる。アジアのトップを走ることとなった近代国家日本の『坂の上の雲』のような出来事を一つ選ぶと、一九〇五年の日露戦争での勝利かもしれない。その大きな転換の原点になる「歴史的偶然」があるとしたら、私は一五四三年の種子島への鉄砲の伝来であると思う。その鉄砲の伝来がなかったら、日本の近代化のタイムラインと模様は異なったといえよう。では、朝鮮王朝の近代化において、種子島鉄砲の伝来のような性質と重みをもつ事件があったとしたらなんだろうか。

私はキリスト教の伝来であると思う。一八六六年八月二十一日、アメリカの商船ジェネラル・シャーマン（General Sherman）号が平壌の大同江に現れた。通商をもとめたアンドリュー・ジョンソン米大統領が送った船だった。しかし、鎖国政策を堅く守っていた朝鮮王朝は「西洋傀儡」の船への攻撃を命じた。これによって船は撃沈され、乗組員は全員が死んだ。その船にはトマス（R. J. Thomas）という牧師が乗っていた。監理教派（メソジスト派）の牧師だったトマスが死んでから十七年後の一八八三年五月、福音書が平壌に非公式的に普及され、一八八七年には監理教の宣教師アペンゼラー（Henry Gerhard Appenzeller）が平壌に入った。これが近代の朝鮮半島とキリスト教の出会いだった。これによって平壌には教会がつくられ、「アジアのエルサレム」と呼ばれることとなった。それから平壌は朝鮮のキリスト教の本拠地となり、大日本帝国の治下にあった一九四〇年には、キリスト教の監理教派や長老派のみならず、聖公会、救世軍、日本キリスト教、朝鮮イエス協会、東洋宣教会などさまざまなキリスト教の組織があったという（www.theosnlogos.com/361）。

韓国政治の保守性の柱

この伝統は、現在の韓国の政治を理解するうえでも重要な示唆をもつ。戦後韓国政治は保守勢力が中心になってきた。リベラル勢力が政権をとったのは、金大中と盧武鉉、そして今の文在寅政権に過ぎない。韓国政治のこの保守性の一つの柱が、平壌出身者を中心とするキリスト教信者のグループである。このグループを代表する用語が「西北青年団」である。

二〇一四年四月にあった「セウォル号」沈没事件から数カ月後の九月、韓国の代表的な左派系新聞である『京郷新聞』は、次のような記事を掲載した。

一部右翼性向の市民団体が「セウォル号特別法」を要求する被害者家族と市民たちに対抗して物理的行動を強化している。二十八日には、「西北青年団」の再建を標榜する一部市民たちがソウル広場に設置されている黄色いリボンを棄損しようとしたが、警察に制止された。西北青年団は〔日本からの〕解放直後、共産主義者と思われる人に暴力とテロを恣行した右翼反共団体である。

左派系雑誌である『民族二十一』は、二〇〇三年に盧武鉉大統領が就任した後、翌年八月号で次のような内容を含む記事を掲載した。

昨年十二月に盧武鉉議員が大統領選挙で勝利した後、韓国キリスト教の百年の歴史の上で珍しい現象が起きた。いままで政治体制の中で安住しながら協調した保守キリスト教勢力、すなわちキリスト教右派が四回に渡って大規模な親米・反北集会を開催したのだ……今まで徹底した反共主義の中で自分たちのアイデンティティを構築し、崇米事大主義のなかで巨大な物的土台を作ってきた右翼キリスト教の人々が声をあげることとなったのは、韓国社会で拡散する反米感情と改革政権の登場によって危機意識をもつこととなったからだ。

二十一世紀に入ってからいままで、韓国社会で影響力を保っている右派キリスト教の神学的基盤は根本主義神学（Fundamentalism）である……米国で根本主義キリスト教が初めて組織され、影響力をもつこととなったのは十九世紀末から二十世紀初めである……一八八五年に朝鮮に入ってきた宣教師のアペンゼラーとアンダーウッドは同じ系列から派遣された……米国帝国主義の理念で武装され、神学的には保守の路線を守った宣教師によって支配された朝鮮の教会は、朝鮮王朝の封建的残存勢力を一掃し、民族運動の基盤を提供したが、奇形的な発展をするはめになった……イエス・キリストの生涯を歪曲し、普通の信徒たちの生きる現場から遊離する物心主義と、聖職者中心の教権主義に埋没し、「霊魂株式会社」へと転落した守旧キリスト教が回復するためには、既得権を守るための社会分裂の集会を中断して、民族と歴史の前に悔悟しなければならない。*

＊アペンゼラー（Henry Gerhard Appenzeller、一八五八―一九〇二）は、一八八五年に朝鮮に入国して活動した米国監理教宣教師である。彼はキリスト教が朝鮮で設立した最初の近代私立学校である培材学堂（現在の培材大学校等）の創始者であり、朝鮮王朝末期にキリスト教を広めるために大きな業績を残した。彼の

娘エリス・アペンゼラーは梨花学堂（現梨花女子高校、梨花女子大学）を発展させるために大きな業績を残した。

アンダーウッド（Horace Grant Underwood、一八五九―一九一六）は、アメリカの長老派宣教師である。一八八四年七月に朝鮮初の長老派宣教師として選ばれたが、朝鮮の開化派が起こした甲申政変で日本にとどまった。日本に滞在中に朝鮮語を学び、一八八五年四月五日にアペンゼラーと入国した。朝鮮政府が宣教活動を許可しなかったので、朝鮮最初の西洋式病院である済衆院で物理学と化学を教えた。彼はイエス教学堂、延喜専門学校（現在の延世大学校）などを設立し、韓国の宗教・文化・言語・政治・社会などさまざまな分野で多くの業績を残した。

韓国の「西北主義」

この二つの引用が共通して指す韓国の右翼キリスト教の源が「西北青年会」もしくは「西北青年団」であり、その源泉が平壌に伝来したキリスト教なのである。この団体の本質を理解するための大きなヒントは「西北」という語彙にある。すなわち、朝鮮半島の西北地方から来た人々を指すのだ。金日成の迫害の危険から逃げるため平壌を中心とする北朝鮮から南に来たキリスト教の青年たちは、一九四六年にソウルで「西北青年会」を結成した。最初の事務室が現在の『東亜日報』の中に設けられた、と伝わるこの団体は、解放後の韓国政界の大物である李承晩、金九などの支援を得た。そのなかで韓国の軍隊や警察の創設に参加した人も多い。

生まれながらに反共主義を持つこの人々は、平壌でのキリスト教の実績と経験を生かして、韓国キリスト教団の実質的中心になった。朝鮮戦争後、近代化する韓国でキリスト教の基礎を敷いた人々は、北朝鮮出身の牧師たちが中心だった。キリスト教の教えを元とする親米的世界観と、共産勢力への徹底的な反抗心という二つの柱の上に立った「西北の青年たち」が、戦後の韓国政権、すなわち、親米の李承晩政権、そして朴正熙が作った軍事政権と間柄がよいのはおかしくない。
リベラル系の『京郷新聞』に二〇一六年八月十六日に寄稿された「ウェルビング右派と大型教会」という記事の次の引用部分は、韓国社会での「西北主義」の影響を闡明に説明している。

韓国のプロテスタント伝来過程を見ると、初期プロテスタントは今日の韓国教会のように根本主義一色ではなかった……根本主義と関連しては西北地域のプロテスタントがそのルーツという事実を念頭に置く必要がある。西北（あるいは関西）地域とは、朝鮮時代の地域の名称によると、平安道、黄海道、咸鏡道全域を含んでいる。だが、一八九二年にプロテスタント宣教師たちが結んだ「朝鮮半島宣教地分割協定」によって、平安道と黄海道が米国北長老会の排他的宣教領域となって、咸鏡道は間島地域を割り当てられたカナダ連合教会の領域に含まれた……さらに、一九〇七年に平壌で起きた「大復興運動」によって、北西地域はプレゼンスが大きくなっただけでなく、朝鮮半島全体を主導することとなった……西北系宣教師の根本主義信仰は政治的というよりは一種の文化・宗教的排他主義に近かった。その北朝鮮のプロテスタントたちが大挙南下して、西北系プロテスタントの原理主義は極右反共主義と結合した……このプロテスタント勢力は、韓国のプロテスタントのみならず、韓国社会全体で最も強力な資源を持った勢力として浮上した。*

* http://weekly.khan.co.kr/khnm.html?mode=view&artid=201607041833401&code=115#csidx4690de2756ab0298008e994c43d1d24

その流れはいまだに続いている。最近のよい例の一つが、李明博の大統領当選であろう。李明博が大統領になった時、その成功は「고소영」（高所嶺）の作品であるという笑い話が韓国で広がった。すなわち、李の母校である「高」麗大学の「学縁」、彼が長老として通う「所」望教会の「信縁」、そして彼の出身地である「嶺」南地方の「地縁」であるということだ。ソウルの豊かな「江南」地域にある所望教会を作った「元老牧師」は、韓国で広く知られたクァク・ソンヒ氏であるが、彼は一九三三年に黄海道に生まれ、南下してからアメリカの神学校に留学した。彼は「説教の達人」と呼ばれ、牧師のパフォーマンスが教会の成功のカギになることをアピールした。

しかし、プロテスタントの理念、平安道を中心とする西北主義、そして保守主義という三つの要素を総合する化身のような人物がいるとしたら、それは文鮮明《ムンソンミョン》であろう。彼は一九二〇年に、前に紹介した平安北道定州郡で出生した。裕福な儒教家門に生まれた文は、十五歳の時に兄弟が精神病を患い、それをきっかけに家族全員がプロテスタントの長老派教徒となったという。十八歳の時にソウルに上京して学校に通い、電気工学を学びながら教会に通った。十九歳の時に日本に留学し、電気工学を勉強し、卒業後鹿島組（現在の鹿島建設）で働いていた。日本で抗日独立運動に関わって逮捕された経験をへて、終戦後帰国し、特殊な宗教体験から自らの思想「原理」を確立したという。

三十四歳になる一九五四年に「世界平和統一家庭連合」、すなわち略称「統一教会」を立ち上げた。一九六一年には朴正熙大統領の軍事独裁政権の下で、反共主義思想を展開し、政府から庇護された。そして一九六四年には宗教法人の認証を受けることができた。一九五九年にアメリカに伝道師を送って以降、一九六五年には世界四十カ国を回って布教を行うこととなり、グローバル化に成功した。一九六八年に下部組織として「国際勝共連合」を設立した彼は、一九七二年にはアメリカに移住し、統一教会の総本部もアメリカに移した。激しい反共主義を主張してきたが、一九九九年には平壌に「平和自動車」という会社を作り、二〇一三年には北朝鮮政府に運営権を移譲した。

3　平安道エリート主義

平安道のイメージは、朝鮮王朝の中央政治と遠く離れているかのような感想を挙げやすい。しかし、平安道は朝鮮王朝のなかで重要な位置を占めていた。平安道の人々には、ある種のエリート主義があり、その心理構造を理解することは、現在の北朝鮮政治を理解することに必須であろう。大同江が流れる平壌は歴史的に高句麗の首都だったし、高麗時代には「三京」の一つの西京であり、朝鮮時代には主なる漢陽に次ぐ「監営」の所在地であった。また、中世には中国文物が、そして近世の初期には西洋文物が入る入り口だったのである。

表15　出身地別の科挙の合格者数

（単位：人）

漢　陽	1,636
平安道	829
慶尚道	690
京畿道	618
忠清道	607
全羅道	346
咸鏡道	181
江原道	129
黄海道	89

そのエリート主義の一つの根拠として挙げられるのが、朝鮮王朝の国家人材登用システムだった「科挙」試験の合格者数である。ソウル大学の韓永愚《ハンヨンウ》教授が朝鮮王朝五百年間を調査して出した『科挙——出世の梯子』によると、中央政府があった漢陽（今のソウル）を除いて、地方では一番多数の合格者を輩出したのが平安道である。ハン教授の調査によると、五百年間に国家試験（武科ではなく文科のみ）に一万四千名以上が合格した。その中で出身地データが取られた英祖（一六九四―一七七六）代以降の数値は、**表15**のとおりである。

この結果は、韓国の普通の人々が各地域について持つ通念もしくは偏見、すなわち「慶尚道が朝鮮王朝の権力エリートの主な産地だった」とか「全羅道の人々は感受性が優れて文人が多い」などとは距離がある。また、首都である漢陽を囲む当時のメトロポリスを構成した京畿道よりもかなり多い合格者を輩出したことは驚きである。

忠清道出身の李重煥が『八域志』で平安道と慶尚道のみを肯定的に描いたことは偶然ではないかもしれない。平壌の南西部にある龍岡郡という故郷に強い郷愁をもっていた私の父は、「我々は高句麗人である」と、幼い私に機会がある度に強調した。彼の口調には出身地への矜持を超えて、何か「南への蔑視」のようなものが含まれていると感じた。自分の意思に反して故郷を捨てて南にきたことへの挫折感に由来するものだろうが、「北の騎馬民族は勇敢で開放的であり、南の農耕民族は狡猾で怠惰である」という彼の「偏見」を、小学生の私に盛んに言ったのである。だが、その偏見は私の父に限らず、今の北朝鮮のエリートたちの口調に浸透していると感じる時が多い。世界で一番貧しい独裁国家である北朝鮮の支配層の人々が、世界十大経済圏を成し遂げた韓国の人々を「蔑視」する心理にはなにがあるのか。ここでのポイントは、朝鮮半島の北西のエリート層、特に平壌を中心とする平野地帯に住んで比較的豊かな生活環境にいた人々が、長い年月を経て形成した偏見であろう。

第8章　北朝鮮の内政と二律背反

二〇一二年に発表された北朝鮮の「強盛大国総進軍歌」の第二節は、次のように礼賛の言葉を羅列する。

無敵の銃剣で富強を轟かし
不敗の城塞の上に万福を広げる
偉大な将軍様に従って進もう　太陽朝鮮よ
強盛大国の峰へ　総進軍　前へ

二〇一六年八月一日、韓国国家情報院は、国会情報委員会で、北朝鮮が中国から三千万ドルを受ける条件で同年の西海（黄海）漁業権を中国に譲ったと証言した。それから十日後の八月十一日、韓国のメディアは、北朝鮮政権が西海に続いて東海（日本海）の漁業権を中国に売ったと一斉に報道した。自国の領海で中国の漁船が自由に漁業をする対価として受け取る金が七千五百万ドルであり、これはすべて金正恩の「統治資金」に入るということである。若い独裁者が統治資金を確保するために海を中国に売ったというニュースは、衝撃と共に「強盛大国」を標榜する北朝鮮政治の二律背反を浮き彫りにする。

一　父性愛と恐怖政治

北朝鮮では「民族の偉大な太陽」と賛美される金日成は、「父なる首領」である。その父が率いる政治は、子孫たちを愛する父母の政治を標榜する。その金日成は死んだが、息子の正日、そして孫の正恩が継承し、人民に対する「父性愛」というレトリックを統治の元とする。それに対して、人民はその金氏一族に向けて「敬愛」心を持つはずである。こうした「父性愛」政治が成り立つためには、二つの要素が必要である。大きくは儒教の伝統があり、狭い意味では金氏一族の「ナルシシズム」がある。

1　儒教の活用と「主体思想」

北朝鮮政権が人民を統治する技法の中には、儒教的原理が旺盛に活用されている。三十代前半の金正恩の前で、七十代の老人たちが震えながら顔を合わせている光景をみると、北朝鮮は儒教の基本的道理である「三綱五倫」という教えの柱である「長幼有序」が麻痺したように見える。しかし、北朝鮮は儒教のドクトリンを社会秩序の礎石の一つとしている。そのドクトリンの頂点に立つのが、金日成に代表される「白頭血統」（白頭山は朝鮮民族発祥の聖山であり、抗日パルチザンの聖地である）である。白頭血統の正当化につとめる金氏一族は、金日成の先祖の賛美に力を入れており、捏造も躊躇しない。例えば、金日成の曽祖父にあたる金膺禹《キムウンウ》が、前述した米国商船の攻撃を主導したと教える。

米国の海賊船のシャーマン丸を掃討するための闘争で、金膺禹先生は、実に我が祖国の青史に永遠に輝く業績を積まれ、その闘争に出た人民たちは無比の英雄性と愛国的献身を遺憾なく発揮した。（朴得俊『近代朝鮮歴史』（朝鮮語）社会科学出版社、一九八四年、一八―一九頁）

金正恩後継体制の正統性も、白頭血統という空想の概念に基づく。彼が「白頭山抗日革命家」である金日成と金正淑の嫡子である金正日をつないだ「革命偉業の継承者」になるというものである。一つの例を挙げれば、金正恩が権力の座についた後の二〇一二年六月に、北朝鮮では「白頭山大国」という大衆動員音楽が発表された。その歌では、金正恩を「党中央」とし、「進め、白頭山大国よ、党中央の呼び声に従い最後の勝利に向かって、前へ前へ」と促しながら、三代世襲の正当性を宣伝した。

白頭血統が強調されたのは、金正日の後継体制確立の過程においてであった。一九七一年六月に開催された社労青第六回大会で行った演説で、金日成は「青年は代を継いで革命を継続しなければならない」というテーマで、「新しい世代が革命を続けてこそ、私たちの神聖な革命偉業を成し遂げることができる」と述べ、金正日の登場を示唆した。金日成の死亡後に、金正日は、「革命の継承」を強調し、北朝鮮指導部と体制に対する批判を封鎖した。金日成―金正日―金正恩とつながる首領血統の正当性を確保することによって、住民に首領と党の指示に無条件に従う規律を強要し、システムの安定を図っているのである。この首領血統において後継者の要件は、①首領の路線と政策の貫徹、②首領の非凡な思想・理論的英知と優れた指導力、そして③人民に対する絶対的な権威と威信である。こうした意味で、「血統」は、生物学的血統ではなく、金日成の思想と理論、革命業績、闘争経験、事業方法などを受け継ぐという抽象的なものである。

結局、「偉大なる指導者」と「父なる首領」は同一語なのである。その始原である金日成の誕生記念日、すなわち「太陽節」に配られる「名節供給」は、そういう恩恵の可視的具現であり、外国人も必ず参拝しなければならない金日成墓地は現代版の「宗墓」に当てはまる。この太陽節を北朝鮮の『労働新聞』は次のように賛美した。


太陽節は我が民族の最大の祝祭日である……我が国は偉大なる首領さまの賢明な領導によって

独立し、隆盛・繁栄した「金日成朝鮮」である。わが民族は首領さまの手によって救援され尊厳を馳せることとなった「金日成民族」である。（『労働新聞』一九九八年四月十五日社説）

この「金日成朝鮮」と「金日成民族」の太陽の長男である金正日は、星として賛美される。中学校の国語教科書は次のように詠っている。

親愛なる我が指導者、金正日同志
同志は白頭山で誕生された。
白頭山
そこから朝鮮の星があがり
そこから朝鮮の幸福と未来が始まった。

（高等中学校三学年「国語」第五課）

このように、父なる首領は社会政治的生命であり、人民がその生命を信じて永遠に追っていくことを、北朝鮮の学者たちは「社会政治的生命体論」と呼ぶ。

言い換えれば、「社会政治的生命体論」としての北朝鮮は、三つの原理の上に立っている。一つは社会主義国家の普遍的な特性である共産党一党独裁である。それに北朝鮮特有の「首領支配体制」があり、さらにその体制の維持原理である「三代世襲」が成立する。こうした三つの原理が包装されたパッケージが「主体思想」というものである。「朝鮮労働党は首領の賢明な領導の元で、主体思想を唯一的指導思想とし全てを執行する」ということである。金正日は「首領論」を主体思想の核心であると教示しながら、次のように言った。

人民大衆が歴史の主体としての地位を占めて役割を果たすためには、必ず指導者と大衆が結合しなければならない……共産主義運動は……正しい指導者なしでは進行することができない……指導の問題とは、人民大衆と党を首領が領導する問題である……首領は革命の最高領導者なわけである。

（『朝鮮中央年鑑』一九八三年一月三十一日）

首領の賢明な領導を元とする主体思想を「唯一的指導思想」とすることは、朝鮮労働党が公党ではなく、「私党」であることを示す。しかし、この私党は妄想に近い目標を掲げている。すなわち、「朝鮮労働党の当面の目的は、共和国北半部で社会主義強盛大国を建設してから、全国的範囲で民族解放、民主主義という革命の課業を遂行することであり、最終の目的は全ての社会を主体思想化して、人民大衆の自主性を完全に実現することである」と闡明している（労働党規約序文）。

2　ナルシシズム

こうした神話が破壊されず続くことが可能なわけは、人民に対する洗脳と弾圧のみではない。内面的に金氏一族の人々が自らそれを信じ込むナルシシズムがあって可能となる。精神医学者であり米ＣＩＡに長く勤めながら「パーソナリティと政治行動分析センター」(The Center for the Analysis of Personality and Political Behavior) を創立したポスト博士 (Jerrold M. Post) は、金氏一族やサダム・フセインに共通する「悪性ナルシシズム」(malignant narcissism) を次のように要約した (Post, pp. 190-91)。

①大げさ、自己陶酔、そして他人への共感能力の欠如 (grandiosity, self-absorption, lack ability to empathize with others)
自分が統治する人民と共感ができない
自分の主な敵対者 (例えば、米国) をきちんと理解できず、誤算する
②良心の制御不能 (no constraint of conscience)
統治の唯一の目的は自分の生存と成功である
回りの人々を統制するために享楽と侮辱を混ぜ使う
③パラノイド性向 (paranoid orientation)
自分が敵や裏切り者に囲まれているという幻想、妄想をもつ
④抑制されない攻撃性 (unconstrained aggression)
自分の生存や成功に邪魔になるものは個人でも集団でも手段を問わず除去する

⑤不安、自分の聡明さと外見への執着（Insecurity, preoccupation with one's own brilliance, appearance）
自分の完璧さを演出するために外見を工夫する。演出がばれないように自分に関する情報の漏洩に気を付け、批判には敏感に対応する。
⑥周りの軽蔑への極端な敏感性（Extreme sensitivity to slight）
周りに世辞者を置き、現実から離れている。その中で自分を軽蔑する言動には敏感に対応する。
⑦自己成功への過剰な楽観論（Over-optimism about one's own chances）
自分の成功に対する過剰な楽観論を持ち、それに反する動きや敵を低評価する
⑧言葉を道具として使い、守る意思はない（Words as instruments）
状況や都合によって言葉や約束を乱発する。しかし、その言語は相手を操縦する道具であって、守るべき目標ではない。
⑨人間関係への歪んだ理解（Flawed interpersonal relationships）
他人を自分の延長として理解する。その他人の意思や必要などは考えない。忠誠心は他人から自己への一方通行のものであり、その人間関係を破る可能性のある人は除去する。

こうした悪性ナルシシズムを教科書的に実行した例は、イラクのサダム・フセインかもしれない。一九八〇年にフセインが仕掛けたイランとの戦争は、一九八二年にホメイニがイランで執権をとることによってうまくいかなかった。その時、フセインが停戦を提案したが、ホメイニは拒否した。

そういう状況でフセインは閣僚に意見を聞いた。その際、フセインが一時的に大統領職から降りる案が提示されたが、追従者たちは満場一致でそれを否定した。「サダムがイラクであり、イラクがサダムである」ということだった。ところが、長い間サダムを補佐してきた保健大臣のイブラヒム博士という人物が、平和のために一時的に下野することも賢い案であろうと提言した。それを聞いたフセインは「感謝を表して」イブラヒムを即座に逮捕した。そのニュースを聞いたイブラヒム夫人が釈放を嘆願したら、フセインはそれを約束した。そして、次の日にイブラヒムの体は自宅に戻った。ただし、体がバラバラに切られた状態であった（Post, pp. 108-9）。

3　恐怖政治

この悪性ナルシシズムが政治に適用される過程では、恐怖政治が利用される。二〇一一年十二月、弱冠二十七歳で北朝鮮の第三代目の統治者になった金正恩は、二〇一五年末までに百四十名を超える党幹部を処刑したと、二〇一六年二月七日の『朝鮮日報』ネット版が報じた。その対象は、張成《ジャンソン》沢《テク》労働党行政部長や玄永哲《ヒョンヨンチョル》人民武力部長などの最高位幹部のみならず、中間クラスの幹部や芸術人などにわたり、多くの地位や分野を網羅する。さらに、その処刑の方法は、機関銃の乱射などを含めてかつてなかった残忍性を露呈している。「裏切り者にこの国で埋葬される土地はない」と言いながら、高射砲で体の形がなくなるまで乱射させ、その後を火炎放射器で始末させる事態は、疑問を抱かせる。それを指示する若き統治者の心理、そして実行する老人になった将軍や党幹部たちの心理を、どのように理解すればいいのか。

こうした不思議を説明することができる一つの概念は「カリスマ」である。社会科学でこの概念を導入したといわれるドイツの社会学者マックス・ヴェーバーは、カリスマを「ある個人が普通の人々から区別されるようになるある特質」と定義し、「超自然的、超人間的、または例外的な力もしくは資質を備える」と言った（Charisma is a certain quality of an individual personality by virtue of which he is set apart from ordinary men and treated as endowed with supernatural, superhuman, or at least specifically exceptional powers or qualities.）。こうした発想から「カリスマ的リーダーと追従者関係」（charismatic leader-follower relationship）を研究したウィルナー（Ann Ruth Willner）は、その関係の要諦を以下のように要約した（1985）。

①指導者は追従者になにか「超人間的」に認識される。
②追従者は盲目的に指導者の言説を信じる。
③追従者は指導者の指示に無条件的に従う。
④追従者は指導者に無批判的な情緒的支持を捧げる。

人類の歴史で、特に近代の政治で、こうしたカリスマ性をもっていた指導者はいない。近い例を挙げるとヒトラーくらいであろう。いずれにしても、この定義は北朝鮮の金氏一族には当てはまらない。北朝鮮の指導者が享受した支持は「飴と鞭」の組み合わせによるものだった。ここで特に大事なのは「恐怖心」である。七十代の将軍が三十代の「指導者」の前で体が震えるのは、その指導者の「超人間的」資質からではなく、「いつでも死刑にされる可能性がある」という本能的恐怖に基づいたものである。

その恐怖政治を有効に使った代表的な例が、がイラクのサダム・フセインだった。「殺す家系は温存される家系になる」(the family that slays together stays together)。これはサダム・フセインが息子たちに教えた教訓である。かれは自分の権力を息子たちに継承させることを計画し、息子たちに恐怖の政治の技法を教えた。教えの要諦は、暴力を駆使するには限界がないことと、息子たちは特別な存在なので、暴力を使うことへの罰などを恐れる必要がないことだった。この教えを息子たちは忠実に実行した。特に、長男ウデイ(Uday Hussain)は教科書通りだった。エジプトのムバラク大統領の夫人がイラクを訪問したことを祝うパーティーで、ウデイは些細なことで不愉快を覚え、フセインの世話係一人を全員が見るなかで殴って殺した。他の逸話では、パーティーの席で六名の舞姫を拳銃で殺し、自分の叔父ひとりの足に銃弾を撃ち込んだ(Post, p. 183)。

北朝鮮王朝の始祖である金日成は、年が若くても政権を固めるために粛清を行ったが、病的な残酷さを見せたことはない。権力を固めるために異例の暴力に依存することが始まったのは、息子金正日の時代だった。父の死の後、三年間の遺訓政治の期間が終わった一九九四年に、金正日は「血の粛清」を始めた。その代表的な事件が「深化組」事件だった。その事件は一九九七年八月に、党中央委員会の秘書であるソ・カンヒという人物が「米国の間諜」という罪で、平壌で公開処刑されることから始まった。また、金正日の指示によって、社会安全省は、平壌付近のヨンソンという町でクーデターの陰謀があったという「ヨンソン事件」を起こした。この二つの企てられた事件を経て、社会安全省が全国に約八千個の「深化組」を設けた。この深化組組織は、無慈悲な拷問を行い、約二万五千人の自白を誘導して粛清したと言われる。

金正日の恐怖政治が社会に幅広く行われたのに比べて、息子正恩の恐怖政治は前例のない特徴を見せている。すなわち、未熟な権力基盤を固めるために政治エリートに的を絞って粛清を頻繁に行い、潜在的な反対勢力の組織化を阻止すること、そして処罰を残酷に行い、潜在的な反対勢力の肝に深い恐怖心を醸成することである。

世界に衝撃を与えた二〇一三年十二月の張成沢《ジャンソンテク》の処刑は、代表的事例であろう。当時二十九歳だった金正恩は、叔父に当たる六十七歳の張を「破倫」な形で殺した。形式的な裁判で「国家転覆陰謀行為」という罪をつけて、また、「犬より醜悪な人間屑」という呪いをかけて、残酷極まりない形で処刑した。それから一年半ほど後の二〇一五年五月には、軍のナンバー2である玄永哲人民武力部長を、平壌の強建総合軍官学校の射撃場で、数百名の軍幹部が見るなか高射砲で殺した。当時、玄は六十四歳だった。

こうした例は、経験の浅い青年が、短い期間に一つの政権を掌握し、「唯一領導体系」を築くという異常な目標をもって、些細な不安要素でもその根を絶やす、という強迫観念の表れであろう。

そう見れば、金正恩は、生まれながらに、もしくは何らかの経緯で、マキャヴェリの統治術を身に着けたといえる。ニッコロ・マキャヴェリは『君主論』の第十七章で「残酷性」が不可避であると助言しながら、次のように言った。

> 君主は、臣下たちを団結して服従させるために必要である時は、残酷であるという非難を無視しなければならない……特に、新しい君主は、新しい国に危険が満ちているので、残酷であるという評判を避けるのが不可能である……人間とは、自分が愛する人より、自分が怖いと思う人に逆らうことを気にする。愛とは人間同士の義務感によって形成されるが、人間は卑劣なもので、私利私欲のささやきでいつでも義務を放棄することができる。しかし、処罰の恐れにもとづく恐怖心は人間の掌握を緩めない。*

＊ A price should therefore disregard the reproach of being thought cruel where it enables him to keep his subjects united and obedient... And for a new Prince, of all others, it is impossible to escape a name for cruelty, since new States are full of dangers... Moreover, men are less careful how they offend him who makes himself loved than him who makes himself feared... For love is held by the tie of obligation, which, because men a sorry breed, is broken on every whisper of private interests; but fear is bound by the apprehension of punishment which never relaxes its grasp.

Niccolo Machiavelli, *The Prince* (Dover Publications Inc., 1992).

表 16　北朝鮮による人民の三分類

階　層	部　　類
核心階層	労働者、労働党党員、愛国烈士遺族など 12 個部類
動揺階層	商人、資本家、日本からの帰還民、接客業者など 18 個分類
敵対階層	富農、地主、親日・親米主義者、資本家、キリスト教信者など 21 個分類

4　敬愛する首領による人民の差別

首領に従う大きな家族のような北朝鮮は「社会主義」を標榜するが、社会の構成員は平等ではない。元々の理念と正反対である。北朝鮮は**表16**のように、一九六〇年代末に実施された「住民再登録事業」のもとで人々を三階層に分類し、それをまた五十一部類に区分している。

「社会主義」を標榜する「朝鮮民主主義人民共和国」には、天国と地獄が生活の場として共存しているのだ。要は、北朝鮮とは同質的な一つの社会ではなく、いくつかの異質的な部分がパッチワークのように共存している共同体であるということである。

「銭がなければできることがないし、銭さえあればできないことがない」。私が小学校低学年だった一九六〇年代前半に、大人たちがよく喋った言葉で、いまだに脳裏に刻まれている。賄賂を中心とする腐敗が韓国社会の作動原理だった李承晩政権を正そう、と若き朴正熙将軍が一九六一年にクーデターを起こし権力を握ったが、腐敗は韓国社会に深く浸透していた。朴正熙将軍（のちに大統領）が率いた一九六一年から一九七九年までの期間の一つの特徴は「政治犯」には厳しく、「軽い刑事

表 17　北朝鮮の刑法における犯罪類型

大分類		中分類	代表的犯罪
反国家及び反民族犯罪	1	反国家犯罪	国家転覆陰謀罪、祖国反逆罪、間諜罪
	2	反民族犯罪	民族反逆罪
	3	隠匿罪、不申告罪、放任罪	反国家及び反民族隠匿罪
経済侵害犯罪	4	国家及び社会共同団体所有侵害犯罪	窃盗罪、恐喝罪、横領罪
	5	経済管理秩序侵害犯罪	貨幣偽造、脱税、個人商行為、密輸罪
	6	国土管理及び環境保護秩序侵害犯罪	土地乱用罪、森林乱伐罪
	7	労働行政秩序侵害犯罪	交通事故、分配秩序違反罪
文化侵害犯罪	8	（なし）	退廃的文化輸入・流布、敵対放送聴取
行政管理秩序侵害犯罪	9	一般行政秩序侵害犯罪	集団的騒擾、非法国境出入、賄賂罪
	10	管理人員の職務上犯罪	職権乱用、職務怠慢
共同生活秩序侵害犯罪	11	（なし）	集団暴力、売淫、非法婚約
生命財産侵害犯罪	12	生命、健康、人格侵害犯罪	殺人、重傷害、強姦
	13	個人所有侵害犯罪	窃盗罪、恐喝罪、横領罪

（資料：韓国統一部、統一教育院「2012 北朝鮮の理解」p. 250）

犯罪」には寛容だったと言える。政権への挑戦を防ぐことが公安の第一次的目的で、その代わりに軽い「生活犯罪」には目をつぶり、住民の反発を和らげたのである。

　その模様が、今、北朝鮮で再演されている。ベンツ車で移動するエリート層と、動物に近い生活を営む「棄民」たちが共存する朝鮮民主主義人民共和国は、現在「犯罪共和国」といってよい。北朝鮮の刑法は一応「革命」を目的としている。具体的には、「犯罪との闘争を通じて国家主権と社会主義制度を保衛し、人民の自主的で創造的な生活を保護し……労働階級的原則を確固に堅持」することが目的である。しかし、中身を見ると、刑法の運用が社会主義革命とはほど遠いことが分かる。二〇〇四年に改訂された北朝鮮刑法は、犯罪を表17のような類型に分けている。

二　計画経済と闇市場の二律背反

党と軍部、国営企業の幹部などのエリートたちが平壌チャンジョン町など高級マンション団地に居住し、住民は想像すらできない贅沢を享受している……この人々は少なくとも五万米ドル以上を保有している新興の金持ちで、韓国のサムスンのテレビを持っており、中国から密輸した犬を飼い、ドルやユーロなどだけを扱う高価なレストランやサウナなどを利用する……平壌にベンツやBMWなどの高級外車が五千台あり、日本の日産など中古車も一千五百台あると推定される。平壌市内のタクシーも一千台に達し、一部の地域では、車が渋滞している。

これは二〇一五年四月に平壌を訪ねたドイツのベルリン自由大学のパク・ソンジョ教授の観察記を、韓国の「連合ニュース」が伝えたものである。平壌の人々が想像を超えるくらいの贅沢な生活をしているという報道はしばしばある。

私は金日成大学経済学部を卒業したので、政治犯収容所で囚人の身分としては唯一人、収容された六千人余りの人々に仕事の指揮と財政業務をやることとなりました……千五百度以上の赤く燃える炉の高温労働作業場だったその場所で、多くの人が動くのを見ました。その人々は動物の群れのようで、外界人のようで、まったく人の姿らしいところを見つけることができませんでした。頭に毛がついている人がいないし、顔は骸骨のようで歯が一つもありませんでした。

これはパク教授が平壌を観察した頃、北朝鮮の強制労働収容所の模様を、イ・スンドクという脱北者が記述したものである。では、外国産のペットを飼う優雅なマンションと、千五百度以上に赤く燃える炉の高温労働作業場が共存する共同体は、どのようにして可能になったのか。これに答えを与えるためには、北朝鮮を「分解」(unbundle)して分析する必要がある。

1 「勝利連合」の「泥棒政治」

北朝鮮という政治共同体の模様を記述する概念は多い。金氏一族の絶対的支配を見ながら、まず浮かぶ概念は「独裁」である。国家権力が一人あるいは少数に集中するという意味で、北朝鮮の政治体制は独裁である。しかし、それだけでは北朝鮮政治の説明はできない。他の独裁国家では見えない側面があるからだ。「神格化」された金氏一族とそれを囲むエリート・グループの共生関係、そしてその共生関係を守るために敢行する腐敗、恐怖政治などは、独裁とは異なるものである。

北朝鮮の独裁政治の「経済的」側面に留意する韓国の学者・崔鳳泰《チェボンテ》は、「新家産的私人独裁」という概念を提案した。この概念の構成要素として、崔は次の四つの要素を挙げる（崔鳳泰 2011, pp. 207-10）。

①独裁者一人に権力が高度に集中され、その独裁者は重要な国家政策決定過程で無制限の裁量権を行使する。

②独裁者と彼を囲む側近グループの私的後見人関係のネットワーク(clientelism)が存在する。このネットワークは制度や手続きではなく、「秘線（秘密のつながり）」や側近関係によって維持される。

③独裁者は、このネットワークに属する側近、軍部や治安機関の核心的幹部などに「地代」(rent＝国民から集めた金）を割り当てるか再分配する「経済的補償」を提供し、その代価として政治的忠誠を得る。

④独裁者は、このシステムを守るために、反対勢力を絶滅させるほど残忍な抑圧措置を日常的に使う。

このネットワークのあり方を言い換えれば「勝利連合」であり、その存在様式を指す概念は「泥棒政治」である。

北朝鮮の本質を理解するのにさらに役に立つ概念として、「勝利連合」という言葉がしばしば使われる。この言葉を学界に導入したのは、アメリカの政治学者ド・メスキタ（Bruce Bueno de Mesquita）を中心とするグループである。勝利連合（winning coalition）とは、最高権力者を創出・維持することによって、自分たちの既得権や利益を守ることができる集団を指す。北朝鮮の勝利連合に属する人々は、金正恩体制と運命を共にする。北朝鮮の権力層が、政治学の教科書が論じる「国家目標のために努力する為政者や合理性を追求する官僚制度」などとは無縁な理由はここにある。

この勝利連合には何人が属するのか。北朝鮮の内部に精通する人々は、人口二千五百万人のさらに「万分の一」という表現を口にする。実際に韓国統一部が毎年刊行する『北韓主要人士人物情報』の二〇一五年版には、三百六名が掲載されている。その中で金氏家系と姻戚関係を持つ人々は約一割くらいである。残りは「革命の遺子女」であるか、「万景台革命学院」という「貴族教育」を受けた人々である。彼らの多くは「金日成総合大学」や「金日成総合軍事大学」で学んだ同窓で、知的レベルも高い。勝利連合に属して現代的君主と運命を共にすることの代価として、彼らは権力と富を享受する。彼らは、国全体のビジネスを分配して私物化できる立場にいて、そこで得た資産は北朝鮮の貨幣ではなく、選ばれた貨幣、すなわち、米ドル、ユーロ、日本円、そして中国人民元で保有する。

こうした北朝鮮を「泥棒政治」（kleptocracy）という概念で分析する試みもある。Klepto とはギリシャ語で泥棒を意味する κλέπτης という語彙から派生した。アメリカの保守系のシンクタンクであるハドソン研究所（Hudson Institute）は、Kleptocracy Initiativeという研究プロジェクトを立ち上げた。その活動を紹介しながら、同研究所は泥棒政治を次のように解説する。

> 個人的豊かさのみに関心がある現代の泥棒政治家たちは、政治権力を駆使して人民を支配するだけではなく、恥を知らずに人民から富を奪う。さらに、泥棒政治家たちは腐敗を海外に輸出する。
>
> (Concerned only with personal enrichment, modern kleptocrats use political power not only to govern but also to brazenly steal from their own citizenry. Kleptocrats also export corruption.
>
> http://kleptocracyinitiative.org/about/)

北朝鮮の泥棒政治がもっと奇形的なのは、それを可能にする勝利連合が実績や能力といったメリトクラシー（meritocracy）ではなく、金氏一族との個人的縁によって形成されることである。北朝鮮のパワー・エリートは、「金・平・男」であるという表現がある。「金日成大学」出身で平壌生まれの男ということである。もっと詳しく言えば、北朝鮮のパワー・エリートは次のような特徴がある（パク・ヨンジャ 2013）。

①権力機構である党・軍・政の中で、二カ所以上において兼職をしていること

②上の権力機構で平均三十年以上高位職を在任した経歴があること
③金氏一族との血縁、世代縁、学縁などの私的関係の緊密性があること
④朝鮮労働党出身で七十代以上の高齢であること

2 勝利連合、「平壌共和国」、棄民

近代国家の構成要素の一つとして、国民経済が挙げられる。国民経済はその国家の中央政権が発行・管理する通貨圏、そして国民の税金でまかなわれる財政によって成り立つ。これに照らしてみると、北朝鮮には国民経済が存在しない。形式的には「ウォン」という貨幣があるが、通貨としての機能を失っている。また、社会主義の計画経済を導入したので税金がないし、私有資産もない。しかしながら、その代替であるはずの希少価値の配給制度も機能しない。そういう名目の失敗の傍らに形成されてきたのが、**図5**のような三つの経済圏である。

北朝鮮を「王朝」と性格づける学者たちは、特権階層が享有する経済を「宮廷経済」と呼ぶ。勝利連合の中心はこの宮廷経済である。その下にある第二の経済圏として「平壌共和国」が挙げられる。北朝鮮が「国家のよう」な存在として外部に投影される、あらゆる場面はここで演出される。そのおかげで国家の三要素、すなわち「領土」「国民」そして「政府」の中の、「国民」と「政府」が結合したイメージが作られる。約一八〇万人に上ると思われる第二経済圏に属する人々は、全員が首都の平壌に住んでいるわけではない。「平壌共和国」という造語が指しているのは、北朝鮮と

いう政治共同体を日常的に稼働させる「マシーン」の機能を果たす階層である。

勝利連合を下から支えるこの層は、大学教育を受けるか、一つの分野で十年以上働いた職能人とその家族である。党、内閣、軍、地方自治体、工場、企業所、学校など北朝鮮の統治インフラを運営するこの人々は、特権は持たないが計画経済が提供する配給をもらう。さらに、北朝鮮経済を支える大きな「腐敗の構造」からこぼれ落ちる「プラス・アルファ」をもらうのである。たとえば、医者は勤務する病院の薬を持ち出し、闇市場で売ることによって追加収入を得る。国境を警備する兵士は脱北者が差し出す賄賂を受け取って生活を補う。テレビの映像で見るアパートの住民や、都市の道路を歩く普通の市民に見える人々は、この「平壌共和国」の構成員と言ってよい。

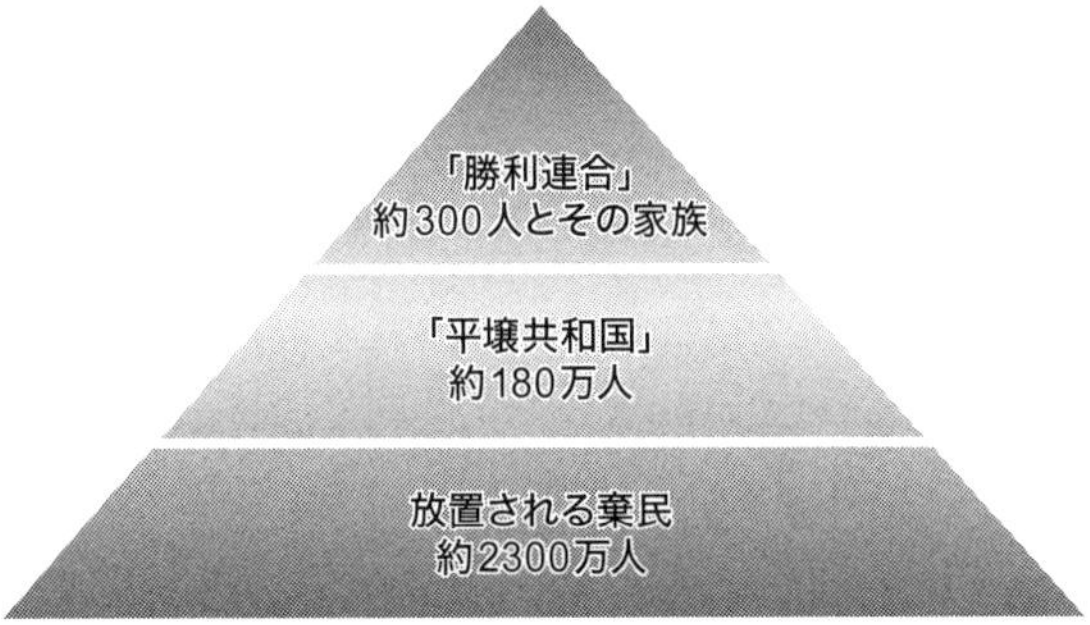

図５　北朝鮮に生まれた３つの経済圏

本書での平壌共和国は、金氏一族と運命をともにする既得権層を意味するが、そのなかの中心的な行政単位である「平壌直轄市」の割合は大半を占める。それだけ平壌という町は北朝鮮では圧倒的で例外的なものである。政治、経済、行政という次元を超えて、北朝鮮のエリートにはある意味で「聖地」であろう。二〇一〇年に公布された「首都平壌市管理法」の基本原則は、平壌に「主体の聖地で、朝鮮人民の心臓で、朝鮮民主主義人民共和国の首都」という地位を与えている。したがって、平壌を管理することは平壌市民のみならず人民全ての「栄光の義務」である。その平壌に居住する人には「平壌市民証」が発給されるが、これは北朝鮮の人々の「公民証」とは義務や権利において異なる。

人口全体の一割にも至らない二つの階層の下に放置されているのが、普通の「国民」である。いや、これら人口の九割を占める約二千三百万の人々を国民と呼ぶには無理がある。国家の構成要素としての「国民（Staatsvolk）」とは、その共同体に恒久的に属しながら、共通的に政治的忠誠心をもつことを要件とする。そのように定義するならば、機会さえあれば脱出を求める北朝鮮の人々を「国民」とは呼び難い。韓国では、北朝鮮人民の一割が国外脱出するシナリオを想定する専門家すらいる。また、この人々は税金を納めることもなければ、国家からなんら福祉も享受していない。選択肢なしに北朝鮮で生まれて、「個人の幸福追求権」といった現代国家の理念とは無縁の状態で、生き残るためにあらゆる手段を講じて「万人の万人に対する闘争」を繰り広げているのが現実である。彼らは放置された「棄民」に他ならない。

3　四つの金融圏

北朝鮮が国際的な経済制裁を受ける理由、そんな中でも外貨所得をえるために必死になっている理由は、社会主義を標榜するこの国が金銭で回る共同体であるということだ。二〇〇〇年に私は、中国人民銀行の内部大学院である研究生部で、比較金融システムを講義していた。ちょうどその時期に朝鮮中央銀行の人々が研修に来ていた。私が北朝鮮の金融システムにふれることができた初めての経験だった。当時、私は、北朝鮮が国営銀行を中心とする「単一金融体制（モノ・バンキング）」を柱に、キューバ型の社会主義金融体制を作っていくことになるなどと想定していた。しかし、現実には北朝鮮は人類文明に類のない奇形的な金融体制を形成してしまった。以上で説明した三つの経済圏が回るようにキャッシュ・フローを管理する機能を果たすのは、四つの金融圏に分けて捉えることができる。

①内閣金融

通常の国家で、国民経済の金融を管理するのは、中央銀行である。その金融管理をベースとして、内閣は国民経済を運用する。しかし、この基本的な仕組みが北朝鮮にはない。形式的には内閣、中央銀行（朝鮮中央銀行）などが存在する。公式的に言えば、北朝鮮は中央銀行がすべての金融機能を独占する「単一金融体制」である。資本主義国家で中央銀行と商業銀行が果たす機能は朝鮮中央銀行が担い、為替や決済を含む対外取引は朝鮮貿易銀行に任される。しかし、この部門は北朝鮮で発生する総付加価値の約二割を担当する、というのが韓国の北朝鮮専門家の見方である。端的に言って、北朝鮮の政府は経済・金融においては擬似政府なのである。残りの八割は宮廷・党金融と軍金融によって説明される。

②宮廷・党金融

北朝鮮の経済・金融を理解する際に、特に重要な要素が宮廷・党金融圏である。独裁政権を維持するためには資金が必要で、その資金を調達・管理するために「専門銀行」が作られた。外貨の出入管理、外資導入などの機能を果たすこの専門銀行は、勝利連合のメイン・プレーヤーたちが個別に作った組織である。この専門銀行の働きはさまざまであるが、それを総括する機能を果たすのは、最高指導者の意中を代行する書記たちである。この書記組織の中身が外部に明かされることはない。だから専門銀行の間に協業や取引などはない。ある意味では個別に監督される監獄の区画のような仕組みなのである。そのほとんどが、アメリカ財務省の金融犯罪取り締まりネットワークの制裁対象になっている。(The Financial Crimes Enforcement Network: FinCEN. https://www.fincen.gov/)

北朝鮮の専門銀行が誕生した背景は、一九七〇年代中盤の金正日登場期に浮上した「忠誠の外貨稼ぎ」運動だった。その後、一九九〇年代の「苦難の行軍」の時期には、あらゆる部門に拡張され、勝利連合の存続のみならず、金正日への「忠誠の競争」の道具になった。この新しい動きに拍車をかけたのが「ワーク」という制度だった。北朝鮮経済を論じる上で必須用語になった「ワーク」とは、日本語の「枠」を援用したとしか考えられない。「ワーク」とは、最高指導者が割り当てる、特権ビジネスの許認可を意味する。最高指導者の「革命資金」もしくは勝利連合の「共生担保資金」を作るためには外貨稼ぎが必須で、それを実行するように、特権機関に「事業ワーク」が与えられた。党の「三十九号室」や「三十八号室」をはじめ、統一戦線部、護衛総局、国家安全保衛部、そして人民武力部と軍需生産を総括する第二経済委員会などが、「ワーク」が与えられた代表的な機関である。そして、それぞれのビジネスに必要な為替や決済業務を行う専門銀行ができたのである。

その中で一番知られている例が、朝鮮大成銀行である。同銀行は朝鮮労働党の中央委員会傘下の専門部署の一つである「三十九号室」が監督・管理する「大成グループ」に属する専門銀行である。ここで「専門」の機能とは、最高指導者が自由に使える秘密資金を調達・運用することである。海外では"Gold Star Bank"という名称で活動するこの銀行は、オーストリアのウィーンに支店を置いたこともある。このほかの例として朝鮮金剛銀行がある。党の経済政策検閲部が、烽火貿易と平壌貿易という二つの貿易会社の対外決済を担う目的で一九七八年に設立した。

③軍金融

最高指導者が、統治機構のすべてに渡って権力を行使する北朝鮮の仕組みの中で、宮廷・党経済と軍経済をはっきり区別するのは無理がある。両方とも勝利連合の「革命資金」を調達する、という面では同業者でありながら、事案によっては競争の相手である。軍経済金融において一番目立つのは、武器輸出を主な任務とする第二経済委員会が作った龍岳山貿易総商社の対外決済業務を担当するとして、一九八六年に設立された朝鮮昌光信用銀行である。また、軍部は、傘下の企業所の外貨管理を担当するように、一九九二年には第一信託銀行を、一九九六年には金星銀行(のちに一心国際銀行に改称)を設立した。

④地下金融

以上で説明したこととは裏腹に、地下経済が急激に拡大している。北朝鮮での地下経済は、一九五〇年代に、農民が栽培した農作物を非公式市場で交換するという自然発生現象で始まり、後には日本からの「北送同胞」を経由してくる日本製品や日本円の取引で大きくなった。しかし、地下経済が現在見られるように、権力や政府で統制できないレベルに成長したきっかけは、一九九〇年代の「苦難の行軍」の時期に、国家による配給が事実上崩壊したことである。この時点で北朝鮮の計画経済は死亡宣告を受けたことになる。

地下経済で金を回すのは、後で詳しく見る「ドンチャンサ(金商売)」の人々が営む闇金融である。個人が経営するドンチャンサでは、米ドル、日本円、そして中国人民元が主な取引対象であるが、偽造ドルも扱われる。ここで特に注目を引くのは、二〇〇九年の貨幣改革で財産を失った北朝鮮の「住民」を中心に、中国人民元を取引手段のみならず安全資産として選好することである。これは北朝鮮経済の中国への隷属を加速化する力を内包している。また、勝利連合が米ドルを安全財産として好み、地下経済の「棄民」たちは中国人民元を好むという、ある種の米中対抗が北朝鮮という統制国家のなかで演出されるというアイロニーが起きている。

4　破産国家の地下経済

北朝鮮の経済は、軍需分野を除けば、実質的に崩壊した。生活必需品のほとんどを中国から輸入しなければならない。主な商取引では、北朝鮮ウォンでない中国人民元、米ドルが主に使用される。電気や石油を含むエネルギーと食糧不足は慢性的である。一方には、強制収容所で動物のごとく生きている人々や、闇市場で物乞いをする子どもたち、他方には、十万ドルまで相場が上がった平壌の高層アパートを購入する党幹部と、韓国製の化粧品や電気炊飯器にこだわる、その夫人。こうした矛盾と非一体性を、どういうふうに理解すればいいのか。

「偉大なる指導者」の指揮のもとに一丸となっているはずの北朝鮮は、なぜ複数の部分に分かれているのか。その謎を解くカギは、北朝鮮が一番敬遠するはずの「金銭」にある。ますます市場化が進行する。北朝鮮は最近、経済難克服のためのカジノの導入など、市場化とともに、中国をはじめとする外の世界との経済協力を求めてきた。全国に三千個を超える市場が入り、平壌には、二十四時間扉を開き、注文した物を配達してくれる店も出てきた。外の世界との電子商取引も推進する。

一九九〇年代半ばの「苦難の行軍」を経て、北朝鮮には「狐と山犬しか残っていない」という話がある。苦難の行軍とは、一九九四年の金日成死後、北朝鮮の経済事情が極めて困難になると、それを克服するために人民の犠牲を強要しながら、金正日が一九九六年の「新年共同社説」を通じて提示したスローガンであった。この用語は、一九三八年末から一九三九年初めに金日成が率いた抗日パルチザンによる討伐作戦の中で行った、百日あまりの行軍に由来した。金正日の狙いは、全体党員と人民軍兵と人民が「苦難の行軍の精神で……経済難と飢餓を克服」することだった。兵士が経済建設の前面に配置され、苦難の行軍の精神を強調する詩や歌謡や映画をつくるなど、さまざまな工作を行った。しかし、結果は厳しいものだった。食糧配給が中断され、飢えと病死が北朝鮮を覆った。韓国統計庁の資料によると、一九九四年からの十年余りの間に、食糧難で六十一万人が犠牲になったという。

こうした未曽有の歴史的経験の結果として、北朝鮮社会は変質した。社会の頂上に君臨する「首領」を中心として結束する集団主義の社会から「個人主義」が生まれたと思われる。この個人主義は、個人の財産権を含む幸福を最大化するための西洋的考えによるものではなく、生き残るために万人が万人と闘う現象を指す。その個人主義の新しい流れのなかで培養されたのが「ジャンマダン」という非公式的市場であり、その市場を主導するのが「ドンチュ」（金主）である。北朝鮮では、貿易業者のように現金資産が多い富豪を「トンジュ」と呼ぶ。「金の主人」という意味のこの用語は、最近では、通常一万ドル以上を保有する人々で、少なくとも数万人になるという試算がある。

一九九〇年代に登場し始めたこの新興富裕層が、正確にどのように形成されたかを把握するのは難しい。かつての北朝鮮の富裕層は、日本から送金してもらう日本出身者と、中国出身の北朝鮮の人々だった。しかし、一九九〇年代の苦難の時期を経験した後、北朝鮮に市場が登場してから、商売で金を蓄積した富裕層が生まれ始めた。特に、九〇年代半ば以降、原材料やエネルギー不足で稼動が中断される国営企業が多くなると、国営企業に金を出して、遊んでいる設備を活用し、生活必需品を作って市場に売る「企業化」現象が現れた。こうした新しい流れに拍車をかけたのが、二〇〇二年の「七・一経済管理改善措置」だった。この措置によって、トンジュの資金が地方の工場にも「貸付け投資金」として流れ込んだのである。トンジュは金正恩政権に入ってから、さらに活動領域を広げた。金正恩が二〇一四年に発表した「現実発展の要求に合わせて朝鮮式の経済管理方法を確立すること」という談話は、工場や企業所の自主経営権をさらに拡大した。いわゆる独立採算制を導入し、原料調達と製造、販売、さらには対外貿易権まで各工場・企業所に渡した。

今日、北朝鮮のトンジュは、工場で生活必需品を作って売るという「単純な」ビジネスを超えて、第一次産業から第三次産業にまで至るさまざまな領域で活動している。トンジュは投資分野によってさまざまな名称が付けられる。例えば漁船に投資する「船主」、鉱山に投資すれば「鉱主」、運送業に投資すれば「車主」、土地に投資する「地主」などで、トンジュが集中的に投資してきた分野は、不動産、輸送、鉱業などで知られている。特にマンションの建設は、トンジュが最も好む投資分野である。北朝鮮の報道で見るような高層マンションを建てて分譲するのがトンジュである。

特に注目されるのが金融業である。トンジュが営む高利貸し業は、個人と個人の間だけでなく、個人、貿易会社、国家機関などさまざまな主体を相手とし、業務においては、融資、送金、両替などを含んでいる。トンジュが主導する高利貸が、北朝鮮社会の性質を根本的に変えているという見方もある。その取引には外貨が介在するからである。

二〇一三年頃からは、中国人民元が金融取引において北朝鮮ウォンの割合を上回ったといわれる。しかし、もっと面白いのは、米ドルが中国人民元やユーロより好まれるというアイロニーである。北朝鮮を実質的に支える地下経済の通貨は、北朝鮮の天敵である米国のドルなのだ。闇取引や富の蓄積にドルを使うという「ドルライゼーション」(Dollarization) が北朝鮮の物価を安定させ、経済が回る効果を持っている。こうした状況で、北朝鮮当局が公式的に禁止するのとは裏腹に、ドルが使える高級レストランが増えるし、政治エリートが「緊急逃避資金」を含めて、全ての経済活動において選好するのがドルである。

私有が認められない社会主義国家で、どうして不法な市場機構と、それを牛耳る「金主」が可能なのか。その答えは、組織的腐敗が北朝鮮の政治経済の核心的構成部分になったことである。その主体として、勝利連合の基幹である官僚集団が、上からもらった権力という「政治資本」を活用して、下の地下市場から「経済資本」を吸い上げ、勝利連合システムに供給する。そのような取引は、法律や市場メカニズムではなく、「腐敗」である。これを研究した韓国の学者は、その腐敗行為を次のような四つのパターンに類型化している(キム・ジョンウク pp. 383-5)。

①多様な形で賄賂を受ける行為(許認可、証明などの発給において)

②国家の物品を着服する。また、この物品を闇市場に売り、利潤を取る

③国家機関の名義や事業権を貸し、その使用料を取る
④家族、友人、代理人などを通じて、官僚が闇市場で事業を行う

第9章　対外関係の二律背反

北朝鮮という政治共同体が、韓国の「同族」以外の人々の関心を集める所以は、北朝鮮の対外行動にある。北朝鮮の対外行動を指しながら「瀬戸際外交」という表現が決まり文句のごとくなったが、その要諦は矛盾あるいは二律背反だろう。北朝鮮は強大国に囲まれている小国という「弱さ」を克服するために、病的なまでの異常さをもって「シタタカサ」を演出してきた。北朝鮮研究者の平岩俊司はその現象を「攻撃性と脆弱性をコインの表と裏のように併せ持っている」と表現した(2013, p. 35)。

一　「同胞」という幻想と、殺戮の二律背反——韓国との関係

半島の南半部の「大韓民国」は、「朝鮮民主主義人民共和国」を同等な政治的共同体としてより、

「救済」ないし「吸収」しなければならない「不良国家」として見ている。現行の韓国の憲法の第三条は、「大韓民国の領土は韓半島とその付属島嶼とする」と宣言している。こういう姿勢は建前に留まらない。例えば、国家としての韓国の現在の骨格をなす一つの柱である一九六五年の日韓基本条約の第三条は、「大韓民国政府は、国際連合総会決議第百九十五号（Ⅲ）に明らかに示されているとおりの朝鮮にある唯一の合法的な政府であることが確認される」としている。ここで、「国際連合総会決議第百九十五号（Ⅲ）に明らかに示されているとおりの朝鮮」という表現の意味を精査する必要がある。一九四八年に制定された国際連合総会決議第百九十五号は、「朝鮮半島統一はまだなされていない」とし、「暫定委員会が監視、協議することができ、全朝鮮の大半の人民が住んでいる（ような）朝鮮のある部分に支配と管轄権を及ぼす合法的政府がある」ということである。韓国の人々は、この条項によって大韓民国政府が朝鮮半島全土に支配と管轄権を及ぼすと信じ込む。そういう「政治的決意」があったので、李明博前政権とその次の朴槿恵政権は「不法な」北朝鮮の崩壊を対北政策の基本として持っていたことになる。

そして、二〇一六年三月三日に制定された韓国の「北韓人権法」は、「(韓国) 国家は北韓住民が人間として尊厳と価値をもって幸福を追求する権利があることを確認し、北韓住民の人権保護及び増進」を目的とし（第二条）、「北韓住民」を「軍事分界線の以北地域に居住し、その地域に直系家族、配偶者、職場などの生活の根拠を置く人々」と定義する（第三条）。要するに、韓国の主権が北朝鮮の人々に及ぶということである。こうした韓国の動きは、法律という言葉の世界にとどまらない。二〇一六年三月七日から四月三十日まで韓国で行われた韓米軍事演習（キー・レゾルブ及びイーグル）には、韓国軍三十万人と米軍一万五千人が参加し、多様な戦略武器を動員することとなる。そして、この米韓連合訓練は、動員軍事力において歴代最大であるのみならず、初めて北朝鮮の最高指導者の「斬首作戦」の訓練を行う。斬首作戦とは、米軍が今まで展開してパナマの独裁者ノリエガ、九・一一事件の主犯オサマ・ビン・ラディン、イラクのサダム・フセインなどの除去に成功した作戦を指す。今回は、作戦名を「高価値標的」（High Value Target）とし、正規作戦として扱う。

他方、北朝鮮も朝鮮半島全体の支配を目的としている。朝鮮民主主義人民共和国の憲法第五条は、「北半分での社会主義の完全たる勝利を成し遂げ、全国的な範囲で外勢を退け、民主主義の基礎の上で祖国を平和的に統一させ、完全たる民族独立を達成」することを目的として標榜している。政権の要員の生存を「国家目標」の如く書き換えた北朝鮮政権は、韓国の大統領への攻撃を文書にして国連で配るほど、猛烈に反発している。結局、一九五三年七月に結ばれた朝鮮戦争の「休戦協定」によって朝鮮半島の軍事分界線が固まって以降、「大韓民国」と「朝鮮民主主義人民共和国」は、この分断が「臨時的」である、という建前的姿勢を崩さないのである。

同じ胎から生まれ襁褓《むつき》を共有する意味の「同胞」という言葉をほぼ毎日口にしながら、互いに大量虐殺ができる武器体系を備えていく朝鮮半島の南北関係の本質は何だろうか。それを現実主義的競争といってもよいし、理想主義的偽善と言ってもいいだろう。しかし、こういうドラマを数十年にわたって繰り返す南北の人々の心理の中には、ある種の「歴史的トラウマ」が居座っていると思う。このトラウマは、自分が直接に加担するか経験した事件からのものではなく、「歴史」という記憶や、想像した事件から派生する、後天的で二次的なものである。

歴史とトラウマの関係の研究で知られている歴史学者ラカプラ(Dominick LaCapra)は、歴史の上での政治的、文化的、また社会的問題においての喪失(loss)という考えがトラウマを生むという見解を提示した。過去においての喪失は、現在と未来においての欠如(absense)につながると言った(loss is often correlated with lack, for as loss is to the past, so lack is to the present and future. LaCapra, p. 53)。

朝鮮半島の場合、想像の中では同じ先祖から誕生した兄弟なのに、現実は正反対である。この想像と現実のねじれは、「民族=国家」という歴史認識の「方程式」が強制する「規範」から逸脱したという自覚によって、もっとつらいトラウマになる。フロイトのリビドー論を借りると、一つの民族が一つの国家になるのは、「集団的リビドー」である。想像のなかでの集団的欲望が満たされないことは、大きな喪失感を与える。また、その喪失感が民族外部の要因によって招来された「欠損国家」であることにより、その状態が現在と将来に続くという不吉な予感につながる時、トラウマは「根源的」な次元に移る。韓国と北朝鮮が今日露呈している「同胞愛」と「相互否定」の二律背反は、両共同体の人々が選択の余地を奪われた中で、集団的リビドーが満たされないトラウマからくるものであろう。

二　革命と生存の狭間での外交——中朝関係

朝鮮半島は一九四〇年代に始まった冷戦の痕がいまだに残っている、世界の唯一の地域である。その小さい半島を南北に分割して国家を作った韓国と北朝鮮は、いまだに微妙に変化する地政学に影響されながら日々を送っている。特に、北朝鮮はいまだに「社会主義革命」という建前の束縛から解放されていない。と同時に、生存のためには敵と味方を問わない「外交」を展開しなければならない。こうした状況のなかで、北朝鮮の対外行動、特に自由主義国家に対する行動は「瀬戸際外交」と呼ばれてきた。この日本語の概念の英訳である brinkmanship は、「自分の目的を実現するために、危険な状態や対立を互いの安全が脅かされる極限まで強いて、相手の譲歩を誘導する手法」と理解してよかろう。普通の国際政治学の教科書の用語を使うと、非合理性（感情性）、予測不可能性、国際社会の規範（regime）無視、などであろう。

北朝鮮の政治エリートには、ある種の危機意識が常に存在している。北朝鮮は地理的に韓国と中国、ロシアに囲まれている。だから、平壌が感じる安保不安は、韓国が感じるものより大きい。まず、米国と中国といった強大国の政治の犠牲になるかもしれない、という危機意識である。さらに、北朝鮮に比べて人口が約二倍、国内総生産（ＧＤＰ）が五十倍を超える韓国に吸収される恐怖心も持っている。

北朝鮮が瀬戸際外交というものを身に着けたのは、一九六〇年代から八〇年代における中国とソ連の間での綱引き行動がその基礎にある。北朝鮮は朝鮮戦争で中国の決定的な助けを受けたものの、一九六〇年代の中ソ紛争時には、ソ連海軍艦艇を黄海にある南浦に寄港させて中国を牽制したこともある。こういう経験を経て、一九九〇年代に入って、米国を相手にした核開発をめぐる交渉や工作を通じて、超大国をどのように扱うかの方法をマスターした。核実験とミサイル発射を敢行して韓国を揺さぶり、それをもって米・中・日をコントロールする国際版のマキアヴェリズムを習ったのである。以下では「対内的革命」と「対外的生存」という二つの要求が強制する北朝鮮の対外行動の本質を簡略に記述する。

1　北朝鮮外交のアルファでオメガである中国

米国抜きの韓国外交は語れない。同様に中国抜きでは北朝鮮の外交は語れない。冷戦構造が二つの国に強要した宿命である。中国と北朝鮮は同盟条約で結ばれている間柄である。両国関係には、抗日戦争と中国内戦を経て、「唇亡歯寒」（唇がなければ歯が寒い）と表現される不可分の利害関係が内在してきた。そして、一九六一年七月十一日に、当時の中国の周恩来総理と北朝鮮の金日成主席が「中朝友好協力相互援助条約」に調印した。同条約の第二条は、次のように「参戦条項」を宣言している。

両締約国は、共同ですべての措置を執り、いずれの一方の締約国に対するいかなる国の侵略をも防止する。いずれか一方の締約国がいずれかの国又は同盟国家群から武力攻撃を受けて、それによって戦争状態に陥ったときは、他方の締約国は直ちに全力をあげて軍事上その他の援助を与える。

一九九二年に韓国と中国が国交を樹立することによって、中朝の「共産革命の同志」としての理念的絆は形骸化した面が多い。にもかかわらず、中国が北朝鮮を重視するのと同様に、北朝鮮も政権の存続のためには、必ず必要な中国との関係を重視する。その関係の要諦は、互いに憎みながら利用する「戦略的利害関係の不一致の中の一致」である。

中国にとって、北朝鮮の地政学的価値は極めて高い。朝鮮半島は、海洋勢力と大陸勢力が拮抗しバランスを維持する死活の土地である。歴代中国政権は、この朝鮮半島有事の時には、国力の余裕の範囲を超えるまでの兵力を派兵した。一九五〇年六月に勃発した朝鮮戦争で、南進を続けていた北朝鮮軍が洛東江戦線で足が止まるなど敗戦の気配を露呈したら、周恩来が国連に「中国は隣国朝鮮で行われている状況を憂慮し、朝鮮半島の問題に介入する」と通知した。その時点では、中国共産党は国民党との三十年の内戦で勝利して一年足らずの、非常に脆弱な状態に置かれていたにもかかわらずだ。その結果、壬辰・丁酉倭乱（秀吉の朝鮮侵攻）から日清戦争、朝鮮戦争まで、海洋勢力・大陸勢力その他どちらかが一方的に韓半島問題を解決したことは一度もない。

2　革命世代の宿命的きずなと「唇亡歯寒」

中国と北朝鮮の関係に関連して最も重要なのは、中華人民共和国の創始者である毛沢東と北朝鮮の創始者である金日成が、互いに抱いていた尊敬、友情、そして相互利用の心理だろう。一九四九年十月一日、中華人民共和国を建国宣言した後、多数の外国の国家元首が中国を訪問した。その中で三人が破格の待遇を受けたという。ベトナムのホー・チ・ミン、カンボジアのシアヌーク、北朝鮮の金日成である。その中でも、金日成は特別な扱いを受けたといわれる（http://www.hani.co.kr/arti/politics/defense/618644.html）。

その背景を理解することは、現在まで続く中朝関係の間柄を理解するカギになろう。一九三二年四月二十五日、二十歳の金日成青年は、刑務所から出て、吉林省の安図にいた母親のそばで抗日遊撃隊を組織した。この「安図抗日遊撃隊」は、中国人の友人張蔚華の父が買ってくれた銃をもってつくられたのである。この小さな遊撃隊は中国抗日部隊に属し、日本軍と戦った。しかし、朝鮮の地に入って戦闘する時は、「朝鮮人民革命軍」という名称を使用した。このような背景で、朝鮮軍創建記念日は四月二十五日である。この小さい事件に、中朝関係を吟味するヒントがあるかもしれない。

またこれが、金日成の歴史的デビューであった。抗日武装闘争は、金日成の唯一の政治的資産であり、中国、特に毛沢東との接点であった。朝鮮戦争に苦戦していた金日成が中国を訪問した。この時、毛沢東は「今、朝鮮は危機の中に置かれている。私たちは、どうして傍観できるだろうか。中華人民共和国の五星紅旗には朝鮮烈士たちの鮮血が滲んでいる」と言った。毛が北朝鮮について持っていた意思を雄弁に語る一幕である。

「裏と表が異なる人は洗練された人」ということわざが中国にはあるが、中国共産勢力が全土を制圧するうえで、金日成と北朝鮮が差し伸べた支援には本心で感謝する気持ちがあり、それは毛にとどまらなかった。北朝鮮軍の南侵直後の一九五〇年七月八日、周恩来は、北朝鮮駐在代理大使として赴任する柴成文に、次のように言ったと伝わる。

金日成同志に会ったら、偉大な勝利のお祝いの挨拶からしなさい。私たちが困ったとき助けてくれた朝鮮の党と人民に感謝している言葉も必ず言いなさい。君たちは東北戦争での参戦経験がないので、何が起こったのか知らない……当時の朝鮮は、私たちの心強い後方基地であった……歴史的に朝鮮の同志が中国革命にどのように大きな貢献をしたのか、言わなくても知っているだろう。朝鮮は私たちが最も困難なとき助けてくれたことは、いつの時代にも、何があっても、忘れてはならない。

(http://www.hani.co.kr/arti/politics/defense/632705.html)

その精神は、朝鮮戦争が終わった後にも、金日成の統治時代には続いた。一九七二年四月二十五日は朝鮮人民軍創設四十周年を祝う日だった。米中の関係正常化を狙って、アメリカのニクソン大統領が北京を初めて訪れた日から約二カ月後で、日本の田中角栄総理の訪中の五カ月前の時点だった。その日、毛沢東と周恩来が直接、金日成に次の内容のお祝いの電文を送った。

四十年前、あなたが直接創建した朝鮮人民革命軍は、全朝鮮人民と民族の希望である革命武装の力の糧でありました。朝鮮人民革命軍の抗日闘争は朝鮮だけでなく、中国人民の抗日闘争史に永遠に記録される、国際主義に立脚した高貴な支援でした。

(http://www.hani.co.kr/arti/politics/defense/626666.html)

3 中国への不信感

中国共産党の二人の巨人である毛沢東と周恩来は、ともに一九七六年に世を去った。だが、金日成は一九九四年まで生存し、その時期までは中朝の親友関係は大きな問題がなく続いた。しかし、金日成の中国への信頼が無条件的なものとは言えない。少年時代からソビエトと中国のなかで機会主義に徹した路線を守った金日成と中国の指導部の間には不信もあったはずだ。

大きく見ると、北朝鮮の中国に対する不信は歴史が長い。長い歴史においての軋轢と葛藤は論外として、現代国際関係で北朝鮮が中国に持つ不信の原点は、北朝鮮王朝を作り上げた金日成の権力形成過程に潜んでいる。一九四五年八月、ソ連軍第八十八特別旅団の一員として帰国を果たした金日成は、三十三歳の青年だった。その青年は一九五〇年に勃発した朝鮮戦争をへて朝鮮民主主義人民共和国の元帥となった。それから彼は、延安派、南労派、ソ連派など競争勢力を粛正し、一九六七年に「主体思想」を中心とする唯一思想体系を作り上げ、党・政・軍を統括する首領になる。こうした独裁体制を確立した上で金が模範としたのは、中国の毛沢東とソ連のスターリンだった。

金日成の権力形成と北朝鮮の存立に、中国の存在は絶対的価値をもっていたが、金自身は中国に対して深い不信を持っていた。文化大革命の時の毛沢東一派の「狂奔」に、金日成は深い驚きと不信感を抱いたといわれる。その時点で中朝同盟は存在していたが、金日成の記憶の中には、自分が粛清しようとした「延安派」のなかで中国に逃げていた人々を、中国政権が保護しながら、金日成を牽制しようとしたことが鮮明に残っていた。

二〇一六年四月十七日、韓国外交部は面白い公文書を一通公開した。一九五八年から長い期間アジアで活動した米国の元外交官モンジョ(John Cameron Monjo)が、一九八〇年代にカンボジアのシアヌーク元国王と交わした会話の一部分である。その会話でシアヌークは金日成から聞いた話を喋った。その内容は、金日成は、「ソ連は頼りにならないし(cannot rely on)、中国には頼りたくない(doesn't rely on)」ということだった。

しかし、北朝鮮の中国への不信が両国関係に影響を及ぼすほどに露骨になるのは、第二代の金正日時代からである。中国と一緒に戦ったことのない彼にとって、「脣亡歯寒」という言葉の意味は体で実感できるものではなく、抽象の次元で理解されることに留まる。それゆえ、北朝鮮と中国が軋轢や葛藤を経験することも多くなる。一九九一年の南北の国連同時加入をめぐって、北朝鮮は反対しながら、時間を遅らせてほしい、と中国に要請したが、拒否されたことがある。さらに、一九九〇年代半ばの「苦難の行軍」時代に、大々的な経済支援がなかった点、中国の改革開放を注意事項として評価した点などが原因で、中国に対する不信感が強かった。

金正日の中国不信は、金正恩に残したといわれる「遺書」の中に明白に表れた。すなわち、次のような文章である。

中国との関係をよく保つのが大事である。中国は現在我が国と一番近い関係にあるが、これから最も警戒しなければならない国家になる。歴史的に我が国に最も大きな困難を与えたのが中国だ……この点をいつも心に刻んで注意すること。国家の骨幹を守り、中国人に利用されないようにすること。

北朝鮮の権力エリート、特に金氏一族が中国に不信を抱くということを示す報道は多い。例えば、暴露専門サイトの「ウィキリークス」が二〇一一年九月二日に明かしたことによると、二〇〇九年八月十六日に平壌を訪れた韓国の現代《ヒョンデ》グループの玄貞恩会長との午餐の場で、中国に話が及んだら、「信頼しない」と一言で言い切ったという内容が、駐韓米国大使館の二〇〇九年八月二十九日付けの国務部当ての報告書に書き込まれていた。

金正日がもっていた中国への不信は、金正恩時代になってからは、国内的権力基盤との関わりにおいてさえ露呈している。中国政権が北朝鮮の指導者として金正恩の異母兄で金正日の長男である金正男を選好する説は長く消えなかった（金正男は二〇一七年二月にマレーシアで暗殺された）。実際に、金正男は中国政権の庇護の下で自由な生活をしていた。こうした形での中国の牽制は今も続いている。金正男は中国に滞在しながら、中国の「太子党」グループの保護を受けていたという話もある。北朝鮮の政権が親中傾向をもつのであれば、その指導者が金正恩でも金正男でも北京には関係がない。むしろ、長男で成熟した金正男がふさわしい。

二〇一五年に中国共産党政治局常務委員のポストにいた周永康が無期懲役に処された。彼の罪としては国家機密漏洩、職権乱用などがあったが、その「国家機密」とは、中国を訪ねた張成沢が胡錦濤と秘密会合で、金正恩の代わりに金正男を指導者にする案を相談し、胡元主席は何の立場表明もしなかったということを金正恩側に漏洩したということである。そうした意味で周永康の処罰と張成沢の死刑はつながっている。

4 変わりつつある中朝関係

戦争で一緒に血を流した「血盟」関係が薄くなる代わりに、中国と北朝鮮のそれぞれの立場での「戦略的利益」の中身も変わってきた。それが著しくなったのは、一九九二年の韓中国交正常化である。この時期は金正日の執権初期と重なる。一九九二年以来、二〇〇〇年五月の金正日の訪中時期まで、両国は儀礼的なレベルの交流を除いて、意思疎通がほとんどなかった。さらに、中国の改革開放を通じた実用主義路線は、社会主義的伝統に固執する北朝鮮との葛藤をもたらした。金正日は、中国訪問を介して、発展する中国の経済状況に持続的な関心を見せたが、中国式の改革開放を北朝鮮にそのまま適用させることには抵抗感があった。

金正日は一九八三年六月に中国の招待に応じて非公式に中国の内部を訪問して以来、二〇一一年八月にロシア訪問を終えての帰国途中、中国東北地区を訪問するなど、計九回の中国訪問を行った。二〇〇一年、江沢民の招待で中国に行った金正日は、上海の浦東新開発地域を参観した後、「天地が開闢した」と中国の経済発展の姿に大きな関心を見せた。この発言は、北朝鮮の変化を予告するものと、世界の注目を集めた。しかし、胡錦濤主席時代、二〇〇四年の中国訪問で江沢民が会った時、金正日がサポートを要請すると、江沢民は「中国式発展方式を採用する場合」という条件をつけて、葛藤が起きたと伝えられている。

第六回目の二〇一〇年五月、金正日は上海万博の現場を訪問し、中国式社会主義が成し遂げた成果に大きな感銘を受けたと発言し、中国の経済発展モデルをある程度受け入れる意思を示した。しかし、この時、世間に知られていない事件があって、これが胡錦濤と金正日の亀裂の決定的な証拠と北朝鮮出身の記者ジュ・ソンハが陳述した。部下を率いてきた金正日に胡が次のように言ったということである。

あなたと私は同じ年齢だが、指導者の地位に上がったのは、あなたが私よりはるかに先だ。とところが、今日の現実はどうなのか。私は十三億の人口を食わせるが、あなたは二千五百万人もきちんと養うことができない。それなのに私たちを訪ねてきて食糧をもらうと。北朝鮮と中国は社会主義を同じ時期に始めたのに、なぜ現実は異なるのか。北朝鮮も今変わらなければならない。

(http://blog.donga.com/nambukstory/archives/71732)

二〇〇九年十二月十七日、金正日が竣工式を控えた金日成総合大学の電子図書館に贈った「足は地につけて、目は世界を見よ」という言葉が、後継者金正恩への一種の遺訓として解釈されている。このとき、金正日はすでに後継者を決定し、二回目の核実験を介して、核保有国を宣言した時点である。これで金正恩の後継体制構築と、新たな政策の方向樹立がつながると解析される。

中国との関係において、金正日と胡錦濤の葛藤はあったが、中国はやはり北朝鮮に、親中傾向の緩衝地帯を置くという、戦略的な利益を重視した。北朝鮮の核実験直後、北朝鮮への国連制裁に参加していた中国が、党内議論を経て、北朝鮮に対して全面的な「包容政策」に転換したのである。中国政府は、二〇〇九年七月、党中央外事指導所照会を開催して対北政策を再検討して、北朝鮮問題と北朝鮮の核問題を分離することを決定した。その年の末、温家宝首相の訪朝が、その出発点であった。

中国は、北朝鮮の安定的管理と自国の影響力の拡大を誇示するという戦略的利益の次元で、北朝鮮との友好関係を持続させるものである。しかし、中朝間の戦略的理解の偏差のために、両国の友好関係が長期的に持続するには難関が少なくない。中国は戦略的資産である北朝鮮を保護するしかないが、これは国際社会において「責任ある大国」のイメージを侵害し、中国が追求するソフトパワーの形成の妨げになっている。このため、中国は北朝鮮に開放路線の追求、中国の建設経験の踏襲を要求するが、これに対して北朝鮮は内政干渉であると反発している。

こうしたなかで、中朝の間には建前の言説のみが続いている。二〇一三年五月二十四日、中国共産党機関紙『人民日報』は、中国が朝鮮戦争に参戦することにより、北東アジアの六十年の平和を成し遂げたとし、「韓半島問題の根本的な解決策は、平等な対話と交渉にあり、朝鮮半島の統一は朝鮮半島の南北人民によってのみ行われることができる」という趣旨のコラムを掲載した。それから二カ月後の七月、金正恩は平安南道にある「中国人民志願軍烈士墓」を訪問した。その場で、彼は「中国人民志願軍烈士墓は朝中両国人民の戦闘的友誼を示す歴史の証人であり、朝中親善の象徴」とし、「朝中親善のバトンをしっかりつながなければならない」と強調した。さらに、その日、劉洪才北朝鮮駐在中国大使が「血で結ばれた貴重な中朝親善」に言及しながら、両国間の友好関係を継承していくことを明らかにした。

三　米国に憧れる北朝鮮人たち

朝鮮戦争で米国は、北朝鮮の首都平壌に建物がほとんどなくなってから、ようやく爆撃を停止した。太平洋戦争中にいくつかの国に投下した爆弾に匹敵する量が、北朝鮮に投下された。戦争が続いた三年の間に米国は、核兵器の使用を数回も考慮した。残酷をきわめた朝鮮戦争の記憶のために、米国に対する北朝鮮の人々の憎悪は深く、これは北朝鮮政権を支える一つの心理的動力といえる。金氏一家の人々が、人民を処罰するための最も過酷な罪は、「米帝のスパイ」という汚名である。

しかし、北朝鮮の人々は米国について憧れを持っている。その模様が窺える一つの例がある。一九九二年二月、当時の駐韓米国大使ドナルド・グレグ（Donald Gregg）は、米国国務省に報告書を送った。この報告書によると、一九九一年十一月に平壌を訪問した文鮮明統一教会総裁が金日成と面談した。その面談で金日成は文鮮明に米国政府との橋渡しをお願いしたという。その時、文鮮明は「アラスカに行って一緒に釣りでもしませんか」と言うと、金日成は「ブッシュ大統領が招待するなら行く」と答えたと、電文は記録している。

二〇一四年六月に出版された回顧録『難しい選択』（*Hard Choices*）で、著者ヒラリー・クリントン（Hilary Clinton）は、ビル・クリントン大統領が二〇〇九年にアメリカ人女性記者釈放のために北朝鮮を訪問することができた大きな要因として、彼に対する金正日国防委員長の好感があったと書いた。つまり、北朝鮮はすでに、訪ねて来る人を決めていたが、「それはほかならぬ夫のビル・クリントン大統領だった」と言い、「それは驚くべき提案だった」と述懐した。

金正恩についても類似の観察がある。金正恩の招待で二〇一三年九月に平壌を訪問した米プロバスケットボール（NBA）選手出身のデニス・ロッドマンが、金と一緒に送った時間について、十月十七日、英国の日刊紙『ザ・サン』のインタビューで公開した。ロッドマンによると、金が休む専用の島は、「ハワイ以上にすごかった」とし、「すべての施設が七つ星だった」といった。そして「金正恩はアメリカが好きだが、受け継いだ独裁の遺産のために行くことができない立場」とし「彼は、米国との対話を望んでいる」と明かした。

米国という仇敵に対して、金氏の三代の独裁者たちが持っている好感は、計算より、漠然とした憧れであろう。こうした内面を明かす一幕がある。金正恩が権力を取った後の二〇一三年に、ある高位幹部は次のように述べた。

アメリカによる私たちの孤立化政策が強化されている情勢の中で、国際的孤立から脱却することが大変な重要なカギとなっている。私たちは、「朝鮮の中に世界があるのではなく、世界の中に朝鮮がある」という点を明確に認識し、それに対応している。

この幹部が引用した「朝鮮の中に世界があるのではなく、世界の中に朝鮮がある」という表現は、金正恩が直接言及したものを繰り返した可能性が高い。高位幹部が勝手に口にできる内容ではなかった（『統一ニュース』二〇一三年六月十日）。北朝鮮は今米国による敵視政策の放棄を「懇願する」としている。一例として、二〇一二年七月の末にシンガポールで開催された北米間会議（トラック2）に参加した北側代表団長だった北朝鮮外務省北アメリカ副局長は、金正恩が米国との関係を改善する意志を持っているという点を明らかにし、次のように発言した。

金正恩第一書記は、永遠の敵も永遠の友もいないと思い、金正日国防委員長の路線を変更していない。金第一書記は、米国が北朝鮮に対して敵視政策を強いなければ、両国間に良好な関係を結ぶことができると信じている。金第一書記は、今、人民の生活に集中しており、経済を向上させることを望んでいる……問題は、米国が北朝鮮に対して取っている制裁だ。もし米国が関係改善の意向がある場合は、北朝鮮も米国との平和を目指し、相互尊重しながら、生きるために努力する。

四　非正常が続く日朝関係

日本と北朝鮮の関係は、国交がないという公式的な局面に限らず、「非正常」な面が多い。日本人の拉致、その問題の解決の事実上の拒否、日本向けのミサイルの発射など、日本に対する北朝鮮の行動は、国際社会の規範どころか、誰にも通用すべき常識にさえ合致しない。そしてそれに対する日本の行動は、口先では「強さ」を言いながら、呪縛にとらわれている模様である。小泉純一郎総理と金正日国防委員長が、二〇〇二年九月十七日に平壌で発表した「日朝平壌宣言」は、「国交正常化を早期に実現させるため、あらゆる努力を傾注すること」としたが、北朝鮮は今、何の努力もしていないどころか、ミサイル発射をくり返している。なぜなのか。その質問に答えるには、北朝鮮の人々、特に、金正恩を含めた統治エリート層の認識や心理を分析する必要がある。

1 「虚構の敵」としての日本

北朝鮮社会に関する報道には、「普天堡電子楽団」という言葉が頻繁に登場する。これは、金正日の命令で一九八三年に作られた朝鮮民主主義人民共和国の電子楽器楽団である。北朝鮮を代表するこの楽団が演奏する音楽は、主に、金日成と金正日の偉大さ、朝鮮民主主義人民共和国の社会主義革命、そして南北統一に関連するものである。いわば人民の政治教育のための手段の一つである。問題は、この楽団の名前である。「普天堡」とは、咸鏡北道の地名である。一九三七年六月四日、金日成が率いる遊撃隊部隊が白頭山付近の普天堡の日本軍駐在所を奇襲して「勝利」を収めたということである。この普天堡戦闘は「抗日闘争」を主な政治的資産とした金日成の代表的な功績として称賛されている。

では、普天堡戦闘はどのような戦いだったか。当時の『東亜日報』の一九三七年六月五日速報は、「普天堡を襲撃した二百人の匪賊団と追撃警官隊は衝突した……警官側即死四名、負傷十二名、金日成側は即死二十五名、負傷十名を出した」と報じた。さらに、戦闘が終わった後の六月七日は「六日午前までに判明した被害額は約五万ウォンで、襲撃当時殺害された人は、日本人二人」と報道した。当時の人口千三百名余りの小さな町に、駐在所巡査五人がいた普天堡を二百人が攻撃して、日本の警察四人、日本の民間人二人、金日成部隊員二十五人が死亡したということである。この出来事は、『東亜日報』の呼び方通り「匪賊団」が仕掛けた小さなゲリラ襲撃で、「戦闘」とは呼びにくいものだった（http://www.dailynk.com/korean/read.php?cataId=nk07008&num=103840）。

この逸話が語ることは、「白頭血統」の将軍金日成を民族の英雄として支える正統性の根源である「抗日闘争」というものに、フィクションの要素が豊富に含まれているということである。キム・イルソン（金日成もしくは金一星）という人物が、キム・ソンジュ（金成柱もしくは金聖柱もしくは金誠柱）なのか、という疑問がいまだに払拭されていない状態であり、彼の最大の政治的資産である「抗日パルチザン」の活動の伝説は、大げさと虚構に依存したものである。金日成に関する資料を総合してみると、彼が抗日パルチザン活動をした時期は、一九三七年からソ連に逃げた一九四〇年までの三年間である。彼の年齢で二十五歳から二十八歳までである。これは世界史で度々出会う「百戦老将」とは距離が遠いものである。そして、このゲリラ襲撃が、金日成の三年間の「抗日闘争」の唯一の逸話である。

この逸話を長く議論する理由は、金日成をいまさら低評価するためではない。この逸話から、北朝鮮の人々の日本についての認識や心理が類推できるということである。北朝鮮の憲法（二〇一二年法）の序文は、次のように始まる。

朝鮮民主主義人民共和国は、偉大な首領金日成同志及び偉大な指導者金正日同志の思想及び領導を具現した主体の社会主義祖国である……金日成同志は永生不滅の主体思想を創始し、その旗じるしの下に抗日革命闘争を組織領導し、光栄な革命伝統を用意し、祖国光復の歴史的偉業を成し遂げ、政治、経済、文化、軍事分野で自主独立国家建設の確固たる土台を築き、それに基づき朝鮮民主主義人民共和国を創建した。

（傍点は引用者）

これによると、北朝鮮という国の創建の対内的動因は主体思想であり、対外的動因は「抗日革命闘争」である。

一九一〇年の大日本帝国による朝鮮半島の併合の時点で、北朝鮮と韓国はともに朝鮮王朝を構成していた。したがって、朝鮮半島の人々が言う「日帝による収奪」に同様に犠牲になったというべきである。

2　日本による収奪における南北の相違

しかし、朝鮮半島の南北においての収奪の中身には、大きな差異がある。韓国で公開された「国史電子教科書」というものによると、「日帝の経済侵奪」を（1）農民と労働者の収奪（一九二〇年代以降）と（2）日本の兵站基地化政策と軍需工業化（一九三〇年代以降）と大別している(http://contents.history.go.kr/eh_kk/teach/tong/iv/iv36.html)。この簡単な情報は、韓国と北朝鮮の日本に対する認識や態度を比較する上で、重要な示唆をもつ。上の（1）農民と労働者の収奪は朝鮮半島の南（韓国）が主たる対象で、（2）日本の兵站基地化政策と軍需工業化は北（北朝鮮）が主たる対象だったのである。その差異をもたらしたのは地理だった。

私は小学生の頃、北朝鮮の平安北道と中国の間を流れる鴨緑江の下流にある水豊ダムが、北朝鮮のみならず満州にも電力を供給するという文章を読んで、胸がいっぱいになる感動を覚えた記憶がある。しかし、それが日本によって一九三七年に建設されたことが分かったのは、高校生になってからである。いまでも北朝鮮の重化学工業の基地になっている興南という町は、日窒コンツェルンの設立者野口遵が一九二五年に朝鮮総督府から蓋馬高原の鴨緑江支流の赴戦江の水利権を得て建設し、一九二七年に朝鮮窒素肥料株式会社が設立したことによって作られた。もともと朝鮮の地名には「興南」とはなかったが、日窒を中心とする工業団地が広くなったことによって、「咸興の南」という意味でこの名称ができた。

ここでのポイントは、日帝時代の経済侵奪において、北の方はあらゆる物資のインプットと大規模投資の対象だったということである。これに比べて南の方はアウトプットが主たる活動だった。日本植民地時代に南朝鮮から日本に運ばれた一番重要な物資は米だった。朝鮮半島西側の「群山」という港町が大きくなったのは、朝鮮で一番広い「湖南平野」から一番近いという地理的条件によるものだった。種類は異なるが、現在日韓関係の最も敏感な事案になっている「慰安婦」が動員されたのも南朝鮮だった。韓国挺身隊対策協議会が二〇〇二年に出した「日本軍慰安婦証言統計資料集」によると、証言をした慰安婦百九十二名の中で、南朝鮮居住者が九割を占めた。その理由も地理的なもので、慰安婦を乗せた船が出港した港が、南の釜山と木浦だったからである。

3 在日朝鮮人帰還事業

こうした背景に照らして、北朝鮮のエリートたちが持っていた日本に対する反抗心ないし敵対心は、韓国のエリートたちに比べて薄いものだった、という仮説を私は持っている。その仮説を支える根拠として、私は「在日朝鮮人帰還事業」を挙げたい。一九五〇年代から一九八四年にかけて行なわれたこの出来事で、九万三三四〇人の朝鮮人と、六八三九人の日本国籍保持者が北朝鮮に移った。もちろん、この事態には日本と北朝鮮のいろいろな事情と思惑がある。しかし、金日成が徹底的な反日感情を持っていたら、最初からありえないことだった。特に、一九五八年にあったターニングポイント的な出来事に注目したい。同年六月末に長崎県大村入国者収容所で、北朝鮮帰国希望者がハンガー・ストライキを行った。これをもって、金日成は七月半ばにソ連代理大使V・I・ペリシェンコと会談した上、在日朝鮮人受け入れの意思を示すとともに、ソ連に支援を求めた。そして、八月十一日には神奈川県川崎市の朝鮮総連分会が、金日成に帰国を嘆願する手紙を送ることを決議した。その決議に答える形で九月八日に、金日成が在日朝鮮人の帰国を歓迎する旨を言明した。

今になってみると、この出来事は大勢の人々を不幸な窮地に送り込んだことになるが、いまの分析の対象である金日成の日本に対する認識や心理を覗くには意味のある事態だったと思う。一九五八年時点で、朝鮮半島は戦争を経て分断されていた。その時、金日成は四十六歳の中年の男だった。当時、韓国では八十三歳の老人李承晩大統領が、日本との国交正常化会談で対立していた。その年の元旦に李承晩は北朝鮮の「同胞」にメッセージを放送し、一月二十一日には「日本に対する警戒心」を強調した。それでも「北送」が継続すると、二月になって同胞を「追放」する日本を強く非難した。

アメリカで教育された李承晩の「反共主義」と「反日感情」は有名なものだった。当時行われていた日本との漁業権交渉の過程では、三二八隻の日本の漁船と三九二九名の乗組員を拿捕していた。こうした強い姿勢はあったが、日本にいる同胞のために何かをしたことはない。当時、日本にいる朝鮮半島の人々は、韓国系の「民団」と北朝鮮系の「総連」に分かれていた。その時の模様を、韓国の歴史学者ハン・ホンクは次のように記録した。

総連の結成後、北朝鮮は戦争からの復旧で困難な状況であったが、総連に教育援助金と奨学金の名目で一九五七年に二億二千万円を送るなど、一九五九年十二月までに合計七億円を送った。当時、日本政府が在日朝鮮人の生活保護対象者に支給する額が、年間二億円程度だったので、教育水準は高いが生活は中下層だった在日朝鮮人たちを「感動」させたことには間違いない。だから、在日朝鮮人の九七％が三十八度線以南の出身者であり、その中でも七〇％以上が総連に籍をおいたことと、一〇万人近い在日同胞が故郷の南ではなく北に「帰国」したのは、イデオロギーではない理由で説明しなければならない。

北送事業について、李承晩政権は反対したが、国内で決起大会を開くとか、日本で民団を動員しデモする以外に打つ手はなかった……南出身の在日同胞が大勢北に帰国したことには韓国政府の責任も非常に大きい。「棄民政策」という言葉が同胞社会で使われるくらいだった。

(http://legacy.www.hani.co.kr/section-021075000/2006/06/021075000200606201200 8.html)

4　歴史の影の中の日朝関係と甘え

日本と北朝鮮の間には国交がなく、政府レベルの二国間実務協定もほぼ皆無である。第二次世界大戦後すでに半世紀以上が経過し、世界中のほとんどすべての国と国交が開かれ、往来が自由になったもとでのこの異常な状態は、他方で日韓関係の緊密さの裏返しである。一九六〇年の日米新安保条約の締結や、一九六一年の韓国軍事政権の登場とそれに対するアメリカの承認によって構築された日・米・韓の「三角安保体制」は、北朝鮮にとって大いなる脅威であった。一九六一年七月に北朝鮮が中国・ソ連と締結した二つの「友好協力相互援助条約」も、この体制を警戒した軍事同盟条約であった。その後も一九六五年の日韓基本条約の締結によって北朝鮮は危機感を募らせていき、一九六九年の在日米軍基地を組み込んだ米韓合同軍事演習の開始とともに、「日本軍国主義の復活」を激しく非難し、またこれに対峙する軍事力の強化に邁進した。

しかし、それは北朝鮮が日本に対して本当の意味での敵対体制を貫いてきたことではない。北朝鮮は機会があるたびに、日本との関係改善を求めてきた。私の正直な感想は、北朝鮮は日本との関係改善を内心で熱望していると思う。平壌は早くも、朝鮮戦争休戦後の一九五五年二月に声明を発表し、「貿易・文化関係およびその他の関係の樹立と発展のために話し合う用意がある」と日本政府に呼びかけた。それを黙殺したのは、米国と足並みを揃えて「冷戦体制」を構築していた日本である。

それ以後、在日朝鮮人の北朝鮮への集団帰国、北朝鮮スポーツ選手団の入国の許可、一般民間人の北朝鮮への渡航と北朝鮮からの入国に対する規制の一部緩和、日本漁船の北朝鮮近海での操業に関する民間協定などがあった。冷戦が崩壊した後は、日朝交渉が土台に上がった。一九九〇年九月には自民党（金丸信）と社会党（田辺誠）の代表団が北朝鮮を訪問し、朝鮮労働党との間で「自主・平和・親善」の理念に基づく国交正常化を推進することを訴える「三党共同宣言」を発表した。これに基づき、一九九一年に政府間会談が平壌で開始された。

今日の日朝関係は、国交正常化の見通しはなく、日本人拉致とミサイル発射という大きなハードルが東京と平壌を封鎖している。しかし、日朝の関係が「正常化」の道に乗る可能性は金正恩政権になってからは高くなると、私は感じる。その一番大きな理由は、北朝鮮の政治エリート、特に金正恩の心理にある。極端に言えば、金正恩を含めた現在の北朝鮮政治エリートに、強烈な反日感を抱かせる歴史的経験も記憶もない。その代わりに、北朝鮮には、経済事情が悪化していることと、日本を易しい交渉の相手とみる偏見がある。二〇一〇年一月十三日に韓国の『中央日報』に載せた

「北朝鮮の包括的世界戦略」という評論で、張達重《ジャンダルジュン》教授は、金正恩が金正日の後継者として指名される前に、「米国への過度の依存を減らし、代わりに韓国と日本を攻略する一九九〇年代初めの金日成の南方政策をモデルにするということ」を明らかにしたとし、「このような金日成の遺訓外交復活は、金正恩後継体制と無関係に見えない」と分析した。

国民が拉致され、その拉致について約束した報告書も届いていない状態で、日朝国交正常化の話が日本社会で動力を得るのはまだ早いだろう。しかし、若くて未熟で財政的に困窮に陥っている北朝鮮の権力者は、「無謀」を武器に話し合いを要請してくる可能性が十分ある。現下の日朝関係に照らして、考えられないことがすでに起きている。一つの例は、金正恩が就任直後の二〇一二年八月、一九四五年以前に北朝鮮の清津に住んでいた日本人高齢者に墓地を訪問することを許可したことである。そのため北京では、両国の赤十字が遺骨送還について議論した。この程度の話し合いは、すでにモンゴルを含めて会話のチャンネルが存在している。もう一つ興味深いことは、二〇一六年四月十四日の『朝鮮新報』の「金正恩元帥、在日同胞子女のために教育援助費と奨学金」という題の、次のような記事である。

『朝鮮中央通信』によると、金正恩元帥が、金日成主席の誕生一〇四周年を迎え、在日同胞子女の民主主義的民族教育のために、日本円で二億一八八〇万円の教育援助費と奨学金を総連に送った。金日成主席と金正日総書記、金正恩元帥が在日同胞子女のために送ってくださった教育援助費と奨学金は、これまで全一六二回にわたり、日本円で四七七億八七九九万三九〇円にのぼる。

これが事実であれば、文字通り「秋波を送った」ということである。不安だらけの政権の若い権力者がこのような行動をとる背景には、三つ訳があるだろう。すなわち、ナルシシズム、金銭を取りたいという動機、そして相手が受け入れてくれるという甘えである。

あとがき――「冷戦の子供」の日記

疾風と怒濤の時代である。本書の出版が大詰めに向かう二〇一七年の秋、世界政治は大きな転換期を通過している。その激変の震源地は、他ならぬ朝鮮半島である。北朝鮮は米国本土の攻撃が可能な核武器を次々と試験しながら、国際社会を相手に無理と脅しの政治を強いている。他方、韓国は北からの脅しに感覚が麻痺されたような様子で、国内の「積弊清算」の政治に夢中になっている。二〇一三年二月に大統領に就任した朴槿恵は牢屋の中で裁判を受けているし、同年二月に任期を終えた李明博元大統領に対する検察の調査が迫っている。

世界的な地政学の変動の根源地になった朝鮮半島を見つめながら、米国、日本、中国、そしてロシアは、「同事異知」の態度で国益の計算に熱中している。一時、国際社会が夢みた世界平和は、遠い所の虹のような幻想的記憶に留まっているし、国際秩序の様々な規律体制《レジーム》は機能不全に陥っている。近代以降、戦争という高い授業料を払いながら人類がかろうじて学んだ「理想主義」はすっかり退色し、「現実主義」の強硬なバージョンが国際政治の仕組みになりつつある。

情報通信技術の発達のおかげで、人類の全構成員が情報、知識、知恵を共有しているような幻想を抱かせられている時の流れとは裏腹に、人類は「自然状態」に戻っているような実態を演じている。感情が理性を、欲望が規律を圧倒する時代、文学ではなく、生と死を決める政治の世界で「疾風と怒濤の時代」が迫ってくるような恐怖と虚無を感じさせる。その風と濤の原動力は、人間の心理である。「国家」という共同体を作って、その中で長い歳月を一緒に暮らす人々の「集団的心理」を覗いてみたのがこの本である。

朝鮮戦争が休戦後の一九五四年に私は生まれた。小学生の時、韓国軍のベトナム派兵という出来事のおかげで、運動場で女の子と手をつないでフォークダンスというものをやった時の記憶はいまだに鮮明である。韓国海兵隊の「青龍部隊」を賞賛する歌のリズムに合わせてフォークダンスのステップを踏んだ幼い時の記憶は、私を生んだ両親の人生に対する私の「観察」と度々重なった。そして、中年を超えたある時期、私は、自身を「冷戦の子供」と密やかに呼び始めた。

親父は、朝鮮戦争の数年前に、平壌の南西部の龍岡面を出て南に来た人である。一九五〇年の朝鮮戦争が勃発した時に、彼はすでに韓国陸軍の曹長になっていた。他方、母はその時、一八歳で、ソウル北部の楊州郡で問屋をやっていた家庭の長女だった。その家族は、朝鮮人民軍が北から迫ってくる事態に直面、十数人の大家族が南へと避難する羽目になった。そして、私の父と母になる男女が出会ったのは、ソウルの南の田舎まちだった。その町で弾薬トラックの輸送を指揮していた陸軍曹長が、頭の上に荷物を積んで道路を渡ろうとする家族のために「軍事作戦中」の弾薬トラックを止める無茶を敢行したのである。

そうして生まれた私は、高校生の時は、毎週二回「木銃」をもって行う「教練」授業を受けた。大学卒業後には、兵役義務を果たすために、空軍の「学士将校」コースを選んだ。任官を目指す訓練の前、私には「情報将校」の道が命令された。同期生の中で外国語が堪能だからと。その訓練を受ける一九七八年頃、鉄拳政治を敷いていた朴正熙元大統領の「北朝鮮吸収統一」路線はまだ旺盛で、飛行機を運用する空軍のみが、北朝鮮に対する「浸透工作」を行っていた。だから、情報将校になる者が浸透工作訓練を受けることは当然だった。

十数名の同期生と空軍情報部隊に集まり、深夜に起こされて爪や髪の毛を切って白い封筒に入れる瞬間の、肝がひえる感じはいまだに忘れない。「この訓練で、おまえたちは、有事の際には平壌上空から落下傘でおりて、与えられた任務をおこなう。帰還ができない場合には、この爪と髪の毛が家族に送られる」と。アメリカの映画の一場面を連想しながら、「冷戦」が自分の体に憑依することを感じた瞬間であった。

その時から四〇年近くの歳月が流れた。四年間に韓国空軍本部で、外国武官連絡将校補として勤務を終えて、アメリカに留学した後に、戦争と無縁のデスクワークを営む「平和」の中の人生を送ってきた。しかし、私が「冷戦の子供」である自覚は、年が変わる度に段々と鮮明になってきた。人類が起こした超大規模の冷戦は終息するところか、いまは朝鮮半島で火の種が新しく生き返っている。この事態に直面しながら、私は、絶えない閉塞感とともに、朝鮮半島が世界的混乱の震源地になることについて憤慨さえ感じる。

「同胞」であるとか「単一民族」であるようなセリフを続けながら、世界を舞台に冷戦の新しいバージョンを披露する朝鮮半島の人々の心理とはどのようなものなのか？　この問いに対する答えを探ってみたこの本は、「冷戦の子供」が書いた日記のようなものだろう。

ロー・ダニエル

二〇一七年九月

本書関連年表（一三九二―二〇一七）

年	日・韓・朝　関連事項	その他
一三九二	朝鮮王朝（李氏朝鮮）が成立（〜一九一〇年）	
一五九二	豊臣秀吉の朝鮮侵略が始まる（壬辰倭乱、文禄の役）	
一五九七	豊臣秀吉の朝鮮侵略（丁酉倭乱、慶長の役）（翌年、秀吉が死亡し、撤兵）	
一八五三	6月、【日】黒船が浦賀に出現	10月、クリミア戦争（〜五六年）
一八六四	マーティンによるホイートン『万国公法』中国語訳	
一八六六	8月、大韓帝国・大同江を航行するアメリカ船が撃沈される	
一八七一	6月、通商を求めるアメリカがソウル近海で海戦を起こす（辛未洋擾） 9月、日清修好条規	3月、パリ・コミューンの成立
一八七五	9月、日本の雲揚号が朝鮮の江華島付近に侵入し、武力衝突	
一八七六	2月、日朝修好条規	

一八八九	2月、大日本帝国憲法公布	
一八九四	4月、【韓】東学農民戦争 8月〜　日清戦争	
一八九七	10月、大韓帝国が成立	
一九〇四	2月〜　日露戦争	
一九〇五	1月、島根県が竹島を編入 7月、桂―タフト密約 11月、第二次日韓協約（乙巳保護条約。日本が韓国に統監府を設置）	
一九一〇	8月、**韓国併合に関する日韓条約**	
一九一四		7月、第一次世界大戦勃発
一九二三	9月、関東大震災	
一九二八	6月、張作霖爆殺事件	
一九三一	9月、柳条湖事件。満洲事変始まる	
一九三六	2月、【日】二・二六事件	
一九三七	6月、金日成率いる遊撃隊が普天堡で抗日戦闘 7月、盧溝橋事件。日中戦争始まる	
一九三九		9月、第二次世界大戦勃発
一九四一	12月、真珠湾攻撃。太平洋戦争始まる	
一九四五	8月、日本が降伏。**日本による朝鮮半島の統治が終了**	5月、ドイツ降伏

一九四八	8月、**大韓民国成立** 9月、**朝鮮民主主義人民共和国成立**	
一九五〇	6月、朝鮮戦争始まる	
一九五一	9月、サンフランシスコ講和条約 10月、日韓国交正常化交渉が始まる（以後、七次にわたる交渉を経る）	
一九五二	1月、李承晩ラインの設定	
一九五三	7月、**朝鮮戦争休戦**	
一九五四	日本が独島（竹島）問題を国際司法裁判所に届けることを提案、韓国は反発	
一九五五	11月、【日】保守大合同	
一九五六	7月、【日】経済白書に「もはや戦後ではない」	
一九六一	5月16日、韓国で朴正熙将軍によるクーデター起こる 7月、中朝友好協力相互援助条約	
一九六二	11月12日、大平と金鍾泌のあいだに「請求権」に関する秘密交渉	10月、キューバ危機
一九六三	10月15日、朴正熙が大統領に当選し、「第三共和国」が始まる	
一九六四	10月、【日】東京オリンピック開催	
一九六五	6月、**日韓基本条約締結、国交回復**	
一九七二	5月、【日】沖縄の施政権返還	

一九七三	8月8日、東京で金大中拉致事件発生 第一次石油危機	
一九七五	2月12日、朴政権、「維新憲法」宣布	
一九七九	10月26日、朴正熙大統領殺害される	
一九八〇	5月18日、「光州民主化運動」始まる	
一九八八	韓国の尹貞玉教授が慰安婦に関する調査を発表	
一九八九	1月、【日】昭和天皇崩御	11月、ベルリンの壁崩壊
一九九〇	5月、天皇「痛惜の念」発言 9月、日本（金丸信、田辺誠ほか）が北朝鮮を訪問 「韓国挺身隊問題対策協議会」が結成される	イラクのクウェート侵攻
一九九一	8月、元従軍慰安婦の金学順氏が証言 9月、韓国、北朝鮮がそれぞれ国連に加盟	湾岸戦争 ソ連崩壊
一九九二	8月、**中韓国交樹立**	
一九九三	河野談話	
一九九四	【朝】金日成総書記が死去	
一九九五	村山談話	
一九九六	【日】「新しい歴史教科書をつくる会」が結成される	
一九九七	【朝】深化組事件	
一九九八	【韓】金大中が大統領に就任 日韓共同宣言（金大中大統領、小渕恵三総理）	

二〇〇〇	菅直人による談話	
二〇〇一		9・11同時多発テロ
二〇〇二	5〜6月、日韓ＦＩＦＡワールドカップ開催 9月、小泉純一郎首相が訪朝、日朝平壌宣言に署名。拉致被害者5名が帰国	
二〇〇三	韓国ドラマ「冬のソナタ」が日本で大ブームに 狂牛病（ＢＳＥ）問題に	3月、イラク戦争
二〇〇五	日韓会談文書が韓国で公開	
二〇〇六	北朝鮮が地下核実験	
二〇〇九	5月、盧武鉉元大統領が自殺	
二〇一〇	10月、延坪島砲撃事件	
二〇一一	3月、【日】東日本大震災 8月、韓国憲法裁判所が、原爆被害者と慰安婦についての韓国政府の「不作為」を憲法違反とする 12月、ソウルの日本大使館前に「少女像」が設置される 12月、【朝】金正日総書記が死去	
二〇一二	5月、韓国人の原爆被害者と徴用工の韓国での控訴審判決を差し戻し 李明博大統領による「天皇が謝罪するべきだ」発言。独島（竹島）に上陸	
二〇一三	12月、【朝】張成沢の処刑	

二〇一四	【韓】セウォル号沈没事故	
二〇一五	5月、【朝】玄永哲の処刑 7月、明治産業遺産のユネスコ「世界遺産」記載が決定 11月、朴槿恵大統領と安倍晋三首相が会談 12月28日、安倍政権と朴槿恵政権の間に慰安婦に関する合意発表（「最終的かつ不可逆的」）	
二〇一七	2月13日、金正男がマレーシアで暗殺 9月、北朝鮮が核実験	

参考文献

日本語文献（五十音順）

浅羽祐樹・木村幹・佐藤大介（2012）『徹底検証 韓国論の通説・俗説――日韓対立の感情 vs. 論理』中公新書ラクレ
網野善彦（1998）『海民と日本社会』新人物往来社
荒井利明（2005）『日韓・日朝関係の課題―東北アジアは提携できるか』日中出版
李御寧（1982）『「縮み」志向の日本人』学生社
五百旗頭真（2005）『日米戦争と戦後日本』講談社
内山清行（2013）『韓国――葛藤の先進国』日経プレミアシ新書
小倉紀蔵（2011a）『韓国は一個の哲学である――〈理〉と〈気〉の社会システム』講談社学術文庫
小倉紀蔵（2011b）『創造する東アジア――文明・文化・ニヒリズム』春秋社
小倉紀蔵（2013）『北朝鮮とはなにか――思想的考察』藤原書店
小倉紀蔵編（2012）『新聞・テレビが伝えなかった北朝鮮』角川書店
小倉紀蔵・小針進共編　小倉和夫・小倉紀蔵・小此木政夫・金子秀敏・黒田勝弘・小針進・若宮啓文（2014）『日韓関係の争点』藤原書店
小此木政夫・張達重編（2005）『戦後日韓関係の展開』慶應義塾大学出版会
川瀬俊治、文京洙（2009）『ろうそくデモを越えて――韓国社会はどこに行くのか』大阪東方出版
黒田勝弘（1999）『韓国人の歴史観』文春新書
坂元茂樹（2004）『条約法の理論と実際』東信堂

諏訪春雄（2009）『大地女性 太陽――三語で解く日本人論』勉誠出版
竹村公太郎（2014a）『日本文明の謎を「地形」で解ける』（文明・文化編）ＰＨＰ文庫
竹村公太郎（2014b）『日本文明の謎を「地形」で解ける』（環境・民族編）ＰＨＰ文庫
東郷和彦（2013）『歴史認識を問い直す――靖国、慰安婦、領土問題』角川新書
東郷和彦（2015）『危機の外交――首相談話、歴史認識、領土問題』角川新書
東郷和彦・朴勝俊編（2012）『鏡の中の自己認識――日本と韓国の歴史・文化・未来』御茶の水書房
東郷和彦・波多野澄雄共編（2015）『歴史問題ハンドブック』岩波現代全書
東郷和彦・保阪正康（2012）『日本の領土問題――北方四島、竹島、尖閣諸島』角川新書
中村元（1989）『日本人の思惟方法――東洋人の思惟方法Ⅲ』春秋社
旗田巍（1983）『朝鮮と日本人』勁草書房
古田博司（2005）『朝鮮民族を読み解く』ちくま学芸文庫
フェルナン・ブローデル（1995）（松本雅弘訳）『文明の文法１――世界史講義』みすず書房
孫崎享（2011）『日本の国境問題――尖閣・竹島・北方領土』ちくま新書
宮家邦彦（2014）『哀しき半島国家――韓国の結末』ＰＨＰ新書
村上泰亮、公文俊平（1979）『文明としてのイエ社会』中央公論新社
安丸良夫（1974）『日本近代化と民衆思想』青木書店
安丸良夫（1999）『日本の近代化と民衆思想』平凡社ライブラリー
矢田部厚彦（2005）『日本外交とは何か』平凡社
屋山太郎（2005）『なぜ中韓になめられるのか』扶桑社
若宮啓文（2006）『和解とナショナリズム――新版・戦後保守のアジア観』朝日選書
渡辺京二（1999）『渡辺京二評論集成Ⅰ――日本近代の逆説』葦書房
和辻哲郎（1967）『風土――人間学的考察』岩波書店

韓国語文献（가나다順）

고려대철학연구소（高麗大哲学研究所）編（2011）『극복대상으로서의 욕망』（克服対象としての欲望）한국학술정보.

구난희（ク・ナンヒ）編（2012）『열풍의 한국사회』（熱風の韓国社会）이학사.

권동희（クォン・ドンヒ）（2008）『한국지리 이야기』（韓国地理の話）한울.

김문조（キム・ムンジョ）編（2013）『한국인은 누구인가』（韓国人は誰か）21세기북스.

김열규（キム・ヨルキュ）（1997）『욕:그 카타르시스의 미학』（辱——そのカタルシスの美学）사계절.

김열규（キム・ヨルキュ）（2004）、〝한국인의 육체〟（韓国人の肉体）『한국문화연구』（韓国文化研究）6（0）、七一—三一頁.

김열규（キム・ヨルキュ）（2005）『한국인의 신화』（韓国人の神話）일조각.

김열규（キム・ヨルキュ）（2008）『기호로 읽는 한국 문화』（記号で読み解く韓国文化）서강대학교 출판부.

김열규（キム・ヨルキュ）（2011）『한국인의 에로스』（韓国人のエロス）궁리.

김열규（キム・ヨルキュ）（2012）『한국신화』（韓国神話）한울.

김열규（キム・ヨルキュ）（2013）『상징으로 말하는 한국인、한국문화』（象徴で語る韓国人、韓国文化）일조각.

김용신（キム・ヨンシン）（2010）『심리학、한국인을 만나다』（心理学、韓国人と会う）시담.

김용운（キム・ヨンウン）（2014）『풍수화』（風水火）맥스교육.

김종욱（キム・ジョンウク）（2008）〝북한의 관료부패와 지배구조의 변동〟（北朝鮮の官僚腐敗と支配構造の変動）、『통일정책연구』（統一政策研究）17（1）、三八三—五頁.

김창록（キム・チャンロク）（2013）〝한일과거청산의 법적구조〟（韓日過去清算の的構造」『법사학연구』（法史學研究）47（4）、八五—一一三頁.

노무현재단（ノ・ムヒョン財団）（2010）『운명이다』（運命である）돌베개.

문대근（ムン・デグン）（2009）『한반도통일과 중국』（韓国半島統一と中国）.
문정창（1979）『(한국 - 슈메르) 이스라엘의 역사』（(韓国・シュメル) イスラエルの歴史）백문당.
박영규（パク・ヨンキュ）（2014）『대한민국 대통령실록』（大韓民国大統領実録）웅진지식하우스.
박영자（パク・ヨンジャ）（2013）〝독재정치 이론으로 본 김정은 체제의 권력구조〟（独裁政治理論でみた金正恩体制の権力構造『국방정책연구』（国防政策研究）한국국방연구원.
박학순（パク・ハクスン）（2010）『북한권력의 역사』（北朝鮮権力の歴史）한울.
송봉선（ソン・ボンソン）（2011）『중국을 통해 북한을 본다』（中国を通って北朝鮮を見る）시대정신.
신광철（シン・クァンチョル）（2013）『극단의 창조성』（極端の創造性）쌤앤파커스.
신승철（シン・スンチョル）（2009）〝노무현의 정신분석〟（ノ・ムヒョンの心理分析）『황해문화』（黄海文化）、二九〇—三一六頁.
유정식（ユ・ジョンシク）編（2012）『한국형모델:다이나믹코리아와「냄비근성」』（韓国型モデル——ダイナミックコリアとなべ根性）연세대학교 출판문화원.
윤태영（ユン・テヨン）（2014）『윤태영 비서관이 전하는 노무현 대통령 이야기』（ユン・テヨン秘書官が語るノ・ムヒョン大統領の話）책담.
이기백（イ・キベック）（1999）『한국사신론』（韓国史新論）일조각.
이대근（イ・デグン）（2005）『새로운 한국경제발전사』（新韓国経済発展史）나남출판.
이병욱（イ・ビョンウク）（2013）『정신분석으로 본 한국인과 한국문화』（精神分析でみた韓国人と韓国文化）소울메이트.
이석복（イ・ソクボク）編（2012）『한국문화의 정체성』（韓国文化の正体性）좋은 땅.
이어령（イ・オリョン）（2002）『흙속에 저 바람 속에』（土の中に、あの風の中に）문학사상.
이윤걸（イ・ユンコル）（2012）『김정일의 유서와 김정은의 미래』（金正日の遺書と金正恩の未来）비전원.
이은선（イ・ウンソン）（2009）〝사람의 아들 노무현、부활하다〟（人間の子供　ノムヒョン、復活した）『기

독교사상』(キリスト教思想) 607、三〇—五一頁.
이준선 (イ・ジュンソン) 編 (2011)『한국역사지리』(韓国の歴史地理) 푸른길.
임순록 (イム・スンロク) (2011)『현대 한국인과 일본인의 사생관』現代韓国人と日本人の生死観) 이앤씨.
정재정 (ジョン・ジェジョン) (2014)『20세기 한일관계사』(二十世紀韓日関係史) 역사비평사.
조대엽 (ジョ・デヨップ) 編 (2005)『한국 사회 어디로 가나』(韓国社会どこに行く) 굿인포메이션.
최봉대 (チェ・ボンデ) (2014)「북한의 국가역량과 시장 활성화의 체제이행론적 의미」(北朝鮮の国家力量と
市場活性化の体制移行論的意味)『통일문제연구』(統一問題研究) 26 (1)、一六一—一九五頁.
최재석 (チエ・ゼソク) (1999)『한국인의 사회적 성격』(韓国人の社会的性格) 현음사.
한영우 (ハン・ヨンウ) (2014)『과거:출세의 사다리』(科挙——出世の梯子) 지식산업사.
황상민 (ファン・サンミン) (2009) 〝노무현 자살 추모에 대한 심리학적 고찰〟(ノ・ムヒョン自殺　追慕に関
する心理的考察)『신동아』2009 (7).
황상민 (ファン・サンミン) (2011)『한국인의 심리코드』(韓国人の心理コード) 추수밭.

英 文

Abt, Felix (2014) *A Capitalist in North Korea*, Tuttle.
Anderson, Bennedict (2006) *Imagined Communities: Reflections on the Origin and Spread of Nationalism,* Verso.
Crozier, Michel, Samuel P. Huntington, and Joji Watanuki (1975) *The Crisis of Democracy: On the Governability of Democracies,*
New York University Press.
Fukuyama, Francis (1992) *The End of History and the Last Man,* Free Press.
Gay, Peter (1985) *The Freud Reader*, W.W. Norton.
Hofstede, Geert (2003) *Culture's Consequences: Comparing Values, Behaviors,Institutions and Organizations across Nations*, Sage.
Machivelli, Nicollo (1992) *Prince*, Dover.

McKenzie, Wark (1994) *Virtual Geography: Living with Global Media Events*, Indiana University Press.
Mesquita, Bruce Bueno de and Alastair Smith (2012) *The Dictator's Handbook: Why Bad Behavior is Almost Always Good Politics*, Public Affairs.
Pinker, Steven (1994) *The Language Instinct: How the Mind Creates Language*, Harper Perennial Modern Classics.
Post, Jerrold D (2015) *Narcissism and Politics*, Cambridge University Press.
Willner, Ann Ruth (1985) *The Spellbinders: Charismatic Political Leadership,* Yale University Press.

わ　行

な　行

は　行

た　行

さ　行

索　引

あ　行

か　行

著者紹介

ロー・ダニエル（Daniel ROH）

1954年韓国ソウル市生。政治経済学者、アジア歴史研究者、作家。米国マサチューセッツ工科大学で比較政治経済論を専攻して博士号（Ph.D）取得。香港科学技術大学助教授、中国人民銀行研究生部客員教授、上海同済大学客員教授、一橋大学客員研究員、国際日本文化研究センター外国人研究員、京都産業大学客員研究員などを経て、北東アジアの政治経済リスクを評価する会社 Asia Risk Monitor, Inc. をソウルで経営している。日本での著作として『竹島密約』（草思社、2008年。第21回「アジア・太平洋賞」大賞受賞）他。韓国語の著書に『安倍晋三の日本』（セチャン出版、2014年）、小説『鬼怒川』（ナナム社、2010年）他多数。

「地政心理《ちせいしんり》」で語《かた》る　半島《はんとう》と列島《れっとう》

2017年11月10日　初版第1刷発行©

著　者　ロー・ダニエル

発行者　藤　原　良　雄

発行所　株式会社　藤　原　書　店

〒162-0041　東京都新宿区早稲田鶴巻町523
電　話　03（5272）0301
FAX　03（5272）0450
振　替　00160 - 4 - 17013
info@fujiwara-shoten.co.jp

印刷・製本　中央精版印刷

落丁本・乱丁本はお取替えいたします
定価はカバーに表示してあります

Printed in Japan
ISBN978-4-86578-139-7